틀린
그림
찾기

틀린 그림 찾기

차별과 편견의 경계에 갇힌 사람들

박천기 지음

différance

❖ 프롤로그

고래는 얼굴이 없고
경계도 없다

어린 시절 '틀린' 그림 찾기에 열중하곤 했다. 분명 틀린 것이 아니라 다른 것을 찾는 게 맞지만 우리는 어느새 다름을 틀림으로 내면화하며 성장했다. 그렇다면 차이를 지우면 차별은 사라지는 것일까?

왠지 모르지만, 아라곤 지방의 농부들은 노새한테는 잘해 주지만 당나귀는 구박했다.
당나귀가 움직이지 않으려 하면 불알을 걷어차기 일쑤였다.

조지 오웰의 『카탈로니아 찬가』에는 노새를 편애하고 당나귀를 구박하는 스페인 아라곤 지방의 농부 이야기가 나온다. 조지 오웰도 그 이유는 잘 모르겠다고 적고 있다.
인류 편애의 역사는 아주 오래됐다. 사실 인간을 창조한 신 또한 편애하는 신이었다. 어쩌면 편애하는 인간은 편애하는 신을 닮았는지도 모른다. 만약 야훼가 카인이 바치는 제물을 아벨의 제물과 같이 편애 없이 받았다면, 비극적인 인류 최초의 형제 살인은 없었을지 모른다. 그리고 아브라함이 이삭을 편애하지 않았다면, 이스마엘의 슬픈 유랑의 삶 또한 없었을지 모를 일이다. 아울러 이삭의 야곱에 대한 편애가 없었다면 장자인 에서의 소외를 낳지 않았을지 모르고, 야곱의 요셉에 대한 편애가 없었다면 나머지 자식들의 질투와 불행 또한 없었을지 모른다.

신의 뜻이든 아니면 인간의 뜻이든 편애에는 대체로 나름의 이유가 있다. 하지만 아라곤 농부의 경우처럼 특별한 이유가 없이 차별이 작동하기도 한다.

물건을 훔쳐 내는 의심을 받던 일꾼이 한 명 있었다. 매일 저녁, 일꾼이 공장을 나설 때면 경비원들은 그가 밀고 가는 손수레를 샅샅이 검사했지만, 아무것도 발견할 수 없었다. 손수레는 항상 텅 비어 있었다. 그러던 어느 날 진실이 밝혀졌다.
일꾼이 훔친 것은 다름 아닌 손수레 그 '자체'였던 것이다.

슬라보예 지젝의 『폭력이란 무엇인가?』 서문에 소개된 흥미로운 우화다. 경비원들이 손수레 위에 실려 있을 물건에 집착하는 사이 정작 손수레 자체가 도둑맞고 있었던 이 아이러니한 상황을 지젝은 주관적 폭력에 내재돼 구조적으로 작동하는 객관적 폭력에 비유한다. 주관적 폭력은 너무도 뚜렷하게 눈에 보여 비판의 대상이 되기도 하지만 객관적 폭력은 매우 은밀하게 은폐될 뿐만 아니라 정작 그것이 폭력이라는 사실조차 쉽게 인지되지 않는다.

지젝은 이런 구조적 폭력을 물리학에서 말하는 '암흑물질'과도 같은 것이라고 말한다. 편견에 따른 차별과 배제 또한 이와 유사한 원리로 작동한다. 우리가 도난당한 손수레 자체에 주목해야 하는 것처럼, 선택에 필연적으로 동반되는 배제 그리고 그 배제가 낳은 또 다른 '배제된 자'들에 주목해야 하는 이유가 여기에 있다.

차별이 철폐된 공정한 사회. 누구도 의심할 여지 없는 민주사회의 가치이자 건강한 시민들이 추구해야 할 공리(公利) 중의 공리(公理)이다.

그런데, 좀 더 솔직히 말해 보자. 우리의 현실은 이 고귀한 공리와 얼마나 동떨어져 있는지 말이다. 한발 더 나아가, 우리는 과연 모든 차별을 제거할 수 있을 만큼 완벽히 공정할 수 있을까? 무엇보다 타인에 대한 불쾌, 혐오, 경멸의 감정을 인간의 마음에서 철저히 제거하는 것이 정말로 인간에게 유익하기만 한 일인가?

우리 인간의 마음이 얼마나 잔인하고, 사악하고, 차갑고 교활한지 인정한다면, 차별 없는 사회 또한 공허한 메아리이자 도덕적 선지자들이 꿈꾸는 또 다른 위선이 될 수도 있지 않을까?

실제로 우리는 하루에도 수십 번, 수백 번의 차이를 발견하고 차별을 저지른다.

차별적인 제도는 철폐한다고 해도 내 마음의 불편한 차별 감정까지 어찌할 것인가?

여기에 우리가 쉽게 빠지기 쉬운 함정이 있다.

차별과 차별 감정

'차별'과 '차별의 감정'은 조심스럽게 분리해서 판단해야 한다. 물론 차별의 감정이 좋다는 의미는 결코 아니다. 하지만 차별의 감정마저 부정한다면 차별이 주는 폐해마저 극복하기 어렵다.

그렇다면 차별의 감정은 어디에서 비롯되는 것일까?

타자를 향한 시선은 자신과의 차이를 식별한다. 여기까지는 자연스러운 동시에 아무런 문제가 없다. 음, 저 사람은 키가 작군. 이 사람은 이마가 넓어. 그리고 이 여자는 눈이 작고 저 여자는 피부가 하얗군… 등등. 그때그때의 상황에 따라 타자에게 보냈던 시선은 순식간에 자신에게 돌아와 자신과 타인의 정체성을 나눈다. 여기서 문제가 발생한다. 단순히 나와 타자를 식별하는 것에 멈추지 않고 그 차이에 역학 관계를 적용하는 것이다.

상하, 우열, 귀천, 정상-비정상, 중심-주변, 어느 쪽이든 한쪽의 정체성에는 가치를 부여하고, 나머지 한쪽에는 가치를 박탈한다. 시선 사이에 권력을 만들고 적용할 때, 단순한 차이는 비대칭적 차별이 되는 것이다. 하얀 피부는 우월하고 검은 피부는 열등한 것, 비장애인은 정상이고 장애인은 비정상, 서울은 중심이고 지방은 변방 등등.

이러한 '비대칭적' 차별 감정이 안에서 굳어지면 편견이 되고 밖으로 노출되면 본격적인 차별이 된다. 그리고 대부분의 차별 감정은 배워서 습득되는 것들로, 구체적인 경험적 근거 없이 오로지 관념만으로 구축되는데, 우리는 그 배운 감정들을 점차 확고하게 구축해 간다.

'전라디언', '홍어'와 같이 특정 지역을 비하하는 단어뿐만 아니라

'개저씨', '꼰대', '맘충', '한남충' 같은 단어들 속에도 지독한 혐오의 감정들이 배어 있다. 그리고 차별 감정이 확고하게 들어찬 사람들에게는 아무리 다른 사실들을 제시해도 쉽게 자신의 관념을 바꾸려 하지 않는다.

고래는 얼굴이 없다. 경계도 없다

'나는 내가 제일 무섭다.'

심오한 철학에서나 마주칠 것 같은 문장이지만, 사실 10여 년 전 어느 자동차 보험 광고에 등장한 카피 문구다. 초보운전자가 매일매일 겪는 불안의 원인을 타인이 아니라 자신의 미숙함에서 발견한 것이니 그나마 다행스러운 일이다.

언제나 모든 불행의 원인을 타인에게서 찾는 사람은 그만큼 미성숙한 인간이다. 미성숙한 인간이 한 걸음 더 나아가면 사악한 인간으로 변할 수 있다. 괴물이 된다는 이야기다.

미개인을 뜻하는 영어 단어 '바바리안(barbarian)'은 사실 고대 그리스인들이 그리스어를 말하지 못하는 이방인의 말투를 조롱하는 표현에서 비롯됐다. 반복되는 음절 bar-bar가 말을 더듬는다는 뜻이니 우리말로 하면 '어버버'하는 정도의 느낌이랄까?

요는 다름의 척도가 곧 옳고 그름의 척도가 됐다는 이야기다.

움베르토 에코는 우리의 적이 되는 대상은 미개인들의 경우처럼 우리를 직접 위협하는 자들이 아니라, 우리를 위협하지 않을지라도 누군가에 의해 위협적인 존재로 '묘사'되는 자들이라고 말한다. 유대인을 희생양으로 삼은 홀로코스트가 그랬고 동양인을 경계하는 황화론(黃禍論, yellow peril)이 그랬다.

따라서 우리와 다르다는 것은 그들의 위협적인 태도에서 강조되는 게 아니라, 그들의 '다름' 그 자체가 우리가 찾는 위협의 신호가 되는 것이다.

허먼 멜빌은 소설 『모비 딕』에서 고래에게는 이마와 경계를 이루는 얼굴이라 할만한 것이 존재하지 않는다고 말한다. 좀 더 정확하게 말하면, 고래에게는 얼굴이 없는 것이 아니라 경계가 없는 것이다. 특히 고래의 양 측면에 달린 두 눈은 인간과는 달리 두 개의 세계를 동시에 조망하는 능력을 갖추고 있다. 차별이 아니라 차이를 조망할 수 있는 시야를 가지고 있는 셈이다. 선장 에이해브가 불행한 이유는 분노에 휩싸여 그 경계에 꽁꽁 갇혀 있기 때문이다.

차별과 편견의 경계에 갇힌 인간 또한 불행하다.

신현림 시인의 말처럼 햇빛에 볼 수 있는 것은 언제나 창유리 뒤에서 일어나는 일보다는 덜 흥미롭다. 이 어둡거나 빛나는 세상 속에서 삶이 숨 쉬고, 삶이 꿈꾸고, 삶이 괴로워한다.

이제, 차별과 차이의 경계를 넘나들 수 있는 지혜의 빛을 밝혀야 할 시간이다.

2025년 9월의 어느 날
여의도에서

❖ **차례**

프롤로그 고래는 얼굴이 없고 경계도 없다 … 004

1 차별의 언어, 차이의 몸짓

너의 색깔은 … 015
누군가는 박수를 멈춰야 한다 … 026
냄새에도 차별이 있다 … 035
잘못된 혹은 이상한 … 043
순결의 신화 … 053
왜 흑인 수영선수는 드물까? … 065
부정직한 다양성 … 072
'침대의 시련'이 주는 교훈 … 080

2 편견에, 갇히다

돼지가 오해에 빠진 날 … 091

은행나무의 냄새는 죄가 없다 … 100
능소화 피는 계절 … 106
el mar 혹은 la mar … 109
은퇴한 남성은 어떻게 잉여로 전락하는가 … 115
세상에 '더티워크'는 없다 … 123

3 경계에 선 사람들

모두를 위한 유니버설(universal) … 133
경계를 넘는 훈련 … 143
소리로 보는 세상 … 151
신데렐라, 이승과 저승의 경계에 서다 … 158
혼혈과 순혈의 변증법 … 165
중동의 집시, 쿠르드족 … 176

4 함께이지만, 혼자

함께이지만, 혼자 … 187
배제를 낳는 연결, 소셜미디어의 역설 … 195
강박(强縛), 인간 실격의 올가미 … 204
탈시설, 생존이 아닌 인간의 조건 … 213

5   시선, 참을 수 없이 가벼운

보이는 것이 전부는 아니다 … 225
벽을 만드는 시선 … 235
잘 알지도 못하면서 … 247
인도로 가는 길 … 251
조조를 위한 변명 … 260

에필로그 진정한 분별은 '차이'를 깨닫는 것 … 271

참고문헌 … 275

1

차별의 언어, 차이의 몸짓

너의
색깔은

이 검둥이 소년이 찬란하게 빛난다고 말해도 웃지 마라.
암흑조차도 광채를 가지고 있는 법이니까.
ㅡ허먼 멜빌의 『모비 딕』 중

"Name something that is more beautiful when it is black."
미국의 유명한 쇼프로그램 스티브 하비 쇼(Steve Harvey Show)에서 진행자 스티브 하비가 출연자에게 '검은색일 때 더 아름다운 게 뭐냐?'고 묻는다. 검은색 세단에서 검은색 보석, 검은색 드레스에 이르기까지 다양한 응답들이 이어지는 가운데, 출연자 중 한 명의 답변이 진행자는 물론 관객 모두를 감동하게 만든다.
그의 답변은 바로 'It's you!'였다.

스티브 하비는 미국에서 가장 유명한 흑인 코미디언 중 한 명이자 방송인이다. 흑인 여성 가운데 가장 성공한 사람으로 오프라 윈프리를 꼽는다면 남성 방송인 가운데는 아마 스티브 하비를 꼽는 사람이 많을 것이다. 하비는 전형적인 흑수저 집안에서 태어나 어마어마한 아메리칸드림을 이뤄 낸 '성공한 흑인'의 한 명임에는 분명하지만, 사실 그는 검은 피부색으로 인해 어린 시절부터 엄청난 차별과 괴롭힘을 감내해야만 했다. 세상에서 가장 아름다운 존재는 '바로 당신이야!'라는 말에 하비가 눈물을 흘릴 만큼 감동한 것은 그에게 검은 피부는 언제나 차별의 상징이었기 때문이다.

세계적인 권위를 자랑하는 『브리태니커 백과사전』 미국 초판본에는 '니그로'라는 항목에서 흑인을 '불행한 인간'이라 지칭하며, 그들의 행동 특징을 '나태, 불성실, 잔혹, 뻔뻔함, 도벽, 음란, 불순'이라고 규정하고 있다.

사실 '검다'라는 단어에는 대부분 부정적인 의미들이 담겨 있다. '검은 마음', '어두컴컴한 분위기', '어두운 미래', '흑마술', '흑역사'처럼 검거나 어둡다는 것은 타락하거나 부정한 것, 불결하고 사악한 것으로 치부됐다. 그리고 '검은 고양이'나 '까마귀', '흑사병' 등은 불운을 상징하는 대표적인 단어들이다.

어원학적으로도 검은 것은 대부분 부정적인 기원을 가지고 있다.

사람 몸에 있는 여러 가지 호르몬 가운데 멜라닌(melanin) 색소가 있다. 이미 잘 알려져 있듯이 멜라닌 색소는 검은 색소를 의미한다. 여기서 mel은 검다 혹은 어둡다는 의미로 남태평양 멜라네시아(Mela-nesia)도 이곳 사람들의 검은 피부에서 유래한 말이다. 그리고 라틴어 'malus'에서 유래한 접두어 'mal'은 대체로 '어둡다'와 '나쁘다'는 의미를 동시에 가지고 있다. 실제로 영어 단어에서 mal-을 접두어로 쓰는 단어 대부분은 '악', '불량', '부전', '이상' 등 부정적인 뜻을 담고 있다.

malfunction(오작동), malicious(사악한), malign(해로운), maltreat(학대하다) 같은 단어가 대표적이다. 비슷한 맥락에서 사람의 감정을 나타낼 때 자주 사용되는 '멜랑콜리(melancholy)'는 어두운 기운, 우울증에 사용되는 단어이다.

반대로 흰색은 순결과 희망 그리고 모든 선한 것들과 고귀한 것의 상징으로 사용돼 왔다. 그 용례를 일일이 드는 것은 어쩌면 시간 낭비에 가까울 것이다. 분명한 것은 아주 오래전부터 흰색이 존귀한 왕실의 상징이었다는 점이다.

근대 시암(Siam)의 왕들은 왕실 깃발에 눈처럼 하얀 코끼리를 집어넣었고, 하노버 왕가의 깃발에는 눈처럼 하얀 군마(軍馬)가 그려져 있었다. 로마제국을 계승한 오스트리아 제국도 이 고귀한 흰색을 황제의 색으로 삼았다. 그리고 그리스 신화에서 최고신 제우스는 눈처럼 하얀 황소로 변신한다. 반대로 검은색을 깃발에 사용하는 경우는 카리브해의 해적들과 극악무도한 이슬람국가 IS 정도가 있을 뿐이다.

검은색, 금지된 욕망의 상징

검은색은 금지된 욕망과도 연결된다. 엉덩이는 허용되지만, 남녀 모두 체모(體毛)의 노출은 금지된다. 그런데 이상하지 않은가? 체모가 엉덩이보다 음란한가?

수위가 높은 성인물에도 가슴과 엉덩이는 다 노출되는데 유독 음모(陰毛)만 흐릿하게 블러(blur) 처리된다. 뭉게구름처럼 흰색으로 가려진 은밀한 '그곳'은 순식간에 금지된 욕망의 상징이 되어 버리는데, 이런 방식으로 하얀색은 검은 욕망을 중화하거나 무효화한다. 알랭 바디우의 표현대로라면, 검은색은 전형적인 '색깔 없는 페티시의 색깔'이 되는 것이다.

공교롭게도 신문이나 잡지에서 사람의 눈을 검은색으로 가리는 방식으로 신원을 숨기고자 하는데, 이는 글자 그대로 '눈 가리고 아웅' 하는 방식인 동시에 흰 구름으로 음부를 가리는 것만큼이나 부조리하게 느껴진다.

결국 흰색으로 검은색을 가리고 검은 것으로 흰색을 덮는 것에는 묘한 공통점이 있다. 부재를 위한 기만이지만 부재 자체를 결코 재연할 수는 없다는 점이다.

검은색을 불안과 공포의 상징으로 여기지만 사실 백색의 공포는 이 모든 것을 압도한다. 허먼 멜빌의 소설 『모비 딕』에는 흰색이 주는 공포가 잘 묘사돼 있다.

무엇보다도 나를 몸서리치게 만든 것은 고래의 색깔이 희다는 사실이다. (중략)
이 흰색의 가장 깊숙한 개념 속에는 좀처럼 포착하기 어려운 무언가가 숨어 있어서, 두려움을 불러일으키는 붉은 핏빛보다 더 많은 공포를 우리 영혼에 불러일으킨다.
 흰색이 좀 더 기분 좋은 연상에서 분리되어 본질적으로 무서운 것과 결합했을 때, 흰색을 생각만 해도 그 공포가 극한까지 높아지는 것은 이 포착하기 어려운 성질 때문이다.[1]

 거대한 흰고래 모비 딕이 주는 공포는 단순히 '크다'와 '희다'에만 방점이 있는 것은 아니다. 허먼 멜빌의 말처럼 흰색의 공포는 '숨어 있어서' '포착하기 어려운' 그 무엇 속에 있는 것이다. '백색공포'라는 말은 이럴 때 사용하는 말이다.
 프랑스인들은 백상아리를 '르깽(requin)'이라고 부른다. 르깽은 추도미사 때 사용되는 진혼곡 혹은 장송곡을 의미하는 '레퀴엠(requiem)'에서 온 말이다. 백상아리의 순백색에서 강렬한 죽음의 향기를 느꼈던 모양이다.
 『모비 딕』에는 이 밖에도 백색공포에 관한 이야기가 곳곳에 등장한다. 예를 들어 '시체를 싸는 수의(壽衣) 또한 의미심장한 흰색이고, 그것은 죽은 자의 창백한 색에서 빌려 온 것이다'라거나 '한밤중 갑판에 불려 나온 선원이 칠흑 같은 바다가 아니라 우윳빛처럼 하얀 바다를 목격한다면 주체할 수 없는 두려움에 사로잡힐 것이다'라는 대목이 대표적이다.
 한밤중 망망대해 한복판에서 마주하게 되는 '우윳빛처럼 하얀 바다'라… 기괴함을 넘어 형언할 수 없는 공포감이 밀려오지 않는가.
 사실 과학적 분석에 따르면, 검은색은 모든 색의 짬뽕이 아니라 빛의 부재의 결과다. 반대로 흰색은 색의 부재가 아니라 모든 색채의 혼합의 결과다. 우리의 상식과는 다르게 섞이면 섞일수록 검은색이 아니라 흰색에 가까워지는 것이다. 단순한 결과만 놓고 보면 검은색의 '순도'가 더 높다는 이야기다.

괴테의 『파우스트』에서 메피스토펠레스는 자신을 '어둠의 일부'라고 소개하면서 "저 오만한 빛은 모체인 밤을 상대로 싸움을 벌였지만, 아무리 애를 써봤자 그건 안 될 일입니다. 빛이란 물체에 달라붙어 결국 그것과 함께 멸망하기 때문이지요"라고 말한다. 메피스토펠레스의 논지는 빛은 물체의 반영에 불과하고 그 빛은 어둠에서 시작됐다는 것인데, 비록 악마의 감언이설이긴 하나, 꽤나 철학적이고 과학적인 지적이 아닐 수 없다.

강력한 커피는 블랙커피다.
약해지는 건 혼합했을 때다.
바로 크림을 넣었을 때.

권투계의 전설 무하마드 알리가 블랙의 정체성과 순수성을 자랑스러워하며 한 유명한 말이다.

거장 빔 밴더스가 제작하고 야쿠자 쇼지가 주연한 영화 〈퍼펙트 데이즈〉에도 바로 이 블랙의 순도에 관한 의미심장한 장면이 나온다.

"두 그림자가 겹치면 더 어두운 그림자가 나올까요?"라는 남자의 질문에 주인공 히라야마는 실제로 자신의 그림자를 그 남자의 그림자와 겹쳐 본다. 어땠을까? 더 어두워졌을까? 검정에 검정을 더하면 더

짙은 검정이 만들어질까? 두 남자의 반응은 엇갈린다. 더 어두워졌다는 남자와 별반 다르지 않다는 또 다른 남자.

알랭 바디우는 검은 잉크로 쓴 글씨들의 흔적들을 물질의 검정색에서 떼어 낸 '의미의 검정색'이라고 말한다. 그리고 여기서 한발 더 나아간다. 시험, 작문, 쪽지 시험에 글을 채우는 것은 검은색과 흰색의 변증법이라고 말이다.

생각해 보면, 시험에서 '백지'를 낸다는 것은 시험을 망쳤다는 의미이고 뭔가 까맣게 채워 넣었다는 것은 나름의 완성을 의미하지 않은가. 마침내 검은색의 기호들이 승리의 열쇠가 되는 순간이다.

하지만 과도한 검정의 남용은 순식간에 더럽혀진 비정형의 덩어리로 전락할 수 있음을 기억해야 한다. 바디우는 통제될 정도의 흑백의 균형이 유지될 때만이 구원의 장소가 된다고 말한다.

세상의 모든 것은 만만찮은 불변성을 지닌 하얀색 위에 세심하게 고안된 양으로 던져진 검은색에서 나온다. 가능한 한 빨리 그것을 경험하지 않은 자는 아무것도 배울 수 없을 것이라고 알랭 바디우는 힘주어 강조한다.[2]

당신의 색깔은? "It's my color."

미국에서 아시아계 이민자 2~3세대를 부르는 은어 가운데 하나가 '바나나(banana)'다. 피부색은 황인종이면서 행동은 백인처럼 한다는 비아냥 섞인 표현이다. 어쨌든 미국 주류 백인들에게 아시안 이민자 세대는 '노란색'으로 비춰진다는 이야기다.

타이완 국립대학교의 마이클 키벅 교수는 자신의 저서 『황인종의 탄생』에서 동아시아인의 인종적 정체성에 대한 서양인의 부정확하고 왜곡된 시선의 뿌리를 추적하면서 그 근저에는 거대한 인종적 우월감이 자리하고 있다고 지적한다.

책의 원제는 『Becoming Yellow』. 직역하면 '노란색이 되다' 정도로 황인종이라는 분류 자체가 상상 속에서 발현되어 점차 정형화됐다는 뜻으로 해석된다.

실제로 유럽의 대항해시대 초기였던 400여 년 전에 중국과 일본을 방문한 유럽인들은 이들을 '백인'으로 기록하고 있다. 동아시아인들에게 노란색의 딱지, 그러니까 '황인종'이라는 호칭이 주어진 것은 18세기 분류학의 거장이자 스웨덴의 생물학자 칼 폰 린네의 '린네 분류법'에 의해서다. 린네는 1735년 '자연의 체계'에서 인류를 유럽인, 아메리카인, 아시아인, 아프리카인으로 분류했다. 그리고 아시아인에게는 라틴어로 노란, 창백한, 섬뜩한 등의 부정적인 의미가 담긴 'lurid'라는 단어를 사용해 그 특징을 규정했다. 황인종이란 개념은 우생학이나 골상학 등 유사 과학을 앞세운 인종주의적 위계질서의 잔재에 불과한 것이다.

벨기에 입양아 출신의 작가 전정식은 자신의 자전적 이야기를 담은 애니메이션 〈피부 색깔=꿀색〉에서 "나는 행복하지 않았다. 최악은 내가 왜 불행한지 이유를 모른다는 점이다"라고 말한다.

낯선 동양의 나라에서 온 '꿀색' 피부를 지닌 아이. 그가 '흰색' 피부를 가진 서양의 나라 벨기에서 마주해야 했던 삶은 변방인 혹은 경계인의 삶이었을 것이고 그가 느끼는 행복과 불행의 모호성은 바로 그런 색깔의 모호성과도 관계가 있을 것이다. 그는 자신이 왜 불행한지 몰랐지만 분명한 사실 하나는 행복하지 않았다는 점인데, 꿀색으로 규정된 그의 피부색이 그의 닫힌 세계를 의미하기 때문이다.

동양인의 피부를 '꿀색(miel)'으로 보는 상상력이 놀랍기는 한데, 과거 우리도 '살색'이라 부르는 색을 즐겨 사용하기도 했다. 물론 지금은 인종적 편견과 차별의식을 부추긴다는 이유로 공식적으로는 '살구색'이란 이름으로 바뀌었다.

하지만 살색이나 꿀색이 한국인과 같은 아시아 인종의 피부색을 표현한다는 생각은 일종의 착시현상이거나 문학적인 비유에 불과하다. 왜냐하면 실제로 그런 색의 피부를 가진 사람은 세상에 존재하지 않기 때문이다.

인간은 털이나 깃털 혹은 키틴질의 등껍질로 덮여 있지 않고 자연적으로 벌거벗은 유일한 동물이며, 겉가죽에는 다양한 색조만 있을 뿐 어떤 고정된 색깔도 없다. 어쩌면 인간 동물의 가장 객관적인 표시는 특정한 색깔이 있다는 것이 아니라, 그 반대로 어떠한 색깔도 없다는 점일지도 모른다.

장 주네의 희곡 『흑인들(Les Negres)』에는 "그렇다면 흑인이란 무엇인가? 흑인은 무슨 색깔인가?"라는 질문이 등장하는데 장 주네가 정말 알고 싶었던 것은 흑인들의 '진짜' 색깔이었을까? 물론 아니었을 것이다.

마틴 스콜세이지 감독의 영화 〈플라워 킬링 문〉에서 디카프리오가 인디언 처녀에게 "당신의 피부색은 무엇이냐?"라고 묻는 장면도 함께 떠올려 보자. 인디언의 붉은 기운이 도는 피부색을 조롱하는 의미로 당연히 'red'라는 답을 기대했을 것이다. 하지만 인디언 여인은 당당하게 다음과 같이 대답한다.

"It's my color."

'나의 색'

어쩌면 이 답변이 "흑인은 무슨 색깔인가?" 혹은 "동양인은 무슨 색깔인가?"라는 물음에 대한 가장 명쾌한 답변이 될 수 있을 것이다.

일본의 철학자 나카지마 요시미치(中島義道)는 '당연하다'라는 말속에 모든 차별의 이면이 숨어 있다고 말한다. '남자니까 당연히', '여자니까 당연히', '백인이니까 당연히', '흑인이니까 당연히' 등 차별에 대해서도 '원래 그렇다' 혹은 '당연하다'라고 입버릇처럼 말하는 사람은 이미 만들어진 사고의 틀과 규정에 현실을 습관적으로 적용하기 때문에 차별 문제에 있어서도 예외가 아니다. 결국 차별을 다루는 데 있어 가장 최대의 적은 사악한 사람이 아니라, '생각하지 않는 사람'이라는 것이다.

한나 아렌트가 말한 악의 평범성의 근원이 인간의 잔인함이 아니라 인간의 무사유(無思惟, thoughtlessness)에서 비롯되는 것처럼 말이다.

그런 의미에서 색에 대한 편견을 가진 사람은 색을 모르는 색맹보다 무지하다.

바디우의 생각처럼 인간이 바라는 보편적 차원에서는 백인도 흑인도 결코 실존할 수 없다. 각자 고유한 '나의 색깔'만 존재할 뿐 인류는 그 자체로 색깔이 없기 때문이다.

누군가는 박수를
멈춰야 한다

직장에서 마음을 나눌 동료가 없다고 우울해하는 사람들을 위해 동병상련(同病相憐)의 위로가 될만한 연구 보고서 하나를 소개한다.

지난 2020년 Olivet Nazarene University에서 미국의 직장인 2,000여 명을 대상으로 조사한 직장 내 교우관계(Research on friends at work) 연구 보고서에 따르면, 미국에서 직장인 다섯 명 가운데 한 명은 마음을 나눌 동료가 단 한 명도 없으며, 응답자의 절반이 넘는 54%의 사람들은 직장 동료로부터 정서적인 거리감을 느낀다고 답했다. 코로나가 본격적으로 확산하기 직전인 2020년에 실시한 연구 보고서라는 점을 감안한다면 팬데믹 이후 그 결과는 더 심각했을 것으로 추정이 된다.

그렇다면 우리나라의 경우는 어떨까? 유사한 내용의 보고서나 설문조사들이 적지 않지만, 한국의 직장인들이 미국의 직장인들보다 덜 외롭다는 지표는 어디에도 없다.

　지금 당장 간단한 실험을 한번 해보자. 직장에서 어려운 상황에 처했을 때 마음을 터놓고 얘기할 동료의 얼굴이 떠오르는지 각자 눈을 감고 생각해 보는 것이다. 만약 3초 안에 떠오르는 얼굴이 없다면, 안타깝지만 당신 또한 직장에서 마음을 나눌 동료가 단 한 명도 없다고 답한 미국의 직장인 다섯 명 가운데 한 명에 속할 가능성이 높다.

　일터에서의 고립과 외로움을 현대인의 특징으로 알고 있지만, 사실 이 문제는 19세기 유럽 사회의 주요 쟁점이자 관심사였다. 노동의 소외를 논한 마르크스를 떠올려 보라. 물론 그 당시 마르크스가 말한 노동의 소외와 현대 노동자들이 겪는 고립의 문제는 그 발생 메커니즘 자체가 근본적으로 다르다고 할 수 있다. 하지만 마르크스의 소외와 현대 노동자들이 느끼는 외로움의 본질은 크게 다르지 않다.

> 점심시간에 팀원들이 일부러 특정인을 빼놓고 자기들끼리 밥을 먹으러 가는 경우가 있습니다. 간식 시간에 자기들끼리만 모여서 음식을 먹기도 합니다. 직장 내 왕따는 종종 있는데, 이는 직장 내 괴롭힘에 해당될 수 있습니다.

　직장갑질119 윤지영 대표가 한 언론과 가진 인터뷰에서 밝힌 내용이다. 새삼스러운 내용은 아니지만 왠지 생각할수록 참담하고 서글픈 풍경이다.

　하지만 위의 경우처럼 누군가를 '의도적으로' '배제'하고 키득거리며 밥을 먹으러 갔던 경험이 나에게는 혹은 당신에게는 해당하지 않는 일일까? 배제된 그 누군가는 직장에서 '사이코'라 불리는 상사일 수도 있고, 조직 내 적응을 못하거나 유독 부끄러움을 많이 타는 내성적인 그 누군가가 될 수도 있겠지만, 열외가 된 혹은 배제된 그들은 '공공의 적' 혹은 '그래도 싼' 인간들로 분류된 사람들일 가능성이 높다.

하지만 그 배제되고 남겨진 그 누군가가 바로 당신이라면?

사회심리학자들은 약자를 괴롭히는 사람이 사회적인 정보 처리 능력이 뛰어난 사람일 가능성이 높다고 말한다. 실제로 누군가를 표적으로 삼고 어떻게 교묘하게 괴롭혀야 하는지 알려면 상당한 사회적 기술이 필요하기 때문이다. 약자를 괴롭힐 때는 주로 자존감이 낮은 상대를 표적으로 삼으면서 동시에 자신은 지위를 유지하며 자존감을 비현실적으로 높이 세우는 것이다. 하지만 이들은 이런 잔기술에는 능하지만 정작 타인의 고통에는 무감각하고, 상대가 괴롭힘을 당할 때는 일부 가학적 쾌락을 느끼기도 한다. 공감 능력의 부재는 자기합리화라는 대체제로 메꿔지는데, 예를 들어, '갑질'하는 상사는 부하직원의 능력을 최대치로 끌어내기 위해서라거나, 부하직원의 멘털이 허약하기 때문이라며 자신의 행위를 변명한다.

서양에서는 학교나 직장에서 이뤄지는 이런 종류의 따돌림 혹은 괴롭힘 행위를 흔히 '불링(Bullying)'이라고 하는데, 사실 불링이라는 표현이 일반화되기 전에는 '모빙(mobbing)'이란 표현이 더 자주 쓰였다. 모빙은 1973년 노르웨이의 사회심리학자들이 처음으로 사용하던 용어로 오늘날의 따돌림 문화 연구의 시초에 해당한다.

모빙(mobbing)이란 단어 자체에서 알 수 있듯이 학교 혹은 직장 내 괴롭힘에서 괴롭히는 행위의 주체는 특정한 개인일 수도 있지만, 익명성을 가진 집단 혹은 단체일 수도 있다. 다시 말해 모빙에는 '공모자'가 필요하다. 적극적인 공모자일 수도 있지만 수동적인 혹은 수동성을 가장한 더 교묘하고 적극적인 방관자일 수도 있다.

예를 들어, 누군가 동료 직원 혹은 친구에 관한 근거 없는 소문을 퍼뜨리거나 뒷담화할 때, 우리 대다수는 방관자이거나 공모자가 된다. '그게 아니라'라고 말하는 순간, 당신 자신도 또 다른 불링이나 모빙의 먹잇감이 될 수 있다.

회의 끝머리에 스탈린에게 충성을 맹세하는 메시지가 채택된다. 전원이 기립한다.(회의 도중에도 스탈린의 이름이 나올 때마다 전원이 벌떡 일어서곤 하지만) 조그만 강당 안에서는 '우레와 같은 열렬한 박수'가 터져 나온다. 3분, 4분, 5분, 우레와 같은 박수는 계속된다. 이제는 손바닥이 아프다. 처들어 올린 팔이 저려 올 지경이다. 나이 먹은 사람들은 사뭇 숨까지 헐떡이고 있다. 스탈린을 진심으로 숭배하는 사람조차도 이제는 더 이상 참을 수가 없다. 그러나 대체 누가 '제일 먼저' 박수를 그만둘 수 있을 것인가?3

솔제니친의 소설 『수용소군도』에 등장하는 이 웃지 못할 장면은 사회행동학자 솔로몬 애쉬(Solomon Asch)가 말한 일종의 '동조현상(conformity)'으로 사실 우리 일상에서 매우 빈번하게 발생하고 있다.

예를 들어, 도로 정지선에서 출발 신호를 기다리는 자동차의 경우를 생각해 보자. 이때 선행운전자의 움직임은 뒤에 있는 다른 자동차의 행동에 결정적인 영향을 미친다. 만약 선행운전자가 신호를 무시하고 출발하면 뒤에 있는 차량들도 꼬리에 꼬리를 물고 뒤따르는 경우가 많다. 반대로 선행운전자가 참을성 있게 출발 신호가 떨어질 때까지 진득하게 견딘다면 뒤에 있는 자동차도 신호를 무시하고 앞으로 나아가지는 못한다.

스탈린의 이름이 호명될 때 가장 먼저 기립하며 박수를 주도한 사람은 가장 늦게까지 박수를 치고 있을 가능성이 높다. 긍정적인 상황에서는 오피니언 리더가 될 수 있지만 부정적인 상황에서는 차별과 왕따의 점화자 역할을 하게 된다.

동조현상은 일종의 '집단적 공모'로 특정 집단을 차별하거나 배제하는 행위, 특정한 개인을 따돌림하는 경우 모두에 해당한다. 이때 누군가 '아니다'라는 시그널을 보내면 이런 동조현상은 생각보다 쉽게 와해된다.

디지털 미디어 연구가인 김아미 박사는 온라인에서 벌어지는 청소년 왕따 문제에 있어서도 누군가가 '화나요' 버튼을 누르거나 반대로 악플 피해자에게 '좋아요'를 눌러 주는 것도 문제 해결의 한 방법이라고 조언한다. 물론 쉽지 않은 일이다.

하지만 누군가는 박수를 멈춰야 반복되는 비극을 막을 수 있다.

넌 내게 무엇을 원하는가?

납치범에 끌려가는 인질을 상상해 보자. 이 끔찍한 상황에서 피해자가 납치범에게 할 수 있는 말은 단 한 가지다.

"제발 목숨만은 살려 주세요. 원하는 건 뭐든지 할게요."

그렇다. 살기 위해서는 인질범이 원하는 게 무엇인지 알아야 적당한 대응을 할 수 있다. 제일 무서운 상황은 인질범이 응답하지 않거나 '난 네게 원하는 게 없어'라고 답하는 경우다.

난감하다. 온갖 시나리오가 머리를 맴돈다. 최상의 상황과 최악의 상황을 동시에 대비해야 한다.

인종주의 혹은 집단 내 왕따 현상도 같은 맥락에서 이해할 수 있다. 지젝은 인종주의가 '당신은 나에게 무엇을 원하는가?'라는 질문에서 출발한다고 말한다. 이 말은 또 무슨 의미일까? 가장 순수하게 증류된, 그래서 가장 폭력적인 형태의 인종주의인 반(反) 유대주의를 예로 들어 설명해 보자.

지젝에 따르면, 유대인이 의심받는 이유는 그들이 실제로 원하는 게 무엇인지, 그들의 의도와 욕망이 무엇인지 알 수 없기 때문이다. 우리말로 표현하면 '의뭉스러운' 그들의 속내를 좀처럼 알 수 없기 때문이다. 이럴 때 상대방은 불안과 함께 강렬한 의심을 느끼게 된다. 그리고 이런 의심과 불안을 해소하기 위해 어떤 감춰진 음모에 의거해 그들의 행위를 설명하는 시나리오를 창조하게 된다. 예를 들어, '유대인은 돈벌레다', '유대인은 세계 정복을 꿈꾼다'와 같은 이야기들 말이다. 그러면 타자가 우리에게 무엇을 원하는지 모르는 데서 오는 혼란을 막을 수 있다.[4]

유대인들이 인종주의의 대표적인 희생양이 된 이유는 그들이 믿는

신, 야훼의 독특한 성격에 있다. 지젝에 따르면 유대의 신은 불가지(不可知)한 존재다. '자신의 형상을 만들지 말라'는 금기에서 드러나듯 유대인들은 그들의 신이 진짜로 원하는 게 무엇인지 명확히 알지 못한다. 분노하고 때론 질투하는 신의 의도는 그 명령 '너머'에 있는 것이다. 그리고 별로 특별할 것 없는 유대인들이 자신을 '선택된 민족'이라 칭함으로써 그들은 '신이 우리에게 무엇을 원하는가?'라는 질문에 응답해야 하는 무거운 짐을 떠안게 된 것이다. 아무도 강요하지 않은 짐을 스스로 떠안음으로써 그들은 기타의 다른 민족들에게 가장 의심스러운 존재가 됐다.

유대인들이 오랜 세월 동안 받아 온 핍박이 자업자득이라는 것을 강조하려는 것이 아니다. 이를 뒤집어 말하면, 인종주의자나 왕따를 가하는 개인이나 집단의 공통점은 단순한 폭력성이 아니라 자신도 통제하지 못하는 불안감에 휩싸여 있다는 것이다.

그리고 상대방도 대답할 수 없는 질문인 '네가 정말 원하는 게 뭐야?'라고 물으며 동시에 피해자의 목을 조른 채 '넌 이것을 원해야만 해'라고 강요하는 것이다.

차이를 지우면 차별이 사라질까?

일본의 철학자 아카사카 노리오(赤坂憲雄)는 권력 구조의 관점에서도 왕따 현상을 분석하는데 그 내용을 요약하면 다음과 같다.

질서는 차이의 체계 위에 성립한다. 차이가 소멸하면 구성원들은 모방 욕망의 노예가 되어 서로를 모방하며 동질화한다. 결국 차이의 완벽한 소실은 전원일치의 폭력을 위한 필요충분조건이 된다.

이 이야기를 학교에서의 왕따 상황을 예로 들어 조금 쉽게 풀어서 설명해 보자. 우리는 학교에서 매일매일 차이를 '지우는' 교육을 강요받는다. 차이를 드러내거나 강조하는 일체의 행위는 '평등사상'에 어긋나는 행위로 비판받는다. 학교에서 똑같은 교복을 입히고 번호대로 줄을 세우는 방식으로 말이다.

이것이 차이의 소멸이다. 엄연히 존재하는 차이를 지우다 보면 서로서로가 닮아 가는 동질화 현상이 발생하는데, 이것이 '서로를 모방해 동질화'되는 것이고 이 과정에서 필히 긴장이 발생한다. 이제 이 긴장이 폭발하기 전에 숨통을 만들어 주어야 한다. 팽팽한 풍선에 바람구멍을 내줘야 압력이 내려가듯 말이다. 이 과정에 필요한 것이 한 사람의 제물(희생양)이고 이렇게 전원일치의 의지에 따라 공동의 공물이 성립한다. 이렇게 마련된 공물을 계기로 집단은 새로운 차이의 체계를 개편하고, 비로소 위기를 교묘하게 모면하게 되는 것이다.

지젝이 말한 '무엇을 원하는지 알 수도 없고 또 대답도 할 수 없는' 유대인의 이야기나 아카사카 노리오가 말한 왕따의 메커니즘은 차별이 명확한 차이에 근거한 것이 아니라 오히려 불명확한 경계에서 오는 불안감에서 기인한다는 사실을 말해 준다. 다시 말해, 차별과 왕따는 차이를 지우고 입히는 과정을 당사자의 의지와 상관없이 (혹은 역행하여) 반복함으로써 차별과 왕따의 근거를 작위적으로 새롭게 마련하는 것이다.

두말할 것도 없이 이건 명확한 폭력이다.

연대나 돌봄, 희생과 배려, 공동체와 더불어 살기 등의 가치는 주변부로 밀려나고 각자도생(各自圖生)의 가치만이 나부끼는 시대를 살고 있다. 이게 다 지난 40년간 물신화와 개인주의의 화신이라는 신자유주의가 벌인 단독 범행의 결과일까?

사실 자본주의는 탄생 이후 단 한 차례도 한 가지의 얼굴만 고집한 적이 없다는 점에서 신자유주의가 오늘날의 소외와 격리의 원죄를 뒤집어쓰는 것은 다소 억울할 수도 있겠다는 생각이 든다.

자본주의의 아버지라 불리는 애덤 스미스가 개인의 자유와 시장 질서를 강조한 『국부론』을 쓰기 전에 『도덕 감정론』이라는 저서를 통해 공감과 공동체, 그리고 다원주의의 중요성을 강조했다는 사실을 아는 사람은 그리 많지 않은 것 같다.

지금까지 우리는 차이를 지우면 차별은 자연스럽게 사라질 것이라고 '잘못' 배웠다.

그리고 차이를 무시한 '기계적 과잉 평등'도 차별을 낳는 역설의 주인공이었다는 사실도 무시해 왔다. 지금 당장 왕따의 피해자에게 손을 내밀라는, 다소 손이 오그라드는 말 대신에, 차이의 실상을 통해 차별의 폐해를 살피는 일이 먼저이다.

냄새에도
차별이 있다

2009년 당시 28살이었던 인도인 청년 보노짓 후세인은 성공회대 대학원에서 석사학위를 취득하고 동 대학 민주주의연구소에서 연구교수로 활동 중이었다. 그는 어느 날 한국인 여성 친구와 함께 탄 버스에서 "너 어디서 왔어? 이 냄새 나는 ××야!"라는 인종주의적 혐오 발언을 듣는다. 후세인은 자신에게 혐오 발언을 한 한국인 남성을 곧바로 경찰서에 신고했고 검찰은 그를 기소한다.

이는 대한민국에서 인종주의적 혐오 발언에 대한 최초의 기소 사례가 된다. 곧이어 법원은 해당 남성에게 벌금 100만 원의 약식명령을 내렸는데, 이 또한 인종 차별적 발언을 모욕죄로 인정한 최초의 판례이기도 하다.

어찌 됐든 이 사건은 한국 사법사상 두 가지 최초의 사례를 남겼다. 이후 후세인 사건은 대한민국 사회에서 공론화되어 후세인의 모국인 인도뿐만 아니라 뉴욕 타임스에까지 보도되면서 국제적인 화제가 되기도 했다.

그런데 냄새를 구실로 사람에게 모욕을 가하고 차별하는 행위는 이웃 나라 일본도 예외는 아닌 모양이다. 최근 일본 사회에서는 괴롭힘을 뜻하는 영어 단어 'harassment'의 발음을 축약해서 '하라'를 붙이는 것이 유행하고 있다고 하는데, 예를 들어, '마타하라'는 모성(母性) 괴롭힘을, '파워하라'는 갑질, '세쿠하라'는 성희롱을 각각 의미한다.

그리고 여기에 최근 일본 직장인들 사이에 새롭게 등장한 괴롭힘이 바로 '스메하라'다. 쉽게 짐작이 가겠지만, '스메하라'는 냄새를 뜻하는 영어 단어 스멜(smell)의 일본식 표현 '스메'와 괴롭힘을 의미하는 '하라(harrassment)'가 결합한 단어다.

'스메하라'는 담배 냄새나 반려동물 냄새, 과도한 향수 냄새, 땀 냄새 등 당사자의 부주의나 청결 관념의 부재로 인해 발생할 수도 있지만, '하라'가 의미하는 바와 같이, 괴롭힘 그 자체를 위해 존재하기도 한다.

실제로 지난해 6월, 일본에서 지적 장애가 있는 직장동료를 세탁기에 넣고 돌린 남성 2명이 경찰에 체포된 사건이 발생했다. 교토의 청소 회사 직원인 30대 A씨와 B씨는 지적 장애가 있는 동료 C씨를 산업용 세탁기에 강제로 집어넣고 전원을 켜서 부상을 입힌 혐의로 기소됐는데, 당시 이들은 피해자에게 "냄새난다. 세탁기에 들어가라"라고 말한 것으로 알려졌다.

한국에서 벌어진 후세인 보노짓의 사례나 일본의 괴롭힘 사례 모두 냄새는 핑계일 뿐 정작 차별과 혐오의 대상이 된 것은 외국인이라는 사실과 장애인이라는 사실일 것이다. 하지만 누군가에게 '냄새가 난다'라고 말하는 것, 그리고 이를 통해 사람을 모욕하고 괴롭히는 일은 생각만 해도 끔찍한 일이다.

게이의 냄새, 가난의 냄새, 추녀의 냄새, 검둥이의 냄새 등등은 모두 진짜 냄새와 관계가 없다. 혐오를 정당화하는 냄새 대부분은 차별적 시선에서 비롯된 것들이다.

인도의 거리를 걸을 때면 언제든 소똥 정도는 밟을 각오를 해야 한다. 소똥은 그래도 애교 수준에 불과하다. 거리 곳곳의 오물과 지독한 공해는 도시와 농촌을 가리지 않는 나름의 일관성이 있다. 그래서 인도 하면 늘 '더럽고 지저분하다'라고 생각하는 사람들이 많은 것 같다.

아무리 인도를 사랑해도 인도를 깨끗하다고 말할 자신은 없다. 어찌 됐든 그건 분명한 거짓말이니까.

물론 인도인들은 이런 반응에 대해 별로 신경 쓰지 않는다. 오히려 외국인들이 인도가 지저분하다고 하면 이들은 '네 마음의 때를 먼저 보라'고 할지도 모른다. 어쩌면 이점이 가장 '인도다운' 반응이 아닐까 싶다.

그런데, 누가 나에게 '더럽다'라거나 '냄새난다'라고 하면 이는 사실관계를 떠나서 최악의 모욕이 된다. 그래서 누가 누구에게 '더럽다'라거나 '냄새난다'라고 말할 때는 적어도 피 터지게 싸울 각오를 해야 한다. 누군가 '더럽다'거나 '냄새난다'라는 표현을 일상적으로 사용한다면 그건 단순한 비아냥이나 조롱이 아니라 확실한 권력관계의 상층에 있어야 가능한 일이다. 주인과 노예의 관계처럼.

한 가지 분명한 것은 더럽다거나 냄새난다고 말하는 사람, 그렇게 당당하게 남을 판단할 수 있는 사람이 권력자라는 점이다. 일제강점기에 조선인이 더럽다고 말한 사람은 먼저 개화한 일본인이었다. 인도인이 더럽다고 말한 자도 식민 지배자였다. 더러움은 피지배자의 본성이었고, 그래서 그들은 문명 개화한 지배자의 통치를 받아야 마땅했다.

여기에는 지배자의 건강을 위협하는 피지배자와 사회적 거리를 유지해 전자의 안전과 순수성을 지키려는 목표도 섞여 있었다.[5]

『인도는 힘이 세다』의 저자 이옥순은 영국인들이 식민지 피지배층인 인도인들을 가장 쉽게 모욕하는 방식이 '더럽다'와 '냄새난다'라고 공공연히 말하는 것이었고, 이런 일상화된 언어폭력을 통해 확실한 지배와 피지배의 관계가 형성됐다고 주장한다.

일제강점기 조선에 거주하던 일본인들도 조선인의 몸에서 나는 지독한 악취 때문에 적지 않은 곤욕을 겪은 모양이다. 이들도 '냄새나는 조센징'이라는 말을 즐겨 사용했다. 아이러니한 일이지만, 근대화한 일본인들이 냄새나는 '야만'의 조선인을 개화하기 위해 선택한 대안 중 하나가 바로 공중목욕탕의 보급이었다. 유교문화의 절대적인 영향 아래 있던 조선에서 아무리 같은 동성이라 해도 홀랑 옷을 벗고 한 공간에서 목욕하는 것은 상상조차 하기 어려운 야만적인 일이었을 것이다.

하지만 야만과 문명을 가르는 기준은 힘이었고, 냄새나고 불결한 조선인은 청결한 문명인의 지도를 받아야 하는 '냄새나는' 야만인으로 남게 된 것이다.

과학적 근거는 없지만 순전히 경험으로 후베날 우르비노 박사는 인간을 죽음으로 몰고 가는 대부분의 질병에 특유의 냄새가 있지만, 그 어떤 것도 늙는 것처럼 특별한 냄새를 풍기지는 않는다는 사실을 잘 알고 있었다.[6]

노벨 문학상 수상자인 콜롬비아의 소설가 가브리엘 가르시아 마르케스(Gabriel Garcia Marques)는 '나이 듦의 냄새'가 해부대 위의 시신에서, 자기 옷에 밴 땀 냄새 속에서 그리고 완전히 비무장 상태로 잠자는 사람의 숨결에서도 느껴진다고 말한다. 특히 '늙어 가는 남자'에게는 단순히 세월의 강을 건너는 흔적 이상의 특유한 냄새가 배어 있다는 것이 그의 지론이다.

아내로부터 '잘 씻으라'는 핀잔 아닌 핀잔을 듣는 남자들이 많은 것은 서양이나 우리나라나 지구 반대편 중남미 대륙이나 별 차이가 없다. 중년 남성에게서 나는 냄새의 원인을 화학적으로 설명해 보면 대충 다음과 같다.

우선 나이가 들면 신진대사가 느려지고 피부에 노폐물이 쌓이게 된다. 이때 피지선에서 불포화 지방산이 분해되고 화합물인 '노넨알데하이드'라는 물질이 더 많이 만들어지게 된다. 노넨알데하이드가 모공에 쌓이고 음주와 흡연 등 추가적인 요소들이 복합적으로 작용하면 특유의 이른바 퀴퀴한 '아재 냄새'가 탄생하게 되는 것이다. 냄새의 원인과 실체는 이 밖에도 다양하지만, 함께 사는 아내의 입을 통해 확인하는 게 그나마 덜 창피한 일이다.

함께 일하는 동료나 여성 후배에게 이런 말을 듣는다면(물론 쉽게 내뱉을 수 있는 말은 아니다), 낭패도 이런 낭패가 없다.

수년 전, 한겨레사회정책연구소의 한귀영 위원이 '여성의 입장'에서 〈중년 남성의 냄새〉에 관한 아주 솔직한 글을 쓴 적이 있다. '다소 민망함을 무릅쓰고'라는 전제와 '여성들 쪽의 진실을 알려 줘야 할 것 같았다'라는, 나름 사명감 같은 전제와 함께. 처음부터 센 이야기가 나온다. 중년의 남성들은 당황하지 말고 듣기를 바란다.

먼저 그녀의 이야기를 들어 보자.

> 아내는 남편의 냄새 때문에 동침을 거부하는 것이다. 술 냄새, 담배 냄새, 생리현상의 냄새까지(코 고는 소리는 양념이다), 중년의 남편은 아내에게 성과 사랑의 정신분석학적 차원보다 단순한 생화학적 두통거리로서 함께 자기 어려운 존재다.
>
> 고깃집에서 나올 때 냄새 제거제를 뿌리고 잘 씻고 특히 양치질을 꼭 하시라고 권하기 위해서 이 글을 쓰는 것은 아니다. 자기 관리에 실패한 중년 남성을 비난하는 것으로서는 이 생화학적 진실을 결코 발견하기 어렵다.[7]

위의 내용처럼 그동안 아내들이 잠자리를 거부했던 가장 큰 원인 가운데 하나가 당신 몸에서 나는 참기 힘든 냄새 때문이었다니, 여성들은 공감의 물개박수를 보낼지 모르지만, 남성은 당혹감과 허탈함을 감추기 어려울 것이다.

하지만 나는 이 글을 도발이 아니라 일종의 진중한 조언으로 받아들인다. 완전히 뒤집어서 말하면 이 글 속에는 중년 남성의 몸에서 나는 냄새를 '여성의 입장에서' 어떻게든 이해해 보려는 진지한 노력이 숨어 있기 때문이다.

그녀의 말처럼 담배 냄새나 술 냄새 혹은 회식 후 몸에 절은 고기 냄새, 발 냄새, 땀 냄새 같은 것들이 여성들이 혐오하는 생화학적 두통거리의 전부는 아니다. 이어지는 진단처럼 두통거리로 작용하는 중년 남성의 냄새는 생화학적 측면이 아니라 사회적인 측면에서 바라봐야 하는 것인지도 모른다.

중년 남성이 늦은 밤 아내 옆에서 풍기는 이 혐오스러운 냄새의 사회학적 실체란, 그가 참전한 또 하루의 전쟁터에서 묻혀 온 화약과 총상의 냄새이며, 그 상처를 응급처치하기 위해 들이킨 '소독용' 알코올의 냄새인 것이다.

전쟁터에서 귀환한 부상병에게 느껴지는 화약과 총상의 냄새. 중년 남성의 몸에서 나는 단순한 악취를 너무 미화한 것 아니냐는 반론도 있을 수 있다.

물론 선천적으로 게으르거나 유독 씻지 않아서 나는 생화학적 냄새도 있지만, 중년 남성의 냄새에는 대체로 저마다의 사연과 서사가 있다. 그래서 중년 남성의 성공 신화 혹은 실패의 쓴 잔은 중년 남성의 육신과 정신이 민망한 냄새로 황폐해진 대가로 획득한 전리품에 가깝다. 물론 남자라고 다 같은 남자가 아니다. 남성의 냄새는 나이에 따라 외모에 따라, 심지어 직업에 따라 다르게 해석되기도 한다. 늙은 남자의 몸에서 나는 냄새는 '문제'가 되지만, 젊은 남자의 몸에서 나는 체취는 다른 차원에서 '이해'된다.

괴테의 『파우스트』에는 싱싱한 젊음의 파리스 왕자를 본 나이 많은 귀부인이 "그건 청춘의 꽃향기라오. 젊은이의 몸에서 영약으로 만들어져 대기 속으로 퍼져 가는 것이지"라고 말하는 대목이 나온다.

젊고 탄탄한 남성의 몸에서는 '야생의 냄새' 혹은 '수컷의 냄새'가 난다고 한다. 중년의 남성에게서는 느껴지지 않는 냄새다. 중년의 냄새에는 각종 서사(敍事)가 있지만, 젊은 몸이 풍기는 '수컷의 냄새'에는 각종 수사(修辭)가 따라붙는다.

감정 사회학의 대가 에바 일루즈는 전통적인 남성 우월주의가 약화된 자리에 섹시함이라는 새로운 신분이 떠오른다고 말하는데, 역시 중년 남성에게는 해당하지 않는 말이다. '수컷의 냄새'는 향기로 격상되지만, 중년의 몸은 아예 수컷에서 열외가 돼 악취와 함께 '몸뚱아리'로 전락한다. 동성애자, 거지, 노인 혹은 중년의 남성에게까지, 사람들은 이들로부터 불쾌한 생화학적인 냄새를 맡을 수 있지만, 그 혹독한 편견의 시선 속에는 생화학적 냄새를 능가하는 차별이라는 이름의 악취가 묻어난다.

'너에게 냄새가 난다'라는 말은 생화학적 악취보다 독성이 강하다.

잘못된
혹은 이상한

～～

　장애의 반대말을 '정상'이라고 하면 장애는 곧 비정상과 동의어가 된다. 이런 사고는 비장애인들이 지닌 일종의 집단적 믿음에 가깝다. 그리고 이런 집단적 믿음이 확장되면, 장애인은 비장애인들이 만든 체제와 규칙에 의존해 사는 것이 당연한 것으로 여겨지며 그 과정에서 장애인들이 배제되는 것 또한 자연스러운 일이 된다. 진화론에 대한 잘못된 이해 중 하나가 인간이 가장 발전된 생명체로 진화의 정점에 서 있는 존재라는 생각인 것처럼, 장애와 비장애에도 위계가 존재한다는 생각은 낡고 위험하다.
　피터 비에리는 그의 저서 『삶의 격』에서 존엄성의 존재근거를 다음 세 가지 질문에서 찾는다.

　첫째, 남이 나를 어떻게 대하는가?

둘째, 나는 남을 어떻게 대하는가?
그리고 마지막 세 번째로, 나는 나를 어떻게 대하는가?

'자신을 수치스럽다고 생각하게 만드는 사회는 지옥보다 나을 게 없다'라는 앙드레 말로(Andre Malraux)의 말처럼, 인간의 존엄성은 남이 나를 어떻게 대하는지 혹은 내가 타인을 어떻게 대하는지와 같이 타인과의 관계에 근거하지만, 결국 자신이 자신을 대하는 국면, 자신과의 대면에서 결정적으로 규정된다. 우리는 이것을 존엄의 첫걸음이라 규정한다.

자신이 자신에게 규정하는 존엄과 관련해, 프랑스 출신의 난쟁이(저신장 장애인) 곡예사 마누엘 바케나임의 경우를 예로 들어 보자. 마누엘은 서커스 공연에서 행해지는 소위 '난쟁이 던지기 대회'가 개인의 인격과 인간의 존엄성에 어긋나는 위법한 행위라고 규정한 유엔 법정의 결정에 항의해 자신의 권리를 돌려 달라고 주장했다.

자신의 권리? 분명 잘못 들은 게 아니다. 마누엘은 난쟁이를 집어 던지거나 대포에 넣고 공중에 쏘는 행위가 모두 자신의 '자유의사'에 의해 근거한 것으로 어떠한 모욕감도 느끼지 않았다고 주장했다. 그리고 그러한 결정이 자신의 권리라고 말한다. 하지만 유엔 법원의 판단은 달랐다.

존엄이란 개인이 스스로 결정할 수 있는 문제란 전제는 맞지만, 존엄은 개인이 마음대로 할 수 있는 것 '그 이상'의 무엇이라는 것이다. 마누엘의 주장처럼, 스스로 던져지는 행위를 받아들인 것은 그의 자유지만, 인간의 존엄을 포기할 자유마저 주어진 것은 아니라는 이야기다. 누구든 자신의 존엄을 서커스 공연에서 던져지는 난쟁이의 운명처럼 내던져서는 안 된다는 것이다.

공공장소에서 이슬람의 상징인 히잡과 부르카의 착용을 금지한 프랑스 정부의 결정을 두고 종교의 자유와 개인의 존엄성이 짓밟혔다는 주장도 있지만 그 반대의 논리도 존재한다. 프랑스 당국의 입장은, 무엇보다 프랑스가 정치와 종교가 분리된 국가라는 점, 따라서 히잡이나 부르카가 종교 '자유'의 상징이 아니라, 여성을 억압하고 제한하는 인권침해의 상징이라는 점을 들어 공공장소에서의 착용 금지는 합법적이라는 것이다.

히잡을 계속해서 쓰게 해달라는 이슬람 여성들의 주장은 난쟁이 던지기 대회가 모욕이 아니라 스스로의 판단과 결정으로 받아들인 행위라는 마누엘의 주장과 비슷한 맥락을 지닌다. '속박'의 상징인 히잡을 벗을 권리는 오로지 히잡을 쓴 여성 자신에게 있다.

하지만 우리는 히잡을 계속 쓰게 해달라고 주장하는 여성과 함께 난쟁이 경기를 계속할 수 있도록 간청한 마누엘을 비난만 할 수 있을까? 마누엘은 정말 존엄의 의미를 몰랐거나 완전히 포기한 것일까?

존엄할 권리는 누군가에겐 너무나 당연한 말이지만 또 누군가에겐, 특히 신체와 이동의 자유가 제한된 장애인에겐 사치스러운 수사에 불과할 수도 있다. 법정을 나오며 마누엘이 내뱉은 투덜거림 속에 담긴 의미를 되새겨 보자.

"당신들이 내 유일한 일자리를 빼앗았다는 것만 기억하시오."

여성장애인, 그리고 '어쩌면 이상한 몸'

2023년 일본 문학계에 신선한 충격을 안겨 준 아쿠타가와상의 수상자는 이치카와 사오(市川沙央)다. 그리고 그녀의 이름에는 언제나 '장애 여성작가'라는 꼬리표가 따라다닌다. 아쿠타가와상을 수상한 그녀의 작품 『헌치백』은 속칭 '꼽추'를 의미하는 단어로, 작가는 스스로를 '꼽추 괴물'이라고 칭한다. 그리고 그녀가 가장 강렬하게 열망하는 욕망은 "다시 태어나면 고급 창부(娼婦)가 되고 싶다"라는 것이다.

샤카는 작품 속 허구의 인물이지만 엄밀히 말해 작가 자신의 분신이기도 하다. 그리고 작품 속 주인공 샤카의 꿈 또한 글자 그대로 창부(娼婦)가 되는 것이다. 작품의 파격성과 작가 자신의 파격성이 완벽히 만나며 이 작품이 왜 일본 문단에 센세이션을 일으켰는지 쉽게 짐작이 간다. 그리고 작가는 여기서 멈추지 않고 한발 더 나아간다.

임신과 중절을 해보고 싶다. 내 휘어진 몸속에서 태아는 제대로 크지도 못할 텐데. 출산도 견디지 못할 것이다. 물론 육아도 어렵다. 하지만 임신과 중절까지라면 보통 사람처럼 가능할 것이다. 생식 기능에는 문제가 없으니까.
평범한 여자 사람처럼 아이를 임신하고 중절해 보는 게 나의 꿈입니다.

샤카에게는 창부가 되는 것 말고도 또 하나의 꿈이 있다. 바로 임신과 중절을 해보는 것이다. 임신까지는 이해하겠는데 중절을 꿈꾸는 이유는 뭘까? 태어날 자유는 없어도 죽을 자유는 있는 것처럼, 생명을

'지우는' 행위는 장애 여부와 상관없는, 일종의 '의지적 행위'이기 때문이다.

'낙태를 위한 임신'은 '살인을 위한 양육'이라는 점에서 소나 돼지를 키우는 행위와 본질적으로 다르지 않다. 이 그악스러운 발언이 자아내는 불편함이 여성 장애인이 매일매일 마주쳐야만 하는 그악스러운 현실에 비해 더하다 할 수 있을까?

주인공의 이름 샤카(釋花)는 해탈성불 샤카모니, 즉 석가모니(釋迦牟尼)의 이름과 발음이 유사하다. 물론, 이건 어디까지 내 개인적인 뇌피셜일 뿐, 책 어디에도 나와 있지 않은 내용이다. 물론 사실이 아니라 해도 주인공 샤카는 '복합적 차별'이라는 난제를 넘어 무성애적 해탈의 경지에 이른 존재라는 점에서 이 또한 완전한 엉터리 발상은 아닐 것이다.

충분히 짐작이 가겠지만 이 작품은 장애 여성의 문제, 특히 장애 여성의 성(性)을 정면으로 다루고 있는데, 국내에서도 기존의 금기를 깨고 이 문제에 과감히 접근한 작품이 있다.

『어쩌면 이상한 몸』은 지난 2018년 '장애여성공감'이라는 이름의 장애여성 인권 운동단체에서 펴낸 책이다. 장애여성공감은 '국가권력이 정해 놓은 정상성에 도전하고 소수자를 억압하는 규범을 흔들고자 장애여성의 관점에서 질문을 던지는 단체'라고 자신들의 정체성을 규정한다. 장애여성공감과 이들이 만든 책『어쩌면 이상한 몸』에서는 '장애 여성'이 아닌 '장애여성'이라고 '장애'란 단어와 '여성'이라는 단어를 붙여서 쓰는데, 자동 편집기에서는 문법적 오류로 인식해 붉은 줄이 자동으로 그어진다.

우리의 인식과 문법적 구조 자체도 이런 표현을 '비정상' 혹은 '오류'로 인식하는 것이다.

하지만 이들이 장애와 여성, 이 두 단어를 굳이 붙여 쓰는 이유는 '장애여성'을 하나의 정체성으로 인식하고, 장애와 젠더를 둘이 아닌, 역시 하나의 정체성으로 말하고자 함이다. 장애가 없고, 아프지 않은 상태가 '정상'이라고 여기는 사회에서 장애가 있고 아픈 몸은 '비정상적'인 몸이 되는 것처럼, 장애가 있는 여성이라면(장애+여성), 이중의 소수자로 취급되고 결국 이 묘한 이중성을 가진 장애여성의 몸은 '이상한 몸'이 되는 것이다. 그리고 이 '이상한 몸'이 사랑을 갈망할 때는 길 잃은 조개껍데기가 될 각오를 단단히 해야 한다.

조제: 눈을 감아 봐.
(눈을 감는 츠네오)
조제: 뭐가 보이지?
츠네오: 그냥 깜깜하기만 해.
조제: 그곳이 내가 살던 곳이야. 깊고 깊은 바닷속…
　　　난 거기서 헤엄쳐 나왔어.
　　　그곳은 빛도 소리도 없고 바람도 안 불고 비도 안 와.
　　　정적만이 있을 뿐이지.
츠네오: 많이 외로웠겠다.
조제: 별로 그렇지 않아. 처음부터 아무것도 없었으니까.
　　　언젠가 네가 사라지고 나면, 난 길 잃은 조개껍데기처럼
　　　혼자 깊은 바다 밑에서 데굴데굴 굴러다니겠지.

장애 여성과 비장애 남성의 사랑을 그린 영화 〈조제 호랑이 그리고 물고기〉에서 주인공 조제와 츠네오 두 사람이 바다를 닮은 모텔에서 나누는 대화다. 츠네오를 만나 깊은 바닷속에서 간신히 헤엄쳐 나왔던 조제는 이제 그와의 이별을 앞두고 다시 그녀만의 바다로 돌아가 길 잃은 조개껍데기처럼 방황해야 하는 것일까?

아니면 조제의 말처럼 아주 '이상한 몸'에겐 처음부터 방황할 곳도, 외로울 시간도 없었으므로 외로움이란 결국 '정상성'의 기준으로 바라본 사치의 단어일 뿐일까.

인간으로서의 존엄은 선택이 아닌 필수

1994년 노벨 문학상을 수상한 일본의 작가 오에 겐자부로(大江健三郎)도 장애 아이를 둔 부모였다. 그가 1960년 스물일곱의 나이에 얻은 첫아들 히카리는 뇌에 장애를 앓고 있었고, 이런 경험을 바탕으로 쓴 소설이 바로 『개인적 체험』이다.

이 글은 오에 겐자부로가 아들 히카리를 키우면서 겪게 되는 각종 차별과 편견을 생생하게 담고 있는 일종의 자전적 소설이다. 실제로 히카리가 태어났을 때, 해당 산부인과 의사는 히카리를 '겐부쓰(現物)'라고 불렀는데, '겐부쓰'는 사람이 아니라 물건에만 사용하는 표현이다.

분명히 이건 나 개인에게 한정된, 완전히 개인적인 체험이야. (중략)
그런데 지금 내가 개인적으로 체험하고 있는 고역이란 놈은 다른 어떤 인간 세계로부터도 고립되어 있는 자기 혼자만의 수혈(竪穴)을 절망적으로 깊숙이 파고들어 가는 것에 불과해. 깊은 암흑 속 동굴에서 땀을 흘리지만, 나의 체험으로부터는 인간적인 의미의 한 조각도 만들어지지 않지.[8]

장애 아이를 키우면서 오에 겐자부로가 겪은 개인적인 고통들은 소설 제목과 같이 지극히 '개인적인 체험'이다. 장애인 당사자가 아니거나 장애인 가족을 두지 않은 사람이 감히 '이해한다'라고 말하기 어려운 경험 말이다. 그것은 '인간 세계로부터 고립되어 자기 혼자만의 깊은 동굴 속으로 들어가는 것'과 같은 경험이다. 심지어 장애 자녀를 둔 부모조차도 장애 아동 당사자가 겪어야만 하는 어려움을 오롯이 이해하기는 어려울 것이다.

장애를 갖고 태어나는 것이 '실패'하고 '잘못된 삶'으로 규정되는 사회에서는 장애 당사자가 장애를 자신의 정체성으로 받아들이는 것 역시 받아들이기 어려울 것이다.

그 자신이 장애인이며 변호사, 작가로도 활발히 활동하고 있는 김원영은 '나는 그동안 장애를 수용한다는 말의 의미를, 내가 무한히 강해져야 한다는 의미로 이해하고 살았다'라고 말한다. 장애를 극복해야만 할 무엇으로 규정한다면, 장애는 정말 도전과 극복의 대상이 될 수 있을까. 그의 말을 좀 더 들어 보자.

당신과 내가 '마음에 들지 않는' 혹은 '열등한' 혹은 '잘못된' 어떤 속성을 가지고 태어났다고 해도 우리에게 다른 선택지는 없다. 누군가에게 책임을 돌릴 수 없다는 사실이 당신을 더 화나게 할지도 모른다. 나는 왜 하필 이런 장애를 가지고 태어난 거지? 왜 나는 이렇게 키가 작지? 왜 내 지능은 좋지 않지? 왜 나는 아토피성 피부염이나 만성피로증후군을 타고난 거지? 누군가에게 화를 내고 싶겠지만, 우리는 우리 삶이 잘못되었다고 주장할 수 없다. 이 '잘못된' 상태가 아니라면 우리는 애초에 존재하지 않았을 것이다.

이 모습 그대로 태어나는 것 이외에는 선택지가 없었다면, 결국 우리의 장애나 질병은 그것이 설령 '잘못된' 것이라 평가받더라도 우리 자신의 일부라고 인정할 수밖에 없다.⁹

우리 사회의 기존 장애인 정책의 핵심은 장애인과 비장애인의 사회적 통합에 있다. 장애인이 비장애인의 '정상성'에 다가가기 위해서는 부단히 노력해야 하고 이러한 노력을 사람들은 장애를 '극복'한다고 표현한다. 반대로 비장애인이 장애인의 '비정상성'에 다가가면 이를 두고 '희생'이나 '봉사'라는 표현이 따라다닌다.

장애를 비정상성의 개념에 가두면 우리 모두는 저마다의 이유로 비정상적인 인간이 될 수밖에 없다. 키가 작다는 이유로, 대머리라는 이유로, 피부가 검다는 이유로, 가슴이 크거나 작다는 이유로, 그 밖에 기타 등등.

이런 비정상성의 개념이 확장되면, 가난하다는 이유로, 외국인이라는 이유로, 학벌이 낮다는 이유로, 특정 지역 출신이라는 이유로, 그야말로 수없이 많은 이유들로 차별받는 것이 정당화된다.

온몸을 뒤틀어야 하는 뇌병변 장애인도 우아하게 차를 마시고 싶다. 그러나 그 우아함은 부드러운 손동작에서만 나오는 것이 아니다. 온몸이 대포처럼 던져지는 '난쟁이 던지기' 공연을 해야 하는 마누엘에게도 인간으로서의 존엄은 선택이 아니라 필수다.

세상에 잘못된 선택은 있어도 잘못된 장애는 없다.

순결의
신화

～～～

세계적인 가수이자 영화배우인 셰어(Cher)가 최근 한 토크쇼에 나와 자신이 39살이나 어린 남자와 사귀고 있다고 고백해 화제가 됐다. 올해 그녀의 나이가 77세이니까 그녀와 사귀는 남성의 나이는 38세다. 셰어가 39살이나 어린 남자와 사귀는 것도 화제가 됐지만, 이보다 더 화제가 된 것은 '39살이나 어린 남자를 만나는 이유'에 대한 그녀의 명쾌한 답변 때문이다.

"내 또래 남자는 다 죽었으니까요."

와우, 과연 셰어다운 답변이다. 나이 많은 남자가 어린 여자와 연애하거나 결혼하면 '능력 있고' '복 받은' 일이지만, 반대로 나이 많은 여자가 연하의 어린 남성과 연애하거나 결혼할 때는 사회적 편견과 비난을 어느 정도 감수해야 한다.

 프랑스 마크롱 대통령 부부의 이야기를 처음 접했을 때, 사람들은 이 '해괴한 관계'에 경악했다. 우선 친구의 엄마를 사랑했다는데 한 번 놀라고, 그 어마어마한 나이 차이에 또 한 번 놀란다. 더 놀라운 것은 비난의 화살이 마크롱이 아닌 마크롱 여사에게 집중적으로 쏟아졌다는 것이다. "뭐, 아들 친구하고 놀아났다고?"

 같은 범죄라도, 나이 많은 남자 교사와 어린 여제자 간의 부적절한 관계보다는 여자 교사와 어린 미성년 남자 제자 사이에 벌어진 부적절한 관계에 더 강도 높은 사회적 비난이 쏟아지는 것도 비슷한 맥락이다. 부적절에도 등급이 존재하는 것이다.

 이 여자 저 여자를 만나고 다니는 남성을 보통 '바람둥이' 혹은 '카사노바'라고 부른다면, 이 남자 저 남자를 만나고 다니는 여자에게는 더 직접적이고 험한 표현이 따라붙는다. 주로 '헤프다'와 '밝힌다'라는 수식어가 따라다니는데, '걸레'라는 말은 경멸의 냄새가 가득한 대표적 표현이다. 실제로 여러 남자와 잠자리하는 여자를 지칭하는 순우리말에 '개잡년'과 '허튼계집'이 있다. 조금 민망하지만 실제로 국어사전에 등재된 순우리말이라는 점을 다시 한번 강조한다.

 과거 여자가 정조를 지키면 열녀(烈女)로 칭송받고 그녀가 죽으면 마을 입구에 열녀문(烈女門)을 세웠지만, 남자가 정조를 지켜 열남문(烈男門)을 세웠다는 이야기를 들어 본 적이 없다. 당연한 일이다. 그런 일은 존재한 적이 없으니까.

 처녀성(處女性)은 있는데 총각성이라는 말도 존재하지 않는다. ('총각성'이라는 말 자체가 입에 붙지 않는다.) 처녀성을 통해 여성에게 순결의 의무를 강요한다면 그 누구도 남성에게 총각성이라는 이름으로 순결의 의무를 강요하지 않는 것이다.

말이 나온 김에 총각의 어원도 따져 보자. 총각(總角)은 '결혼하지 않은 남자'를 이르는 말로 한자를 살펴보면 묶을 총(總)과 뿔 각(角)으로 구성된 단어인데, 머리를 땋아서 뿔처럼 묶은 남성의 모습에서 유래한 표현으로 순결이나 성적인 의미를 지니는 것은 아니다. 반면에 처녀성은 '처녀작', '처녀림', '처녀 출전', '처녀비행'과 같은 표현에서 알 수 있듯이, '처음' 혹은 '아직 아무도 ~하지 않은'과 같이 순결성을 강조하는 표현들이다. 여기에 성적인 의미들이 가미되면서 당연히 남성들이 주도적으로 사용했을 것이다.

성과학자 에르빈 헤베를레(Ervin j. Haeberle)는 남녀에 대한 이런 식의 다른 평가를 부권사회 시스템의 완벽한 증거라고 주장한다. 남성중심적인 편견과 차별적 시선은 역사와 설화 속 권력자의 침실에도 그대로 적용된다. 남성 권력자에겐 쉽게 허용되는 것이, 여성 권력자에겐 선택적으로 이해되는 것이다.

남녀의 문제가 아닌 권력의 문제

인도의 대서사시 『라마야나』에는 코살라국의 라마 왕자가 마왕 라바나에게 납치된 시타 왕비를 구출하는 내용이 있다. 여기까지는 온갖 고난을 무릅쓰고 사랑하는 아내를 구출하는 아름다운 권선징악형 대모험의 해피엔딩처럼 보인다. 라마가 뒤늦게 오랜 기간 마왕에게 끌려간 왕비의 정절을 의심하기 전까지는 말이다.

　왕비 시타는 결국 자신의 순결을 증명하기 위해 불구덩이에 뛰어든다. 시타는 결백했기에 불구덩이에서 태연히 걸어 나왔다. 그제야 라마는 시타를 받아들이고 그녀의 손을 잡고 성으로 돌아왔다. 오늘날 인도의 가장 큰 축제 가운데 하나인 디왈리는 바로 라마 왕자와 시타 왕비의 귀환을 기념하는 축제다. 그런데 만약 시타가 마왕에게 순결을 잃었다면, 혹은 정절을 지켰지만 그것을 입증하지 못했다면 라마 왕자는 어떤 선택을 했을까?

　인도에서 벌어지는 성폭행 사건이나 이른바 명예살인에는 일정한 패턴이 있다. 성폭행 사건 때 가해 남성이 피해 여성의 몸에 불을 지르는 것은 '네가 얼마나 깨끗한지 증명해 보라'는 심산이고 신고한 여성에게 보복성으로 여성의 몸에 불을 붙이는 것도 비슷한 맥락이다. 인도에서 아버지나 남편이 자기의 아내나 딸에게 이른바 명예살인이라는 이름으로 염산을 뿌리거나 불을 지르는 경우도 순결을 증명할 책임을 일방적으로 강요하는 야만적 사고에서 비롯된 것이다.

　그런데, 순결은 꼭 증명해야 하는 것인가? 그리고 그 증명의 책임은 왜 여성에게만 강요되는 것인가?

　이것이 모두 『라마야나』의 영향만은 아닐 것이다. 중세 마녀사냥에서 마녀가 아님을 증명할 책임은 오로지 마녀로 몰린 여성에게만 지워지는 것과 마찬가지다. 마녀로 지목된 여성은 마녀가 아님을 증명하기 위해 불 위를 걷거나 (비명을 지르거나 물집 같은 상처가 나서도 안 된다.) 손발이 묶인 채 물속에서 살아나와야 한다.

　이 말도 안 되는 증명의 책임을 여성이 일방적으로 뒤집어써야 하는 이유는 오로지 권력의 '바깥'에 존재하기 때문이다.

사산조 페르시아의 샤흐리야르 왕은 흑인 노예와 간음하고 있는 왕비를 목격한다. 왕비에 대한 분노와 배신감에 휩싸인 왕은 세상의 모든 여자를 증오하게 되고 3년 동안 매일 밤 새로운 처녀와 동침한 후 아침이 되면 죽이는 일을 반복한다.

천일야화는 흔히 아라비안나이트라는 이름으로 알려져 있지만, 사실 6세기경 페르시아에서 만들어진 '천 가지 이야기'가 그 원조라고 할 수 있다. 8세기경 페르시아의 『천 가지 이야기』가 아랍어로 번역돼 바그다드와 카이로 등지로 전해지고 여기에 새로운 이야기들이 추가되면서 오늘날 우리가 알고 있는 아라비안나이트가 만들어진 것이다. 그러니까 아라비안나이트는 본래 '페르시안 나이트'였던 것이다.

암튼 개인적 복수심에 사로잡혀 하룻밤 동침한 여인을 다음 날 날이 밝으면 모두 죽인다는 이 기막힌 이야기는 '신비한' 천일야화의 매력에 그 잔혹함이 가려지는 놀라운 효과를 가져왔다.

역사적 사실이 아니라 하더라도 우리는 이 이야기 뒷면에 자리 잡은 남성 권력자에 대한 일반인의 보편적인 시선을 느낄 수 있다. 왕이니까, 권력자니까 그럴 수 있다는.

만약 그 반대의 경우였다면 어떠했을까?

중국 역사상 유일한 여제(女帝)인 측천무후(則天武后)가 남첩(男妾) 3천 명을 거느리고 살았다는 이야기도 있다. 남편 고종과 사별한 무측천은 하룻밤도 거르지 않고 강한 남자로 소문난 사내는 모조리 침실로 불러들였다고 하는데, 측천무후와 밤을 보낸 남자들은 모두 다음 날 궁궐 뒤 연못에 던져졌다고 한다.

사실이라면 가히 중국판 페르시안 나이트다.

하지만 정사의 기록이 아니고 야사의 성격이 짙은 이야기다. 후대에 측천무후를 깎아내리기 위해 정략적으로 만들어진 이야기란 설도 있다. 실제로 『구당서』를 비롯한 후대의 역사서에는 그녀를 당찬 여걸(女傑)로 묘사하고 있다.

물론 무측천의 지시로 설치한 공학감(控鶴監)이 철저히 무후의 개인 취향에 맞춰 사용된 것은 맞다. 하지만 이곳에 남첩이 무려 3천 명 있었다는 이야기는 '의자왕과 3천 궁녀'만큼이나 과장된 이야기로 들린다.

측천무후를 옹호하는 사람들은 총애받던 설회의(薛懷義)가 백마사의 주지가 된 것이 무측천 나이 62세 때이고, 또 장역지(張易之) 장창종(張昌宗) 형제를 궁중에 불러들여 음탕한 짓을 일삼은 것도 76세 때였으니, 문란한 성생활의 현실성이 떨어진다고 주장한다. 오히려 궁내 남녀 관계를 문란케 한 인물을 처형하려 한 사례를 들어 측천무후가 윤리 문제에 엄했다고 주장하기도 한다.

측천무후를 옹호하려 한 이야기지만 여기에도 여전히 편견은 작동한다. 76세의 여성에게 성생활은 무리라는 지적 말이다. 같은 또래의 남성 왕이였다면 이런 이야기는 절대 나오지 않았을 것이 분명하다.

화려한 남성 편력 하면 러시아의 여성 황제 예카테리나 2세를 빼놓을 수 없다. 그녀는 젊고 잘생긴 귀족 청년은 물론이고, 명망 높은 관료들이나 장군 등 나이와 신분을 가리지 않고 성적 파트너로 삼았다고 한다. 이를 두고 한편에서는 예카테리나 2세의 문란한 성적 개방성을 비난하기도 하지만, 또 한편에서는 귀족 명문가의 자제들이나 유력한 정치인과의 지렛대로 활용하기 위한 일종의 정치적 계산이 깔려 있다는 평가도 있다. 예카테리나 2세가 수없이 내연남을 갈아치우기는 했지만, 측천무후와는 달리 이들을 연못에 던져 버리거나 산 채로 묻는 대신, 막대한 재산과 영지, 그리고 관직을 하사하며 나름 서운하지 않게 대접했다는 점에서는 나름 인간적인 면모까지 느껴진다.

어우동은 억울하다

어우동(於于同)은 조선시대 음탕한 여인의 표상으로 남아 있다. 후대에 각종 이야기를 남기고 성애 영화의 소재가 되기도 했던 그녀의 삶과 죽음은 여성이 욕망의 주체가 되는 것이 얼마나 위험한 것인지 보여 주는 사례가 아닐 수 없다.

사실 어우동은 창기(娼妓)나 예인(藝人) 같은 미천한 출신의 여인이 아니었다. 어엿한 양반가 출신으로 15세기 중반, 박윤창(朴允昌)과 정씨(鄭氏) 부인 사이에 태어나 곱게 자란 규수였다. 게다가 어우동의 친정은 상당한 재력을 지닌 집안이었던 것으로 전해진다. 여기가 끝이 아니다. 어우동의 남편은 효령대군의 손자 태강수(泰江守) 이동(李仝)으로 다시 말해, 어우동은 왕실의 일가인 종친을 남편으로 둔 지체 높은 집안의 고명하신 마님이었던 거다. 그리고 어우동은 남편 이동과의 사이에 번좌(番佐)라는 이름의 딸도 두었다.

어우동에 대한 기록은 『성종실록(成宗實錄)』에 자세히 나와 있고, 어우동과 동시대에 살았던 성현(成俔)의 『용재총화(慵齋叢話)』에도 소개돼 있다.

그 내용을 간단히 요약하면 이렇다.

어느 날 어우동의 남편이 젊은 은세공 기술자를 불러 은그릇을 만들게 했는데, 어우동이 이 젊은이를 보고 그만 반하여 추파를 던지매, 이를 보고 분노한 남편이 어우동을 친정으로 쫓아 버린다. 집에서 쫓겨난 어우동은 이때부터 몸종의 도움을 받아 종친에서부터 관료, 생원, 천한 남자 노비에 이르기까지 신분이나 지위고하를 가리지 않고 수많은 남성과 간통을 일삼더라.

여기까지가 『성종실록』에 기록된 어우동 사건의 전말이다. 하지만 어우동이 남편에게 버림받은 진짜 이유는 남편 태강수가 연경비(燕輕飛)라는 기생에 푹 빠져 있었기 때문이다. 어우동이 젊은 은세공 쟁이에게 추파를 던져서 내쫓았다는 것은, 어쩌면 남편 이동이 만들어 낸 적반하장의 가짜 이야기였는지도 모른다. 바람을 피운 놈이 오히려 성질을 내는 것처럼 말이다.

추후 어우동이 실제로 이 남자 저 남자 가리지 않고 간통을 저지른 것을 정당하다고 할 수는 없지만 이것 또한 남편의 외도에 대한 일종의 '맞바람'이었던 셈이다.

실제로 성종 7년 9월 5일 자 『성종실록』에는 종실의 사무를 관장하던 종부시(宗簿寺)가 "종친으로서 첩을 사랑하다 아내의 허물을 들추어 제멋대로 아내를 버렸다"라고 기록하고 있는데, 이 대목은 세상에 잘 알려져 있지 않다.

오늘날 우리가 기억하는 대목은 음란한 여인 어우동이 간통을 밥 먹듯 저질렀고 그녀의 나쁜 행실은 '나쁜 피'를 타고난 음란한 어우동 본인의 잘못 때문이라는 것이 전부다.

더 기가 막힌 사실은, 애초에 파국의 원인을 제공한 남편 태강수는 3개월 만에 복권 조치 되고 어우동과 연루된 양반 남성들도 대부분 풀려났지만, 어우동은 길고 긴 고초 끝에 형장의 이슬로 사라졌다는 점이다.

1480년(성종11년) 10월, 어우동은 수많은 논의 끝에 목매달아 죽이는 형벌인 교형(絞刑)에 처해진다. 그리고 조선 왕실의 족보인 선원록(璿源錄)에서도 이름이 지워진다. 글자 그대로 호적에서 이름을 완전히 파내 버린 것이다.

어우동의 사건은 단순히 고루한 조선시대 양반사회가 낳은 비극에 불과할까? 우리는 여기서 간과하기 쉬운 두 가지 사실에 주목해야 한다.

우선 어우동이 당시 조선 사회의 '공공의 적'이 된 배경이다. 만약 어우동이 기생이나 노비처럼 비천한 출신이었다면 애초부터 이 사건은 희대의 스캔들이 되지는 않았을 것이다. 비슷한 죄목의 일반 여성이 곤장을 맞거나 유배 조치 된 것에 비해 교형을 당한 어우동의 경우는 당시 기준으로도 분명 과한 처분이었다. 종친의 처(妻)이자 양반가의 딸로서 천한 창기 같은 행위를 한 것이 커다란 사회적 논란거리가 된 것이고 지체 높은 부인이 '비천한' 종놈과 놀아났다는 사실을 당시 양반들은 도저히 묵과할 수 없었던 것이다.

두 번째는 어우동 사건이 발생한 시대적 배경이다. 조선은 개국 초기부터 고려사회의 몰락을 교훈 삼아 풍기 단속에 엄격한 잣대를 적용했다. 특히 사대부 신진세력의 근간이 되는 유교의 남존여비 사상은 여성의 순종과 순결을 일방적으로 강요했다. 특히 어우동이 살던 시기는 성종 대왕의 통치기였는데, 성종은 양반 여성의 개가(改嫁)를 막고자 재가한 여성의 아들과 손자는 벼슬에 나가지 못하게 하는 법을 만든 장본인이기도 하다. 성종은 사회적인 정책으로 바른 성(性) 윤리를 추구했고, 아름다운 풍속이 사회의 버팀목이 된다고 확신했다.[10]

'조선 남성 심사는 참 이상합니다.'

'불꽃 같은 여자'라는 호칭은 언제나 나혜석을 따라다니는 수식어였다. 용광로 같은 그녀의 몸과 마음은 언제나 자신마저 철저히 불사른다. 나혜석은 1934년 잡지 『삼천리』에 '이혼 고백서'라는 글을 통해 남편 김우영과의 결혼 생활, 최린과의 만남과 연애, 그리고 이혼에 이르는 과정을 과감하게 털어놓는다.

특히 파리 체류 기간 중 중년의 유부남 최린과 벌인 외도에 대해서도 그녀는 숨김없이 서술한다. 세상은 그녀를 '음탕한 여자'로 낙인을 찍었지만 정작 그녀는 조선 사회의 기울어진 운동장에 분노하고 또 분노한다.

오늘날처럼 이혼이 별다른 흠이 되지 않고 심지어 예능 프로그램의 흔한 소재가 되어 버린 시절이라면 몰라도, 그것은 하나의 커다란 도

발이었다.

조선 남성 심사는 이상합니다. 자기는 정조 관념이 없으면서 처에게나 일반 여성에게는 정조를 요구하고 또 남의 정조를 빼앗으려 합니다. (중략)
아아, 남자는 평소 무사할 때는 여성이 바치는 애정을 충분히 누리다가 체면이나 법률 앞에 서면 어제까지의 방자하고 즐거움을 누리던 몸을 돌이켜 오늘의 군자(君子)가 돼 점잔을 빼는 비겁자요 난폭자가 아닙니까? 우리 여성은 이런 남성을 저주합니다.

정작 불륜 상대였던 최린이나 자신이 지상최대의 피해자처럼 생각했던 전 남편 김우영 그 누구도 세상으로부터 지탄받지 않았다. 방탕하고 외설스러운 인간 말종이라는 비판은 오로지 그녀의 몫이었다. 나혜석에게 부족한 건 실력이 아니라 권력이었다. 그런 점에서 볼 때 나혜석은 '음탕한 여인'이 아니라 너무나 시대를 앞서간 '불운한 여인'에 가깝다.

남성 권력자와 여성 권력자를 불문하고 거의 대부분의 권력자는 자신의 침실을 또 다른 권력의 향연장이자 실험장으로 활용했다. 적극적인가 아니면 덜 적극적인가 정도의 차이만 있을 뿐이다. 예를 들어 여성이 중심인 모계사회에서 성 윤리가 철저히 여성 중심으로 이뤄진 것처럼 사실 우리가 알고 있는 남녀문제 대부분은 남(男)과 여(女)의 문제가 아니라 결국 권력의 문제로 귀결된다.

여성주의 작가 케이트 밀렛(Kate Millett)은 『성의 정치학』에서 D. H. 로렌스의 『채털리 부인의 사랑』과 헨리 밀러의 『섹서스』 같은 거장들의 작품을 '가부장제의 대리인'이라고 비판한다.

밀렛이 볼 때, 두 거장이 재현하는 여성 섹슈얼리티는 결국 남성이 원하는 판타지에 지나지 않은 것이다.

밀렛은 더불어 "남성에게 권력이 집중된 부권제 사회에서 남성과 여성의 관계는 근본적으로 그 성격이 정치적일 수밖에 없다"라고 주장한다. 이를 뒤집어 말하면 "여성에게 권력이 집중된 모계사회에서 여성과 남성의 관계 또한 근본적으로 정치적이다"라는 말로 대체할 수 있는 것이다.

결국 남녀의 문제가 아니라, 권력의 문제만 남는다.

왜 흑인 수영선수는
드물까?

뉴욕 타임스의 편집장을 지낸 마라 가이(Mara Gay)는 2023년 8월 '왜 흑인들은 수영을 못하는가?'라는 특집 기사를 실어 화제를 모았다. 마라는 이 기사를 통해 흑인들은 선천적으로 수영을 못하는 것이 아니라, 못하게끔 '강요'됐다고 말한다.

더욱 놀라운 것은 미국 내 흑인 아동의 익사율이 백인 아동의 5.5배에 달한다는 것인데, 이는 과연 단순한 통계 오류거나 과장된 결과에 불과할까?

그런데 가만히 생각해 보자. 흑인 수영선수 하면 당장 떠오르는 이름이 없다. 미국의 마이클 펠프스나 마크 스피츠, 그리고 2024 파리 올림픽을 통해 새로운 수영 황제로 떠오른 프랑스의 레옹 마르샹 등 전설적인 수영선수 대부분은 백인들이 독점하고 있다. 역대 여자 금메달리스트 중 최다 메달 공동 1위에 오른 여자 수영의 '살아 있는 전설' 케이티 러데키도 예외 없이 백인이다. 최근에 중국, 일본, 그리고 한국 등 아시아계 선수들이 두각을 보이지만, 여전히 흑인 수영선수의 이름은 우리 머릿속에 쉽게 떠오르지 않는다.

당연한 일이다. 흑인 선수가 수영종목에서 금메달을 딴 것은 1988년 서울올림픽 남자 접영 100m에서 수리남의 앤서니 네스티가, 그리고 2016년 리우 올림픽 여자 자유형 100m에서 시몬 매뉴얼이 남녀 통틀어 각각 처음이기 때문이다. 혹시나 해서 검색을 해보면, 2004년 아테네 올림픽에서 계영 주자로 출전한 마레자 코레이얼의 은메달 기록을 포함해서 몇 가지 기록이 눈에 띄지만, 여전히 수영종목은 흑인에게는 거리가 있어 보인다.

실제로 구글에서 'black swimmer'는 검색 대상이지만 'white swimmer'는 그렇지 않다. 백인 수영선수라는 단어가 너무나 당연한 일이기 때문일 것이다.

마라는 흑인 아이들의 익사율이 백인 아이들보다 월등히 높은 이유를 찾기 시작했다. 그리고 그것이 흑인들의 신체적 구조나 체력의 문제에서 기인한 것이 아니라 사회적 구조적 문제에서 비롯됐다는 사실을 직감하게 된다. 마라는 흑인들이 노예로 끌려온 19세기에 아메리카 대륙에서 흑인들이 물가에 가는 경우는 말에게 물을 먹이거나 물을 길어 오는 경우가 전부였다고 말한다.

아주 특별한 예외가 있기는 하다. 바로 헤엄쳐 도망을 치는 경우다. 백인 농장주는 흑인들이 강을 건너 도망칠 때는 추적해 잡을 생각보다는 총을 쏴 사살하거나 익사하게끔 방조했다.

20세기 들어설 때까지 흑인에게 수영이 허락되지 않은 이유는 흑인들의 수영장 출입이 원천적으로 금지됐기 때문이다. 1960년대까지 지속됐던 흑백 분리 정책인 '짐 크로법'은 흑인의 수영장 출입을 공개적으로 금지했다. 일부 백인 인종주의자들은 흑인이 수영장에 들어가면 물이 더러워지거나 심지어 검게 변한다고 믿었다. 믿기지 않지만 사실이다. 18세기에서 20세기 초반까지, 무려 200년이 넘는 시간 동안 수영은 그렇게 흑인에게서 낯선 존재가 돼 갔다.

미국 뉴욕에서 활동하는 한국계 디자이너가 과거 인종 차별적 발언으로 구설에 오른 경우도 있다. 이번에는 흑인 테니스 선수 관련 발언이 문제가 됐다. 해당 내용을 보도한 뉴욕포스트에 따르면, 새 테니스 패션 라인 모델로 '플러스 사이즈 흑인 모델을 포함하자'라는 제안을 한 직원에게 "테니스를 치는 사람은 백인, 금발, 마른 사람들"이라며 "나는 매일 테니스를 치지만 흑인을 본 적이 없다. 세리나 윌리엄스를 제외하면 흑인은 생각나지도 않는다"라는 발언을 했다는 것이다.

그녀의 발언이 인종 차별적 요소가 있고 또 오해의 소지도 있어 보이는 것은 사실이지만, 그렇다고 그녀가 완전히 다른 현실을 말한 것 또한 아니다.

왜냐하면 오랫동안 흑인에게 테니스코트는 쉽게 허용된 공간이 아니었기 때문이다. 실제로 테니스는 귀족('당연히' 백인 귀족)과 신사('당연히' 백인 신사)의 전유물이었다. 테니스가 영국에서 미국으로 건너간 후에도 이러한 배타성은 더욱 공고해져서 버지니아주에서는 '흑인은 테니스 경기에 참여할 수 없다'라는 규정까지 만들어졌다고 한다.

이런 단단한 벽을 허문 불세출의 흑인 테니스 선수가 바로 아서 애쉬(Arthur Ashy)다. 아서 애쉬는 1968년 흑인 최초로 US오픈 정상에 오르면서 세계적인 스타가 됐고 2년 뒤인 1970년에는 호주 오픈에도 우승하면서 흑인에게 금기의 장벽이 된 테니스에 신선한 바람을 불러일으킨다. 그리고 1975년, 마침내 윔블던 결승에서 당시 최고의 테니스 스타 지미 코너스를 3:1로 꺾고 우승을 차지하는 대기록을 세운다.

그의 사망 이후, US오픈이 열리는 내셔널 테니스센터 주 경기장은 그의 이름을 따서 '아서 애쉬 스타디움'으로 명명됐다.

애쉬는 심장 이상으로 수술받을 때 수혈받은 혈액 때문에 에이즈에 감염되면서 또 다른 편견에 시달려야 했다. 사망 직전 그는 "에이즈보다 흑인이라는 것이 더 고통스럽다. 에이즈는 나의 몸을 죽이지만, 인종차별은 나의 정신을 죽인다"라는 말로 자신이 겪었던 차별과 편견의 고통을 토로했다. 어린 애쉬가 테니스를 할 수 있었던 것은 그가 부자여서가 아니다. 애쉬의 아버지가 테니스코트 관리인이었기에 가능한 일이었다. 백인들이 게임을 마친 후, 애쉬의 아버지는 어린 애쉬에게 테니스를 가르쳤다. 그것도 몰래몰래.

미국 남부 미시시피주 인구의 40%는 흑인이 차지한다. 하지만 이 지역 의사 중 흑인은 10%도 되지 않는다. 의과대학의 상황도 별반 다르지 않다. 2024년 미시시피 의과대학 4년 과정에 등록된 660명의 의대생 중 82명, 그러니까 약 12%만이 흑인 학생이다. 의료행위에

흑백 인종이 무슨 차이가 있냐고 묻는다면, 이는 지나치게 순진한 생각이다. 실제로 지난 2008년 워싱턴 대학교 의과대학팀이 2천 500여 명의 현직 의사들을 상대로 실시한 「인종에 대한 의사들의 태도 조사 분석」이란 제목의 연구 보고서에 따르면, 의사들 대부분은(그 대부분이 백인 의사다) 무의식적으로 흑인 환자보다는 백인 환자를 선호하는 것으로 나타났다.

연구조사팀은 노골적으로 드러내 놓는 인종차별 의식보다 숨겨진 무의식적 인종차별 의식을 측정했으며, 실제로 의료 현장에서 매우 강한 인종적 편견이 작동하고 있다고 결론지었다.

흑인 수영선수가 드문 것과 흑인 의사 수가 적은 현실을 같은 원인에서 찾는다면, 흑인 아이들의 익사 비율이 백인 아이들에 비해 현저히 높은 배경으로부터 흑인 학생들의 의과대학 진출 비율이 백인 학생들에 비해 역시 현저히 낮은 원인 또한 찾을 수 있을 것이다.

기존의 이해 방식이라면, 흑인들의 신체 구조를 들먹이거나 흑인 학생들의 낮은 지능을 거론하겠지만, 본질은 역시 다른 곳에 있다는 사실을 받아들이는 것이 문제 이해와 해결의 첫 단계이다.

DEI(Diversity, Equality and Inclusion) 프로그램은 다인종 다문화 국가인 미국이 자랑하는 일종의 문화적 포용 프로그램이다. 글자 그대로, 다양성, 형평성, 그리고 포용성을 강조하는 이 프로그램은 그동안 흑인을 포함한 아시아계와 히스패닉 등 소수인종들에게 폭넓은 기회를 제공해 왔다.

하지만 이에 대한 반대의 목소리 또한 적지 않은 것이 현실이다. 이러한 프로그램이 오히려 역차별을 초래한다는 이유다. 실제로 플로리다와 텍사스의 경우, 고등교육에서 DEI 프로그램을 금지하는 법안이 최근 통과되기도 했고, 다른 지역으로도 확산되는 분위기다. 지난 대선에서 트럼프와 그의 지지자들이 인도계 출신인 해리스 부통령을 향해 그녀가 실력으로 성공한 것이 아니라, DEI 프로그램의 일방적 수혜 때문이라고 비아냥거렸던 것도 이 같은 사회 분위기와 무관하지 않다.

응급실에 실려 온 흑인 환자를 대하는 백인 의사(혹은 그 반대의 경우)를 상상해 보자. 어쩌면 불온한 상상의 시작일 수 있다. 하지만 이를 조금만 더 확장해서 길거리에 쓰러진 환자가 '일반인'이 아니고 '냄새 나고', '헐벗은' 노숙자라면, 우리의 사고는 또 어떤 무의식적 차별을 드러낼까?

우리는 흑인 수영선수와 흑인 테니스 선수 그리고 흑인 의사가 미국 사회에서 왜 쉽게 눈에 띄지 않는가라는 질문을 통해 흥미롭지만 동시에 안타까운 현실의 이면과 마주하게 된다. 그리고 그 안타까운 현실은 우리가 순간순간 마주치게 되는 편견, 그리고 차별적 인식과 한 몸이란 사실도 발견하게 된다.

왜 서울대는 강남 출신 학생들에게 더 넓은 운동장을 제공하는지(적어도 왜 그렇게 보이는지), 왜 여전히 우리 주변에 여성 CEO는 찾아보기 힘든지, 그리고 장애인, 성소수자 등에 가해지는 유형무형의 폭력과 차별은 왜 더 교묘하고 견고한지는 흑인 아이들의 익사율이 백인 아이들의 익사율보다 말도 안 되게 높은 이유만큼이나 자명해 보인다. 그리고 어쩌면 우리 모두는 그 원인과 해답까지 이미 알고 있는지 모른다. 다만, 그 진실을 말할 용기가 없을 뿐이다.

부정직한
다양성

백인 남자가 술집에 들어온다. '미국을 다시 위대하게(MAGA: Make America Great Again)'라고 적힌 야구모자를 썼거나 프로 야구팀 보스턴 레드삭스의 티셔츠를 입었거나 목에 십자가상 목걸이를 걸고 있을 수도 있다. 어쩌면 팔 전체에 문신을 했거나 유대인을 상징하는 동글납작한 모자 야물커를 정수리에 쓰고 있을 수도 있다.

어떻게 꾸몄든 그 술집에 먼저 와 있던 사람들은 의식적으로 또는 무의식적으로 그가 자신의 편인지 아닌지 판단한다. 이것이 우리 사회의 단상이다.[11]

뉴스위크의 저널리스트 메리 케이 실링은 일상에서 마주하는, 그러나 매우 은밀하게 작동되는 편견의 순간들에 대해 다음과 같은 도발적인 질문으로 한발 더 나아간다.

당신이 응급실에 도착했을 때, 백인 의사와 흑인 의사 가운데 누구를 더 신뢰하는가? 당신이 한밤중 편의점 직원이라면 후드티를 뒤집어 쓰고 다가오는 손님이 백인일 때와 흑인일 때 누구에게 더 위협을 느끼는가?
당신이 타고 있는 비행기의 조종사가 백인일 때와 흑인일 때 누구에게 더 신뢰가 가는가?

어쩌면 우리는 이와 같은 직설적인 질문에 매우 복잡한 감정을 느낄지 모른다. 특정한 쪽에 경도될 때 느끼는 죄책감과 함께 이런 종류의 질문이 일으키는 일종의 불편함 같은 것 말이다. 하지만 차별적인 제도를 철폐한다고 해도 내 마음속의 불편한 차별 감정까지 어찌할 것인가?
칸트 철학의 대가인 일본의 철학자 나카지마 요시미치(中島義道)는 이런 상황을 두고 과연 나는 '장애인을 차별하면 안 된다'라는 신념을 품고 있는가? 나는 그저 자신을 지키기 위해 그렇게 믿고 싶을 뿐인 것은 아닌가? 잠시 고민하는 척을 하고 자신에게 면죄부를 주며, 이런 사태에 대해 진지하게 고민하며 괴로워하고 있으니 자신은 쓰레기가 아니라고 믿고 싶은 것은 아닌가?와 같은 질문을 자신에게 던져 보라고 권한다. 자기기만에 능숙한 인물이라도 대부분의 사람들은 우리 내면 깊숙한 곳에 숨겨져 있던 차별과 편견의 덩어리들을 쉽게 발견하게 될 것이다.
동물행동학자 콘라트 로렌츠(Konrad Lorenz)의 말처럼 차별은 악의가 아니라 두려움에서 비롯된다. 그리고 그 두려움은 대게 무지에서 비롯된다.

◇◆◇

인지 심리학자들은 인간의 마음이 두 가지 상이한 방식으로 작동한다고 보았다. 하나는 노력이 동반되는 의도적인 생각이며, 다른 하나는 즉각적이고 자동적인 생각이다. 그리고 때론 자동적 반응과 의도적 반응이 하나의 뇌에서 상충하기도 한다.

아이의 뇌는 시금치나 당근 반찬 앞에서 '맛은 없는데 건강에는 좋잖아'라며 나름의 협상을 시도한다. 게이 커플 앞에서 '역겹고 이해하기 어렵지만, 세상은 다양하니까 존중해 줘야 하지 않을까'라며 타협을 시도할 수도 있다.

하지만 동일한 생각과 행동을 반복하면 어느 시점에서는 노력하지 않아도 특정한 방향으로 마음이 습관으로 자리를 잡을 수 있다. 다시 말해 편견이 습관이 될 수도 있다는 이야기다. 능숙한 곡예사가 눈을 감고 외줄을 건너고, 특정한 상황에 벨 소리를 들으면 침을 흘리는 파블로프의 개처럼 말이다.

사람들이 한편으로는 의식적으로 편향을 거부하면서도 한편으로는 습관처럼 편향적 방식으로 행동하는 것은 이와 같은 메커니즘 때문이다. 평소 남녀평등을 외치던 사람이 은연중에 성차별적 발언을 내뱉거나 차별적 행동을 한다면 이는 내면에 저장된 편견이 순간적으로 발현된 것으로 봐야 한다.

이것이 일종의 '편견 패러독스'라고 불리는 것이다. 『편견의 종말』

저자인 제시카 노델(Jessica Nordell)은 편견의 작동 방식과 스팸 메일의 관계를 다음과 같은 예로 들어 설명한다.

> 개인의 신념과 믿음은 당신이 원해서 구독하는 신문이고, 연상(聯想)은 어떤 식으로든 당신 주소를 얻어 낸 회사가 보낸 스팸 메일과 같다. 스팸 메일은 당신이 선택하지 않았고 원하지도 않았지만, 당신의 수신함을 가득 채우고 있고, 그들의 발송자 명단에서 벗어날 길이 없다. 반면 명시적 편견을 지닌 사람은 선택한 믿음과 숨겨진 고정 관념 간에 갈등이 없다. 그들은 스팸 메일의 자발적인 구독자다.[12]

때론 우리는 이 편견 가득한 스팸 메일의 피해자가 아니라 자발적 구독자일 수도 있다. 어떤 경우가 됐든지, 암묵적 편향은 습관적 반응으로 이어지고 습관적 반응은 다시 암묵적 편향으로 이어진다. 당신이 즐겨 보는 쇼츠, 무한 재생되는 유튜브 영상들은 당신의 취향을 존중한 알고리즘의 친절함에서 비롯된 것이 아니다. 어느 순간 알고리즘이 당신의 취향을 지배하고 있다는 결과일 뿐이다.

물론 편향적 연상이 있다는 것이 곧 당신이 나쁜 사람이라는 의미는 아니다. 차별은 의도 없이, 심지어 무의식적으로 행해질 수 있는데, 그것은 당신이 어떤 문화 혹은 집단에 속해 있다는 의미이기도 하다. 그리고 인간은 본능적으로 소속된 집단(부족)의 이익을 맹목적으로 추구하는 부족주의(tribalism)를 추구한다.

캐나다 국적의 무슬림 여성 이르샤드 만지(Irshed Manji)는 자신의 저서 『나에게 꼬리표를 달지 마(Don't Label Me)』에서 자신과 다른 사람에게 꼬리표를 다는 것은 '혐오스러운 백인 남성'만이 아니라고 강조한다. 그녀의 주장에 따르면 사실 우리 모두가 그런 식으로 일상적으로 다른 사람에게 꼬리표를 붙인다. 만지는 오히려 이런 현상이 자신을 '리버럴한 자유주의자' 혹은 '진보적 지식인'이라고 자칭하는 사람들에게도 예외 없이 나타난다고 말한다. 이들은 백인 보수주의자들에게 '레드넥(redneck)'이라는 꼬리표를 달았다. '레드넥'은 교육 수준이 낮고 보수적인 미국 시골 주민을 비하하는 표현이다. 만지는 '레드넥'이라는 표현이 흑인에게 붙이는 '니거(nigger, 검둥이)'라는 표현만큼이나 모욕적이라고 말한다.

레즈비언이고 진보적인 무슬림 여성으로서 만지는 지난 30년간 자신에게 붙어 있는 다양한 꼬리표를 떼어 내기 위해 발버둥을 쳤다. 하지만 그러면 그럴수록 다양성을 수용하는 행위가 꼬리표 달기로 변질이 되어 가는 현실을 목격했다. 그들은 개인을 집단으로 묶어 분류하고 그 집단을 다시 계급으로 나눠 가치를 매겼다.

인간은 자신의 견해를 인정하며 자신과 비슷한 생각을 가진 사람들에 둘러싸일 경우 승리감에 도취하기 쉽다. 하지만 그런 도취감은 금방 사라져 그런 경험을 더 많이 갈구하게 된다. 그러면 생각이 다른 사람들과 벽을 쌓고 서로 비슷한 사람들 속에서 안주하면서 진실을 밝히려는 사람들을 배척하게 된다.

만지는 『나에게 꼬리표를 달지 마』에서 "나 자신의 부족주의 울타리에서 벗어나려다가 오히려 내가 비관주의에 빠져 버렸다"라고 고백하면서 자신을 포함한 이른바 진보주의자의 태도를 '부정직한 다양성'이라고 정의한다. 말과 행동은 어찌어찌 일치시킬 수 있지만, 차별적인 속마음은 웬만해서 포장할 수 없기 때문이다.

무의식적 편향은 어떤 방향으로 행동하기를 원하지만 실제로는 다르게 행동하는 사람들의 처신을 말한다. 몸과 마음이 따로 노는 것처럼 말이다. 따라서 무의식적 편향은 경계경보보다는 백색소음에 가깝다. 잔잔하게 깔려 그 존재를 확인하기 어렵지만 전반적으로 의식을 지배하기 때문이다.

편향을 지니고 행동하는 사람은 현실이 아니라 기대치에 따라 행동한다. 그 기대치는 문화의 부산물을 모은 조합이다. 19세기와 20세기 초반에 미국과 유럽의 학자들은 백인의 우월성을 당연한 사실로 받아들였다. 예를 들어, 1895년에 발행된 『심리학 리뷰(Psychology Review)』에 실린 논문에는 흑인이 백인보다 반응속도가 빠르다고 보고하고, 이것을 근거로 흑인이 '원시적 체질'을 가진 증거라고 결론지었다. 하지만 같은 논문에서 남성이 여성에 비해 반응속도가 빠른 것은 '남성의 두뇌가 더 발달했기 때문'이라는 상이한 결론을 내림으로써 비논리적인 인지부조화를 불러왔다.

아마도 이 논문을 쓴 저자에게 결론은 이미 정해져 있었을 가능성이 높다. 흑인은 백인에 비해 열등하다는 것과 남성이 여성보다 우월하다는 사실 아닌 사실 말이다. 실험 결과는 그의 편향을 강화하는 도구에 불과했을 것이다.

육백만 명이 넘는 유대인을 학살한 히틀러는 이들 유대인이 독일

제국을 좀먹는 기생충이자 악의 화신이라고 글자 그대로 '믿고' 있었다. 유대인에 대한 그의 구체적인 생각은 『나의 투쟁』을 비롯한 그의 말과 행동 곳곳에 그대로 드러난다. 베를린 함락이 임박했을 때, 히틀러는 "후세 사람들은 내가 독일과 중앙 유럽에서 유대인을 일소한 것을 고마워할 것이다"라고 말하기까지 했다. 이런 면에서 히틀러는 자기기만과는 거리가 먼 사람인 동시에 자신의 믿음에 '성실한' 사람이다. 문제는 라캉이 「칸트와 사드」의 예에서 든 경우처럼 자신의 신념에 대한 성실성이 타인을 불행하게 만드는 경우이다.

키르케고르는 『두려움과 떨림』에서 아들 이삭을 제물로 바치라는 신의 말씀을 따르는 아브라함의 행동에서 신앙과 광기를 구분하기 어렵다고 말한다. 아브라함의 행동이나 히틀러의 행동 모두 진리라고 확신하는 확고한 '믿음'에 근거하지만, 키르케고르의 말처럼 이는 사실 광기에 가깝다. 믿음이 폭력이 될 수 있기 때문이다.

언행일치(言行一致). 아름다운 말이지만 현실에서는 제대로 작동하기 어려운 이상에 가깝다. 이를 위해서는 부단한 노력이 필요하다. 마음 또한 연습이 필요한 것이다. 이를 돌려서 말한다면, 편견도 습관이 될 수 있다는 이야기다.

불교에서는 이를 훈습(熏習) 혹은 습착(濕着)이라고 한다. 훈습은 글자 그대로 스며드는 것이고, 습착은 들러붙는 것이다. 이 또한 기가 막힌 비유이자 분석이 아닐 수 없다.

모든 행위에 차별 감정이 숨어 있다는 사실을 인정하지 않는 한, 나는 차별하지 않는다는 확신에 빠져 있는 한, 나는 무조건 '옳다'라는 태도를 견지하는 한, 사람은 차별 감정과 진지하게 마주할 수 없다. 이렇게 '타인이 보이지 않게 되는 순간'이 가장 위험한 순간이다. 히틀러의 성실성이 모두의 재앙이 된 것은 바르트의 말처럼 낮은 곳에 있는 자의 복종이 악취를 풍기는 오만이 되었기 때문이다.

  차별하는 자신을 무조건 단죄하기 전에 '차별하고 싶은 자신'과 '차별하기 싫어하는 자신'의 싸움을 객관적인 시선으로 바라볼 줄 알아야 한다. 차별의 징조를 최대한 알아채고 그 불편함을 직시하는 훈련이 필요한 이유이다.

'침대의 시련'이 주는
교훈

대부분의 사람들은 갈등의 원인을 상대에게서 찾는다. 싸움이나 갈등의 원인을 타인이 아닌 자신에게서 찾는다면 애초에 갈등이나 싸움은 존재하지 않을 것이다. 스칼렛 요한슨과 아담 드라이버가 주연을 맡은 영화 〈결혼 이야기(Marriage story)〉에도 갈등의 원인을 끝없이 상대에게서 찾는 부부의 이야기가 그려진다.

찰리는 나를 인정하지 않아요. 자기와 별개의 독립적인 인격체로 말이죠.
내 휴대 전화 번호를 물었더니 글쎄 모른다고 하더군요.

당장 자신의 배우자 전화번호를 떠올려 보라. 배우자의 전화번호를 외우지 못하는 커플을 상상하기 힘들겠지만, 의외로 당황해하는 사람들이 많을 것이다.

미국의 부부 문제 전문가이자 심리학자인 존 고트만(J. M Gottman) 박사와 시빌 카레르(S. Carrere)는 결혼한 지 채 아홉 달이 안 되는 신혼부부 124쌍을 추적 연구했다. 이들의 주 연구 방향은 부부간의 싸움은 어떻게 촉발되는가, 그리고 그 갈등은 어떤 방식으로 악화가 되는가에 있다. 이 연구의 핵심 결론부터 소개하자면, 대부분의 부부 싸움의 방향은 싸움이 시작된 직후인 첫 3분 만에 결정된다는 것이다.[13]

이 첫 3분의 진행 과정에 따라서 피식 웃거나 가볍게 포옹하고 싸움이 마무리될 수도 있지만, 심각한 경우 몸싸움이나 상처의 말을 던지며 돌이킬 수 없는 파국으로 치닫는 경우도 있다. 이 연구에서 고트만 박사는 '부부 싸움을 하지 말라'가 아니라 '첫 3분을 지혜롭게 극복하라'고 주문한다. 무엇보다 주의해야 할 것은 말로 던지는 감정의 폭발이다. 부부 싸움을 피할 수 없다면, 불평과 비난을 구분할 필요가 있다는 것이다.

물론 말처럼 쉬운 일이 아니다. 격앙된 상태에서 무차별적으로 나오는 감정의 폭탄 가운데 불평과 비난을 구분하는 것이 가능이나 할까? 고트만 박사는 자신의 또 다른 저서 『결혼이 성공하거나 실패하는 이유』에서 불평과 비난의 차이를 다음과 같이 설명한다. 불평은 구체적이고 비난은 포괄적인 동시에 잘못을 상대방의 탓으로 돌리는 행동이 포함되며, 경멸은 비난에 모욕을 더하는 말이나 행동이다.

고트먼 박사는 비난보다 경멸이 훨씬 더 심각한 결과를 초래한다고 말한다. 비난이 상대방에게 상처를 준다면, 경멸은 일종의 위계적 태도로 상대방을 하찮은 존재로 만드는 잔인한 태도이기 때문이다.[14]

불평, 비난, 경멸의 말투와 관련된 구체적인 몇 가지 사례를 살펴보자.

- 당신은 도대체 믿을 수가 없어.
- 연락이 없으니 내가 얼마나 걱정했는 줄 알아?
- 애들 돌보느라 하루 종일 밥 한 끼 제대로 먹을 시간이 없었어.
- 당신만 힘든 게 아니야. 나도 죽을 지경이라고.
- 나도 내 시간을 좀 가지면 안 돼?
- 당신은 어쩌면 당신 엄마랑 그렇게 똑같아?
- 당신은 집에서 도대체 뭘 배운거야?
- 당신은 하나도 제대로 하는 게 없잖아!
- 머리는 장식용이야? 도대체 머리에 뭐가 든 거야?

위의 말투 가운데 단순한 불평과 상처를 주는 비난, 그리고 위계적인 경멸에 해당하는 말투는 무엇일까? 물론 시험지 정답처럼 분명하고 명확하게 분류할 수 있는 것은 아니지만, 기회가 된다면 부부 싸움 중 자신이 사용하는 말투를 종이에 옮겨 적고 이 가운데 불평, 비난, 그리고 경멸에 해당하는 표현이 어떤 것인지, 그리고 이런 표현을 얼마나 자주 사용하는지 살펴보는 것도 부부 싸움의 원인을 진단하는 데 큰 도움이 된다고 고트만 박사는 조언한다.

앨라배마 대학의 심리학자 돌프 질먼(Dolf Zillman)은 스트레스를 주거나 화를 돋우는 특정 상황이 남성과 여성에게 주는 영향의 차이를 조사했다. 이 연구에 따르면, 부부 싸움에서 여성이 먼저 싸움을 시작하는 경우는 80% 정도로 이는 남성에 비해 압도적으로 높은 수치이다. 하지만 질먼은 이 결과가 부부 싸움에서 여성의 잘못이 크다는 것을 의미하는 것은 아니라고 전제한 후, 오히려 여성이 문제를 해결하기 위해 감정적 상처를 기꺼이 감수하려는 경향이 크다는 것을 의미한다고 말한다.

쉽게 말해 남성은 여성에 비해 부부 갈등을 해결하는 데 있어서만큼은 정면 돌파 대신 우회로를 선택하는 경향이 강하다는 것이다. 더 직설적인 표현을 쓰자면 남성이 좀 더 비겁한 측면이 강하다는 이야기다.

여성이 기꺼이 갈등이라는 감정적 부담을 지려는 경향을 보이는 것은 생물학적으로도 설명된다. 스트레스에 관한 연구를 보면, 남성과 여성은 스트레스에 서로 다른 반응을 보인다. 남성의 심혈관 체계는 여성보다 스트레스에 더 빠르게 반응하고 더 느리게 회복한다. 좀 더 쉬운 이해를 위해 돌프 질먼이 실제로 시행했던 실험 내용을 간략하게 소개한다.

연구원들은 실험에 참가한 여성과 남성에게 실험의 일부라며 신체 감지 장치를 부착시킨다. 사실 실험은 표면적인 이유이고, 진짜 목적은 이들이 실험을 진행하는 연구원들에게 보이는 반응을 조사하는 것이다.

자, 이제 본격적인 실험이 시작된다. 연구원들은 참가자들에게 (의도적으로) 불쾌하고 무례하게 행동한 후 실험실을 나간다. 그리고 아무

것도 모르는 참가자들에겐 20분 동안의 휴식을 취하게 한다. 이때 남성 참가자의 대부분은 혈압이 급격하게 치솟으며 감정 조절이 안 되는 모습을 보인 반면에, 여성 참가자 대부분은 20분 사이에 대체로 진정되는 모습을 보였다. 흥분한 남성이 진정을 되찾기 시작한 것은 연구원에 대한 수행평가서를 작성하면서 실제적인 '보복'의 기회를 갖기 시작하면서부터다.

실제로 남성 참가자 대부분은 자신을 화나게 한 연구원들에게 최악의 평가를 줬다. 질먼 박사는 이 연구 결과가 갈등이 생리학적으로 왜 남성들에게 더 소모적인지, 그리고 남성이 왜 갈등을 일으킬 소지가 있는 문제에 대해 먼저 대화를 시도하지 않는지에 대해 설명해 준다고 말한다.

아울러 남성이 부부 갈등 상황에서 오는 스트레스를 해소하기 위해 방어적인 자세를 취하면서도 보복이라는 일종의 보상심리 작용을 통해 짓밟힌 자존심을 회복하려는 과정이 반복되면서 상황이 더 악화되는 과정도 설명해 준다고 말한다.[15]

당신은 이 실험 결과에 어느 정도 동의하는가? 특히 남성이라면 이 결과에 대해 할 말이 많을지도 모른다. 반면에 이 이야기에 고개를 끄덕인다면 갈등 해결의 중간지점까지는 왔다고 할 수 있다.

물론 『구약성경』의 외경에 속하는 「집회서」에는 오늘날 여성들이 본다면 크게 분노할 만한 내용이 담겨 있기도 하다.

고약한 아내와 함께 살기보다는 사자나 공룡과 함께 사는 편이 차라리 낫다.

고약한 아내의 얼굴은 곰의 모습처럼 사납게 보인다. 이런 여자의 남편은 이웃 잔칫집에 가서도 나오느니 한숨뿐이다. 세상에 악처보다 고약한 것이 있으랴?

죄인들이 받을 보상은 이런 여자를 아내로 맞는 것이다.

조용한 남자가 수다스러운 여자와 함께 사는 것은 노인이 모래 언덕을 걸어가는 것과 같다. (집회서 25:16-20, 공동 번역)

비록 외경이라고는 하지만 엄연히 『구약성경』에 기록된 내용이다. 진실과는 별개로 대단한 위트가 담긴 글임에는 분명하다. 화난 아내의 얼굴은 분명 곰보다 무서우니까 말이다.

중세 유럽에도 결혼 생활과 관련해 '침대의 시련(Trial of the Perilous Bed)'이라는 이야기가 전해 오는데, 이 또한 귀담아들어 볼 필요가 있다.

이 전설에 따르면, 텅 빈 방 안으로 들어간 기사는 커다란 바퀴가 달린 침대 하나를 발견하게 된다. 기사는 칼, 창, 그 밖의 무거운 장비를 모두 지닌 채 침대에 누워야 한다. 그런데 기사가 가까이 다가가면 침대는 갑자기 한쪽으로 미끄러진다. 기사가 다시 다가가면 이번에는 다른 쪽으로 미끄러진다. 결국 기사는 '그렇다면 뛰어서 올라탈 수밖에 없지'라며 전력을 다해 침대에 뛰어오른다. 그러나 그때 침대는 미친 듯이 온 방을 돌아다니며 벽에 부딪히기도 한다. 겨우 침대가 멈추는가 싶더니 이번에는 침대가 기사에게 이렇게 말한다. "아직 끝나지 않았다. 당신의 갑옷을 여미고 방패로 몸을 지켜라." 그리고 화살과 석궁이 비 오듯이 쏟아지고 난데없이 사자가 나타나 기사를 공격한다. 결국 기사와 사자는 둘 다 피투성이가 되어 바닥에 쓰러진다.

그때 이 장렬한 싸움 덕분에 마법에서 풀려난 성안의 여성들이 자신의 옷을 잘라 기사의 코앞에 내밀자 옷 조각이 가늘게 떨린다. 기사는 살아 있다. 그래서 그녀들이 기사를 치료하여 건강을 되찾게 하자, 성은 마법에서 풀려난다. 이 일을 해낸 기사가 바로 아서왕의 기사이자 귀네비어의 연인인 랜슬롯 경(卿)이다.[16]

그렇다면 아리송한 이 중세 이야기에서 기사 랜슬롯이 겪는 다소 엉뚱한 시련의 의미는 무엇일까? 언어학자이자 인도학의 대가인 하인리히 침머(Heinrich Zimmer)의 분석에 따르면, 이 이야기는 남성이 여성의 기질을 경험하는 동시에 결혼의 시련을 극복하는 이야기라고 한다. 그의 설명을 좀 더 부연하자면, 갈피를 못 찾는 침대의 기이한 행동은 이랬다저랬다 변덕이 죽 끓듯 하는 여성의 기질을 의미하는 것으로, 그는 바퀴 달린 침대를 통제하는 것은 애초부터 불가능하다고 선언한다. 그럼 어쩌라고? 침머의 결론을 아울러 첨부한다.

"시련은 참고 견디는 것이다. 인내하라. 그러면 아름다운 여성의 자비가 모두 당신의 것이 되리라."

화려한 여성 편력을 자랑하던 대문호 괴테는 26세의 나이에 자신보다 10살이 어린 16세의 아름다운 소녀 엘리자베트 쇠네만을 만나 약혼을 한다. 하지만 괴테는 막상 결혼식 날짜가 다가오자 그녀로부터 도망간다. 당연히 비난받아 마땅한 일방적인 파혼이다. 그는 왜 이토록 무책임하고 무례한 행동을 저질렀을까. 괴테의 속마음은 친구

헤르더에게 보낸 편지 속에 고스란히 담겨 있다.

"자유를 동경하는 마음의 소용돌이가 가정이라는 항구로 가까이 가려는 배를 다시금 먼 바다로 밀어냅니다."

가정이라는 항구. 그곳에 속박되지 않고 자유로운 먼 바다로 나가겠다는 괴테의 속마음이 담겨 있음을 알 수 있다.

영화 〈캉캉〉에는 '외도와 이혼의 원인은 결혼이다'라는 대사가 나온다. 농담처럼 들리지만, 이 말에도 일말의 진실은 있다.

백만 번의 사랑의 속삭임도 단 한 번의 상처 주는 말로 산산조각이 날 수 있고, '님'이라는 글자에 점 하나만 찍으면 도로 '남'이 되는 게 결국 부부니까 말이다. 사실 부부생활의 문제 대부분은 각자의 행동이 상대의 행동을 유발하고 강화한다는 점에서 출발한다. 어느 일방의 책임이란 성립하지 않는다는 의미이기도 하다.

결혼 생활의 갈등에서 '참고 인내하라'거나 '부부 싸움은 칼로 물베기'라는 조언에 허망함을 느낀다면 '화난 배우자의 얼굴에서 화난 자신의 모습을 발견하라'라는 말로 대체해 보면 어떨까. 굳이 투사(投射)라는 현학적인 표현을 쓰지 않더라도 부부생활이란 결국 서로의 차이를 드러내고 수용하는 일련의 기나긴 여행과도 같다.

그래서 부부 싸움을 단 한 번도 해본 적이 없다고 말하는 속칭 잉꼬부부가 있다면 사실 이들은 '제대로 된' 싸움을 한 번도 해본 적이 없는 부부이다.

시인 고은은 '안아도 안아도 아득한 아내의 허리'라고 했다. 가깝지만 무한히 먼 그대. 멀지만 한없이 가까운 그대의 이름이 아내이자 남편이다. 출근길 이불 사이로 드러난 아내의 시린 발을 보고 콧등이 시큰했다는 남편도, 빨래를 개다 남편의 해진 속옷을 보고 한참을 목 놓아 눌었다는 아내도 결국 같은 마음이다. 그거면 충분하다.

2
편견에, 갇히다

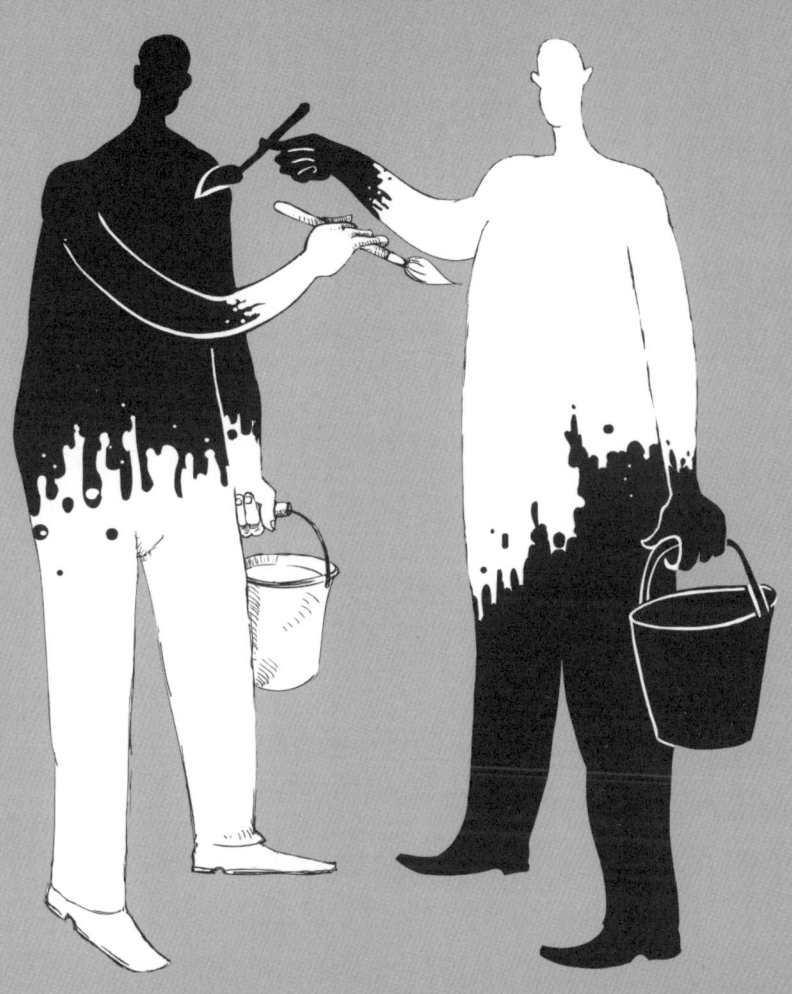

돼지가
오해에 빠진 날

『구약성경』의 창세기와 레위기는 "돼지가 불결한 동물이기 때문에 이를 먹거나 손을 대면 부정하게 된다"라고 말하고 있다. 이슬람의 알라신도 그의 예언자 무함마드를 통해 돼지는 불결하고 부정한 동물이라며 멀리할 것을 선포하고 있다.

그렇다면 돼지는 왜 세계에서 가장 많은 사람들이 숭배하고 있는 대표적인 두 종교로부터 공히 부정의 대상이 됐을까?

『성서』와 『코란』이 돼지를 부정시하는 가장 일반적인 해석은 '글자 그대로' 돼지가 더럽고 불결하기 때문이라는 것이다. 이러한 돼지에 대한 일반적인 이미지는 21세기를 사는 현대인들에게도 깊이 각인돼 있다. 무엇보다 돼지는 자신의 배설물 위에서 뒹굴고, 심지어 이를 먹기까지 한다.

그러나 좁은 우리 안에서 사육되는 소나 닭의 경우도 돼지보다 위생학적으로 낮다고 말하기는 어렵다. 바로 이런 이유 때문에 후대 주류 문화인류학자들은 돼지가 외관상 불결하다는 사실과 종교적 금기를 곧바로 연결하는 시도가 그다지 논리적이지 않다는 결론에 이르렀다. 이러한 전환적 시각을 제시한 사람이 바로 12세기 르네상스 초기에 살았던 유대교 랍비 마이모니데스(Moses Maimonides)였다.

그는 유대교와 이슬람교가 돼지를 부정시한 이유를 자연과학적으로 밝힌 최초의 사람이었다. 이때 등장한 개념이 바로 '공공 위생'의 개념이다. 마이모니데스의 주장은 당시로서는 매우 혁신적이고 과학적이기까지 했다.

돼지가 금기시된 이유는 바로 돼지고기가 인체에 해롭고 나쁜 영향을 끼치기 때문이라는 것이다. 생각해 보면, 고대 유대인들과 이슬람인들이 거주하던 곳은 대부분 건조한 사막지대였다. 특히 기원전 13세기 팔레스타인과 요르단 지역에 거주하던 히브리인들 대부분은 농업과 목축이 혼합된 유목민 생활을 하고 있었으며 특히 소, 양, 염소 등을 치는 목축업은 생존과 직결된 매우 중요한 경제활동이었다.

이들이 거주하는 반(半) 농경지역은 강우량이 절대적으로 부족하고 관개(灌漑)도 쉽지 않아 돼지를 키우기에는 적합하지 않았다. 오히려 이런 지역에서는 소, 양, 염소 등의 반추동물(反芻動物)을 키우기에 적합했다. 이들 동물들은 소중한 고기와 함께 젖을 제공하고 질병의 발생률도 낮았다.

반면에 돼지는 잡식동물이지만 주로 곡식을 먹기 때문에 불가피하게 인간과 경쟁을 벌여야 한다. 게다가 우유를 제공하지도 않고 소처럼 노동에 동원되기도 어렵다. 유일한 효용성은 기름진 고기를 제공하는 역할인데, 문제는 기후다. 사막과 같은 고온 건조한 기후에서 돼지고기는 쉽게 부패한다.

인간에게도 별 효용이 없지만 돼지 스스로에게도 견디기 힘든 기후 조건이다. 다 자란 돼지는 보통 37도가 넘으면 직사광선 아래서 죽는다. 여름철 고온의 축사에서 집단 폐사하는 축산 농가의 피해 사례는 비단 돼지만의 문제는 아니지만 유독 돼지가 고온에 취약한 건 사실이다.

보호막 역할을 하는 털이 없고, 땀을 흘려 체온 조절도 할 수 없는 까닭에 돼지는 수시로 자신의 피부를 습하게 만들어야 한다. 그런데 사막 같은 지역에서는 물이 절대적으로 부족하다. 있다고 해도 금새 증발해 버리는 건조지역에서는 다른 선택의 여지가 없다. 돼지는 자신의 배설물에 뒹굴며 습도를 유지할 수밖에 없다. 돼지가 자신의 배설물을 뒤집어쓰고 즐기는 것처럼 보이지만, 이는 생존을 위한 몸부림이라고 보는 것이 더 적합한 표현이다.

결론적으로 말해, 고대 히브리인들이 살던 네겝, 요르단 계곡지역이나 이슬람이 살던 아라비안 반도 등 중동 지역에서의 돼지 사육은 현명한 선택이 아니었다. 오히려 제한된 먹이를 두고 인간과 경쟁해야 하고 상한 고기를 먹으면 사망에 이를 수도 있는 위험이 따른다.

그러나 여전히 돼지고기는 부드럽고 맛이 있는 고기로 쉽게 뿌리치기 어려운 유혹이었다. 야훼는 기름진 돼지고기의 유혹에 흔들리는 인간들에게 돼지는 불결하고 불경하니 먹지도 만지지도 말라고 선포함으로써, 일타쌍피의 효과를 노렸다.

돼지에 대한 차별까지는 아니지만 돼지를 부르는 명칭에도 확연히 구별되는 차이가 있다. 아프리카 돼지 열병을 뜻하는 ASF는 African Swine Fever의 약자로 여기서 'swine'은 우리가 흔히 알고 있는 일반적인 돼지와는 의미가 조금 다르다.

이 명칭의 배경을 이해하려면 영국의 역사를 조금 들여다볼 필요가 있다. 브리튼 섬의 켈트족을 정복했던 앵글로-색슨족이 1066년 다시 노르만족에 의해 정복되면서 당연히 사용하는 언어에도 변화가 온다. 이때부터 지배층의 식탁에 오르는 고기에는 노르만 프랑스어(Norman French)가 사용되었고 농장에서 사육되거나 도축되는 동물에게는 앵글로-색슨족의 언어가 사용됐다. 예를 들어, 농장에서는 'swine(돼지)'이라고 하지만 식탁에서는 'pork(돼지고기)'라고 하고, 농장에서는 'calves(송아지)'라고 하지만 식탁에서는 'veal(송아지 고기)'이라고 부르는 경우가 이에 해당한다. 지배 계급이 노르만족이 되다 보니 식탁의 언어를 점령하고 돼지우리가 가까운 농장에는 당연히 피지배 계급인 앵글로-색슨족들이 살았을 가능성이 높기 때문이다.

돼지고기 이야기가 나왔으니 한국인의 입맛을 사로잡은 제육볶음 이야기를 빼놓을 수 없을 것 같다. 제육볶음에 쓰이는 '제육'은 멧돼지 저(猪)자를 사용한 '저육(猪肉)'이 변형된 말이다. 물론 저(猪)가 멧돼지만이 아니라 일반 돼지와 새끼돼지를 통칭해서 부르는 까닭에 제육이 멧돼지 고기만을 한정한 것은 아니다. 멧돼지는 한글로는 멧돗, 산돗으로 불리며 한자로는 야저(野猪), 산저(山猪)라고 쓰기도 한다.

축산의 조건이 지금과는 완전히 달랐던 과거에는 어쨌거나 돼지고기 먹기가 지금처럼 수월치 않았을 것이다. 돼지고기를 먹기 위해서는 사육하거나 산에서 발품을 팔아서 사냥해야만 했다. 기르기보다 잡는 쪽을 선택해도 하루 종일 들녘을 누비며 멧돼지를 쫓아다니면 농사는 누가 짓겠는가. 조선 말기 화가 김준근의 그림 '동저상(凍猪像)'은 겨울 농한기에 돼지 사냥을 나선 남성네의 모습을 담고 있다.

구약시대가 됐든 조선시대가 됐든, 시대와 공간을 막론하고 돼지고기가 인류의 입맛을 유혹했다는 점에는 의심의 여지가 없다. 심지어 고대 로마 사람들은 돼지고기를 '자연이 인간에게 준 최고의 만찬'이라고 하지 않았겠는가. 하지만 맛은 기가 막힌데, 유독 금기가 많은 고기가 바로 돼지고기였다. 이런 이유로 돼지는 언제나 가까이하기엔 너무 먼 당신이었다.

하지만 뉴기니를 비롯한 남태평양 멜라네시아 군도(群島) 일부 지역에서는 돼지가 숭배의 대상이라는 사실을 알게 된다면 돼지의 억울함을 조금은 풀 수 있을지 모르겠다. 사실 돼지의 과거는 이보다 더 화려하다. 다양한 지역과 문명에서 숭배의 대상이었기 때문이다.

신화에 등장하는 돼지는 자궁 동물의 대표적인 상징이다. 열두 개의 젖꼭지를 가진 돼지가 풍요와 다산의 상징이 된 것은 너무나 당연하다. 아테네 국립박물관에 전시된 기원전 6세기 도자기에는 번제(燔祭)에 제물로 바쳐지는 돼지 그림이 나타난다. 이 밖에 고대 그리스의 아티스 아도니스(Attis-Adonis) 제전(祭典)에도 돼지가 등장하는 등 고대 지중해를 비롯한 광범위한 지역에서 돼지가 성수(聖獸)로 여겨졌음을 알 수 있다. 프랑스의 원주민에 해당하는 골족도 돼지를 숭상했고, 기원전 1~2세기경 유물인 켈트족 석상의 목에는 돼지 문양이

새겨진 황금 장식이 달려 있다.

제의적 의미의 돼지는 한반도에서도 아주 오랜 역사를 지니고 있다. 6세기 백제 무령왕릉의 고분 갱도 입구에는 돌로 만든 돼지상이 설치돼 있는데, 이는 고분을 지키는 일종의 수호신 상으로 해석된다. 특히 돼지상의 몸에는 용이나 뱀을 암시하는 파문(巴紋)이 새겨져 있어 이것이 신성한 동물의 개념으로 만들어졌다는 것을 재차 확인할 수 있다.

중국 청도(成都) 지역의 광한(廣漢)에서 발굴된 고구려 시대의 유물에도 성수로 사용된 돼지상이 있는데, 특이한 것은, 청동으로 만든 이 돼지상의 등에는 한 마리의 현조(玄鳥)가 앉아 있어 성스러운 분위기와 함께 독특한 미학적 자태를 뽐내고 있다는 점이다.

동양사상의 관점에서 볼 때 돼지는 물을 좋아하는 북방수(北方水)에 해당한다. 이런 이유로 돼지 혹은 멧돼지 모양의 조각이나 돌상을 화재를 막는 상상의 동물 해태를 대신해 사찰에 배치하기도 한다.

지리산 자락에 있는 천년 고찰 천은사(泉隱寺) 극락보전에 가면 협시보살로 모시는 대세지보살(大勢至菩薩) 옆으로 기둥을 타고 내려오는 한 마리의 짐승을 발견할 수 있는데, 자세히 보면 그 정체가 바로 수맥을 지키며 화재를 방지하는 역할을 하는 멧돼지라는 사실을 확인할 수 있다.

이 밖에 『삼국사기』에는 "고구려에서 하늘과 산천에 제사하거나 각종 굿거리를 할 때 제물로 돼지를 바쳤다"라는 기록도 발견된다.[1]

조지 오웰의 소설 『동물농장』에서 인간에 대한 반란을 제일 먼저 선동하고 주도한 동물이 늙은 수퇘지 메이저 영감이었다는 것을 기억하는가? 이게 끝이 아니다. 메이저가 죽은 후 나머지 동물들을 교육하고 소위 애니멀리즘(animalism)이라는 혁명 이론과 강령을 만들어 낸 주인공들도 바로 스노우볼 등 소수의 돼지 무리였고 마침내 권력을 쟁취해 동물농장의 지도자가 된 것도 버크셔산 수퇘지 나폴레옹이었다.

실제로 『동물농장』에서 'cleverest' 즉 '가장 똑똑한'이라는 최상급 표현의 대상이 된 것은 돼지가 유일하다. (The work of teaching and organizing the others fell upon the pigs, who generally recognized as being the cleverest of the animals.)

이쯤 되면, 작가 조지 오웰은 돼지를 가장 영리한 동물군의 하나로 보았음이 분명하고 그의 추측은 틀리지 않았다. 실제로 포유류 가운데 사람을 포함한 유인원 다음으로 고래와 돼지의 지능이 높다. 일반적인 상식과 달리 돼지의 지능은 고양이나 개보다 높다. 동물복지에 관한 책인 『돼지도 장난감이 필요해』에는 돼지의 억울함을 풀어 줄 다음과 같은 설명도 포함돼 있다.

> 영화 〈꼬마 돼지 베이브〉는 돼지의 두 가지 특징을 보여 준다.
> 첫째, 돼지는 훈련을 통해 영화를 찍을 수 있을 정도로 지능이 높다는 점.
> 둘째, 돼지는 비교적 활발한 성격의 동물이라는 점. 돼지가 움직이기 싫어하는 멍청한 동물이라는 편견은 당장 버려야 한다. 대신 다음 사실을 기억해 두자.
> '돼지는 지능이 높고 활발하므로, 지루한 걸 못 참는다.'[2]

최근 돼지의 장기를 인간에 이식하는 실험에 성공했다는 소식이 심심치 않게 들려온다. 지난 2022년 1월 메릴랜드 대학 연구팀이 돼지 심장을 사람에게 이식했다가 불과 2달 만에 환자가 사망하는 안타까운 일도 있었지만, 2023년 뉴욕대 의대 랭건 병원 연구팀이 뇌사자에게 돼지 신장을 이식해 32일간 정상 작동한 사례나 2024년 중국 산시성 시안 공군 의과대학에서 50대 뇌사자에게 돼지의 간을 이식해 담즙 분비에 성공한 사례는 여전히 사람들의 마음을 들뜨게 한다.

동물의 장기 가운데 특별히 돼지의 장기가 인간에게 최적의 이식 대상으로 급부상하는 데는 과학적이고 의학적인 이유가 있다. 실제로 지난 2012년 한국 등 9개국, 12개 연구기관이 참가한 '돼지 유전체 해독 국제 컨소시엄(Swine Genome Sequence Consortium)'의 연구 결과가 과학학술지 네이쳐에 실리기도 했는데, 이 연구에 따르면 인간의 인체조직과 장기 모양을 결정하는 기능의 유전자들과 가장 유사한 유전자를 가진 포유류는 개와 돼지인 것으로 확인됐다. 특히 돼지는 잡식성 동물로 생리적인 측면과 기관의 구조적인 측면에서 인간과 매우 유사한 것으로 나타났다.

돼지의 뇌를 가진 인간은 돼지인가 인간인가?

고레에다 히로카즈 감독의 영화 〈괴물〉의 첫 장면에 등장하는 대사다. 하지만 괴물은 돼지의 형상이 아니라 인간의 얼굴을 하고 있다. 돼지와 인간을 한 우리에 넣고 사육하면 돼지가 먼저 우리 밖으로 뛰쳐나올 것이란 우스갯소리가 있지 않은가. 더러운 건 참아도 인간의 더러운 성질은 돼지도 참기 힘들기 때문이란다.

앞으로 돼지는 인간의 바이오 장기 모델로 더욱 각광받게 될 것이다. 필연적으로 돼지의 장기를 가진 인간의 정체성을 고민해야 할 날이 올지도 모른다. 돼지의 뇌(혹은 심장)를 가진 인간은 돼지인가 아니면 인간인가라는 질문에 실제로 마주하게 된다는 의미이기도 하다.

이쯤에서 우리는 더 근본적인 고민에 빠지게 된다.

인간성이란 무엇인가, 그리고 과연 인간은 돼지보다 나은 존재인가?

은행나무의 냄새는
죄가 없다

공자가 살았던 춘추전국 시대에는 오늘날과 같이 제대로 격식을 갖춘 건물 안에서, 소위 학교라 부를 만한 일정한 공간에서 교육이 이뤄지기는 어려웠을 것이다. 대부분의 가르침과 배움은 거리에서 이뤄졌고 공자는 특히 은행나무 그늘에서 학생들을 가르치는 것을 즐겼다. 이런 이유로 공자의 거리학교를 이른바 행단(杏壇)이라 부른다. 여기서 행(杏)은 당연히 은행나무를 가리킨다.

은행나무 아래 옹기종기 모여 스승의 가르침을 받는 어린 제자들. 그리고 그 머리 위로 흩날리는 노란 은행나무 잎들. 상상만으로도 시적이고 낭만적이다. 그러나 이 아름다운 낭만을 방해하는 불청객이 있으니, 바로 은행나무만의 독특한 냄새다.

왜 향기라는 좋은 말 대신 냄새라는 다소 직설적인 표현을 썼을까?

어쩌면 악취라는 단어를 쓰지 않은 것만으로도 다행이라 해야 할지 모른다. 가을 거리를 나뒹구는 은행나무 열매의 냄새는 글자 그대로 고약하기 그지없기 때문이다.

누리끼리한 주황색 방울 수백 개가 은행나무 아래에 널브러져 있다. 숨을 들이마시니 썩은 버터 냄새가 난다. 숫염소의 기름기 낀 수염에 의기양양한 오줌 줄기가 배어 삭은 쉰내다. 토사물의 악취. 이것들이 뒤섞여 끈적끈적한 냄새의 벽을 만든다. 과숙(過熟)과 부패의 냄새다.[3]

『나무 내음을 맡는 열세 가지 방법』의 저자인 미국의 생물학자 데이비드 해스컬 박사는 은행나무 열매의 냄새를 '썩은 버터 냄새' 혹은 '토사물의 악취'라고 표현했는데, 멸종한 동물들과의 관계를 떠올린다며 인간의 '암내'에 해당한다고 말한다.

하지만 이는 단순한 비유가 아니다. 미국 식품 회사인 제너럴 푸드의 연구원 토마스 팔리먼트가 지난 1995년 발표한 연구자료에 따르면, 이 냄새는 대부분 부티르산과 헥산산에서 비롯되는 것으로 버터와 치즈의 기름 성분이 부패할 때와 동물성 기름의 지방이 산패할 때, 그리고 우리가 장내에 숨겨진 발효물을 내뿜을 때(예를 들어 구토할 때) 방출되는 바로 그 분자들과 일치한다는 점에서 굉장히 과학적인 표현들이다.

무엇보다 은행나무는 그 독특한 냄새와 은은한 색감, 그리고 장구한 역사에 이르기까지 그 어떤 식물보다 충만한 감각적 존재감을 과시한다. 거의 3억 년 전 암석에 찍힌 나뭇잎은 현재 우리가 보고 있는 은행나무와 가까운 친척이거나 조상으로 추정된다. 더 놀라운 것은 지난 2억 년 넘게 은행나무는 당시의 형태나 습성을 그대로 유지하고 있다는 점이다.

은행나무를 흔히 '살아 있는 화석 나무'라고 부르는 이유이다. 1945년 히로시마에 투하된 원자폭탄으로 인간을 포함한 거의 모든 동식물들의 씨가 말라갈 때, 그 황폐한 죽음의 땅에서 가장 먼저 회복해 푸른 잎사귀를 보인 생물도 바로 은행나무였다.

우리나라에도 세계적으로 자랑할 만한 오래되고 기품 있는 은행나무들이 여럿 있다.

가장 대표적인 것으로 경기도 양평 용문사에 있는 장엄하고 수려한 은행나무를 빼놓을 수 없다. 천연기념물로 지정돼 보호되고 있는 양평 용문사 은행나무는 키가 무려 42m에 이른다. 이 밖에도 강원도 삼척 늑구리에 있는 1,500년 된 은행나무를 비롯해, 우리나라에는 천년을 넘긴 장수 은행나무 10여 그루가 있다.

영화 〈은행나무 침대〉에서 궁중 악사 중문을 사랑한 미단 공주와 그런 미단 공주를 끔찍이도 사랑한 황장군의 슬픈 사랑이 천년의 세월을 넘어 은행나무에 아로새겨진 데는 다 이유가 있었다. 천년 고목(古木)의 위용은 아무 나무에게나 허락되지 않는 장엄한 특권이다.

나는 나무 밑에서 걸음을 멈추고 숨을 깊이 들이마시며 생명의 지독한 영광을 끌어안는다.[4]

은행나무는 암나무와 수나무가 따로 있는 나무다. 즉 열매를 맺으면 암나무, 아니면 수나무이다. 결국 은행나무의 열매인 은행이 열리는 나무는 암나무란 이야기인데, 최근 몇몇 지자체에서는 은행 열매의 냄새를 원천 봉쇄하기 위해 특수차량을 동원해 나무 몸통을 흔들어 열매를 떨어뜨리거나 도로에 심어진 기존의 암나무를 통째로 뽑아내고 그 자리에 아예 수나무만을 심기도 한다고 한다.

지난 2011년 국립산림과학원은 어린 은행나무의 잎을 통해 암수를 조기에 감별하는 DNA 성(性) 감별법을 개발했다. 이 기술을 이용해 서울시는 세종로의 은행나무를 순차적으로 수나무로 대체해 왔다. 서울 서대문구 연세대 앞 대중교통 전용지구 공사를 하면서는 아예 거리의 은행나무 60여 그루를 모두 베어 내기도 했다. 가을이면 은행나무의 악취에 진저리를 치는 사람들에겐 어쩌면 희소식일 수도 있겠다. 하지만 이렇게 사람의 손을 타기 시작하면서 나무도 제 수명을 다하지 못하는 경우가 늘고 있다.

괴테의 소설 『젊은 베르테르의 슬픔』에도 아주 사사로운 감정 때문에 마을의 오래된 호두나무를 베어 낸 목사 부인의 이야기가 등장한다. 그리고 이 사실을 알게 된 베르테르가 "최초의 도끼질을 한, 그 개 같은 녀석(여자인 줄 몰랐던 모양이다)을 죽여 버리고 싶은 심정이다"라고 분노하는 대목이 나온다. 정열적이지만 온화한 성품의 베르테르가 이토록 분노한 것은 잘려 나간 호두나무에 그가 미치도록 사랑하는 여인 로테와의 추억이 고스란히 담겨 있기 때문이다.

하지만 목사 부인에게 이 호두나무는 꽤나 성가신 존재였던 모양이다. 그녀가 호두나무를 베어 버린 이유는 '나뭇잎이 떨어지면 집 마당이 질퍽거리고', '호두 열매가 익으면 동네 사내 녀석들이 돌멩이를 던져 자신의 신경을 자극하기 때문'이란다.

아무리 그래도, 이건 일종의 단종(斷種)이자 거세다. 인간의 코와 눈에 거슬린다고 일방적으로 자연을 거스르는 행위다.

은행나무만큼이나 냄새 혹은 향기로 인해 이런저런 이야기를 듣는 나무가 있다. 바로 밤나무이다. 밤나무는 그 어떤 나무보다 호불호가 엇갈리는 냄새 혹은 향기를 가지고 있다. 어떤 이는 코를 킁킁거리며 깊게 들이쉴 만큼 그 향기가 매혹적이고 은은하다고 말하고, 어떤 이는 그 쿰쿰하고 비릿한 냄새가 역겹다고까지 말한다.

이미 잘 알려진 이야기지만, 밤나무에서 나는 비릿한 냄새는 남성의 정액 냄새와 비슷하다고 한다. 남자들은 이 말의 의미를 누구보다 잘 알고 있다. 사춘기 시절 몽정하고 난 후 엄마 몰래 숨겨 둔 속옷에서는 어김없이 이 밤꽃 향기가 새어 나왔다. 그래서 옛날부터 '밤나무 골 과부 몸부림치듯 한다'라는 말도 있다.

실제로 밤꽃에는 '스퍼민(spermine)'이라는 화학 성분이 함유돼 있다. 이는 정액이 내는 독특한 냄새의 주범 '스퍼미딘(spermidine)'과 동일한 성분이다. 밤나무라고 했지만, 엄밀히 말해 화제가 되는 건 밤꽃 향기다.

밤나무도 열매를 맺기 위해 꽃을 피우는데, 밤꽃은 그 흐드러지게 핀 모습이 장관이다. 그리고 밤꽃은 수꽃과 암꽃이 한 몸에 피는데, 버들강아지처럼 복슬복슬하고 길쭉하게 생긴 녀석이 수꽃이다.

식물이 아름다운 꽃이나 향기로운 열매를 피우는 것은 인간을 위해서가 아니라 자신의 생존과 번식을 위해 벌과 나비를 불러들이고 이를 통해 수분(受粉) 활동에 필수적이기 때문이다. 아마존의 어떤 식물은 벌이나 나비 대신 파리를 수분 매개자로 선택하기도 한다. 이를 위해서는 달콤하고 은은한 향기가 아니라 음식 썩는 냄새와 같은 악취를 풍겨야 한다.

식물의 입장에서 인간의 후각에 대한 호불호는 사실상 아무런 의미가 없는 것이다. 예를 들어 인도네시아 수마트라에서 자라는 어마어마한 크기를 자랑하는 식물 라플레시아는 시체 썩는 냄새로 악명이 높다. 악취에 이끌린 파리가 수술에 앉으면 몸에 끈적거리는 꽃가루가 붙고, 이동하는 와중에 수정이 이뤄지기 때문이다.

향긋한 냄새로 벌과 나비를 불로 모으는 대신, 고약한 악취로 파리를 불러 모았을 뿐 생존과 번식이라는 목적에는 차이가 없다. 식물에 관한 글을 쓰는 작가이자 가든 디자이너인 오경아는 "정원에서 일하다 보면 괜히 인간이 끼어들어 자연의 일을 간섭하며 흔들어 놓고 오히려 피해를 주는 게 아닌가 싶은 생각을 종종 하게 된다"라고 고백한다.

오경아 작가의 이야기를 들으면서, 고약한 '악취'를 풍긴다는 이유로 뿌리째 뽑혀 나가는 은행나무 역시 인간중심의 서사가 만들어 낸 억울한 희생양일 수 있겠단 생각이 든다.

"네 취향 따위에는 관심 없거든!"

이래저래 은행나무 입장에서는 참 할 말이 많을 것이다.

능소화 피는
계절

꽃을 볼 때마다 자주 발길이 멈추는 것을 보면 나이를 먹긴 먹었나 보다.

세상에는 이름을 알 수 없는 수많은 꽃이 있지만, 오늘 내 눈에 들어온 꽃은 동네 담벼락을 덮고 있는 능소화. 능소화는 원래 중국이 원산지로 보통 7월에서 8월 사이에 꽃을 피우는 대표적인 덩굴나무과의 꽃이다. 겉모습만 본다면 능소화는 장미의 화려함과 백합의 청순함을 동시에 가지고 있는 묘한 매력이 있다.

혹자는 능소화의 이름만 듣고 '기생 같다'라는 표현을 했다. 화려함 측면에서만 보면 그리 틀린 말은 아니지만 실물을 영접한 사람이라면 오히려 '수줍은 아씨'의 모습에 더 가깝다고 생각할 것 같다.

공교롭게도 능소화의 별칭 가운데는 '금등화(金藤花)'와 '양반 꽃'이 있다. 보통 등(藤)자가 들어가는 식물은 대체로 덩굴나무과에 속하는

데, 여기에 금(金)을 붙였으니 덩굴식물로서는 최상의 찬사를 받은 셈이다. 아울러 '양반 꽃'이라는 명칭은 앞서 능소화를 '기생 같다'라고 표현한 사람들의 느낌과 맞닿아 있는 건 아닐까 생각된다.

기생을 유희의 대상으로 삼았던 양반들의 입장에서 본다면 능소화는 충분히 '색시하고' 화려하다. 그러나 능소화가 '양반 꽃'으로 불리게 된 다른 이유가 있다. 그건 역시 어여쁜 꽃을 특정 집단이 독점하고 싶다는 양반들의 탐욕이 반영된 결과이기도 하다.

실제로 반상(班常)의 구분이 철저했던 조선시대에는 양반이 아닌 평민이 능소화를 키우는 것은 허락되지 않았다고 한다. 심지어 능소화의 꽃가루가 눈에 들어가면 눈이 먼다는 소문까지 퍼지면서 능소화는 '누구나 즐길 수 있는' 보편적인 아름다움으로 자리를 잡지 못했다. 과거 평민들은 양반집 울타리에서 피어나는 화려한 능소화를 멀찌감치 떨어진 곳에서 바라봤을 것이다. 그 아름다움에 취함과 동시에 두려움을 품고서 말이다.

양반사회의 사랑을 듬뿍 받은 능소화의 권위는 조선시대 장원급제에서도 엿볼 수 있다. 장원급제자의 관모에 대롱대롱 달려 있던 종이꽃을 기억하는가. 임금님이 손수 달아 줬다는 그 종이꽃이 바로 능소화를 본떠 만든 것이다. 이 밖에도 박경리 선생의 『토지』에는 "미색인가 하면 연분홍 빛깔로도 보이는" 능소화를 최 참판 가문의 명예를 상징하는 꽃으로 묘사했는데, 능소화의 여러 꽃말 가운데 왜 '명예'라는 의미가 포함되는지 고개가 끄덕여진다.

능소화에 얽힌 이런 전설도 있다. 옛날옛적에 소화라는 이름의 아리따운 소녀가 살았는데, 어느 날 황제의 눈에 들어 총애를 한 몸에 받았지만, 어느 날 이후부터는 황제의 발길이 끊기면서 소화는 외로움에 사무쳐 매일매일 그리워했더란다.

결국 상사병으로 세상을 떠난 소화는 담장 밑에 묻혔는데, 죽어서도 행여 황제의 모습을 볼까 하여 담장을 타고 올라 귀를 활짝 펼치는 한 떨기 꽃으로 변했더란다. 어떤가. 일견 신데렐라류의 판타지 같은 이야기지만, 소화의 사무치는 그리움과 슬픔이 느껴지지 않는가.

시인 나태주도 능소화의 아름다운 자태 속에서 슬픔의 한 조각을 발견한 모양이다. 그의 시 「능소화」에도 '떨어지는 어여쁜 슬픔의 입술', '어리디어린 슬픔의 누이들'이라고 노래하고 있다.

7월, 창밖으로 부슬부슬 비가 내린다.

내리는 빗방울을 품은 능소화는 영롱하다 못해 처연(凄然)하다.

el mar
혹은 la mar

스페인어를 처음 배울 때 다른 라틴 로망스어 계열의 단어들처럼 여성형과 남성형이 있다는 사실이 흥미로웠다. 대체로 남성형의 단어는 알파벳 -o로 끝나고, 여성형의 단어는 -a로 끝나는 일반적인 규칙이 있기는 하지만, 세상사가 그렇듯 예외란 것이 늘 있기 마련이다.

예를 들어, '물(水)'이라는 뜻의 스페인어 단어 'agua(아구아)'는 -a로 끝나지만, 여성형이 아닌 남성형이다. 그래서 'la agua'가 아니라 'el agua'가 '문법적으로' 맞다.

시험에는 늘 이런 예외형이 나온다. 독수리를 뜻하는 'aguila(아길라)'는 역시 -a로 끝나지만 남성형인데, 이런 경우는 독수리의 남성적인 이미지를 떠올린다면 예외적인 경우라도 쉽게 암기할 수가 있다.

문제는 일반적인 규칙과 일반적인 이미지가 늘 일치하지는 않는다는 점이다. 그 대표적인 경우가 바로 바다를 뜻하는 스페인어 '마르(mar)'이다.

노인은 언제나 바다를 '라 마르(la mar)'라고 생각했다. 그것은 사람들이 바다를 다정하게 부를 때 쓰는 스페인어였다. 바다를 사랑하는 사람들도 이따금 나쁘게 말하긴 하지만 그런 때도 항상 바다를 여자처럼 여기며 말했다. 젊은 어부들 가운데, 상어 간으로 한창 벌이가 좋을 때 구입한 모토 보트를 타고 다니며, 지 대신 부표를 낚싯줄에 매달아 사용하는 자들은 남성인 '엘 마르(el mar)'라고 불렀다.
하지만 노인은 언제나 바다를 여성으로 생각했고, 큰 호의를 베풀어 주거나 거절하는 어떤 존재로 생각했다. 만약 바다가 사납고 악한 행동을 한다면 그건 바다도 어쩔 수 없어서 그러는 것이었다. 여자와 마찬가지로 바다는 달의 영향을 받는다는 게 노인의 생각이었다.[5]

산티아고 노인의 말에 따르면, 어떤 어부는 바다를 '엘 마르(el mar)'라고 부르고 또 어떤 어부는 '라 마르(la mar)'라고 부르기를 선호한다. 그게 무슨 대수냐 싶겠지만, 결론적으로 말해, '문법적으로는' 'la mar'가 아닌 'el mar'가 맞다.
하지만 『노인과 바다』의 산티아고 노인, 좀 더 깊게 들어간다면 작가 헤밍웨이 모두 바다에 대한 이미지로 여성을 먼저 떠올린 모양이다. 그 이유는 바다가 달의 영향을 받고 '큰 호의를 베풀어 주거나 거절하는 어떤 존재'라고 생각했기 때문이다. 바다가 거친 것도 천성이 원래 그런 것이 아니라 어쩔 수 없는 사정이 있기 때문이라고 본 것이다. 그래서 뱃사람들이 '라 마르(la mar)'라고 부르는 경우는 바다를 다정하게 부를 때이다.

물론 바다를 소재로 한 많은 전설과 문학작품들이 바다를 거친 남성의 이미지와 연결하고 있기는 하다. 참고로 허먼 멜빌의 해양 소설 『모비 딕』의 한 대목을 살펴보자.

생각에 잠긴 하늘은 여인의 모습처럼 투명할 만큼 순수하고 부드러운 반면, 씩씩하고 사내다운 바다는 잠들어 있는 삼손의 가슴처럼 오랫동안 힘차게 진동하고 있었다.[6]

사실 바다를 둘러싼 성별 논란은 아주 오래전부터 시작된 듯하다. 각종 신화와 전설이 이를 입증한다. 그렇다면 시야를 조금 넓혀 신들의 고향인 그리스와 이집트, 그리고 인도의 사정도 좀 살펴보자.

우리는 그리스 신화에 등장하는 여러 신들 가운데 포세이돈을 흔히 바다의 신으로 알고 있지만, 원래 '바다의 여신'은 테티스였다. 테티스(Tethys)는 우라노스와 가이아 사이에 태어난 티탄(Titan) 12神 가운데 하나로 그녀의 남편은 오케아노스다.

그런데 그리스 신화에는 테티스라는 이름을 가진 또 한 명의 여신이 등장한다. 어찌 된 일까? 결론부터 말하자면 둘은 같은 이름의 다른 인물이다. 대부분 국내 번역서에서는 두 사람을 동일인으로 취급하고 있지만, 고대 그리스 고전문학의 대가인 천병희 선생이 희랍어 원전에 가장 가깝게 번역한 『원전으로 읽는 그리스 신화』[7]에 따르면 'Tethys'는 거인족 출신의 바다의 여신이고 또 다른 여신 'Tethis'

는 우리에게 아킬레우스의 어머니로 더 알려진 인물이다. 결과적으로 둘은 완전히 다른 인물이다.

전승에 따르면, '바다의 여신' 테티스는 지중해를 포세이돈에게 넘겨주고 대서양에서 남편 오케아노스와 살았다고 하는데, 어찌 됐든 그리스 신화에서도 바다의 '원래' 주인공은 여신이었다는 점은 새롭다.

동방 메소포타미아의 바빌론 신화에 등장하는 티아마트(Tiamat)도 역시 바다의 여신이다. 티아마트는 신화에서 혼돈의 바다와 생명의 원천을 동시에 상징하며 모든 신들은 이 혼돈의 바다에서 탄생했으므로 그녀는 신들의 어머니로 불린다.

고대 이집트에서 '부활의 신'이자 '죽은 자들의 왕'이라 불리는 오시리스 이야기는 더 극적이고 흥미진진하다. 오시리스에게는 세트라는 남동생과 이시스라는 여동생이 있었는데, 질투에 눈먼 동생 세트가 형 오시리스를 시샘한 나머지 그를 죽여 관에 봉한 후 바다로 던져 버리는 일이 벌어진다. 그러자 이번에는 오시리스의 여동생이자 아내인 (신들 세계에서 근친관계는 매우 일반적이다) 이시스가 오빠이자 남편인 오시리스의 시신을 찾아 바다를 샅샅이 살핀다. 이로써 이시스는 바다의 여신이자 선원들의 수호신 자리에 등극하게 된다.

인도의 힌두교도들에게도 물은 어머니의 자애와 성스러움을 닮아 있다. 이들에게 '어머니의 강'으로 불리는 갠지스강은 한문으로 번역하면 항하(恒河)가 되는데, 이는 힌디어 강가(Ganga)를 음역한 것이다. 그리고 강가(Ganga)는 비슈누의 발에서 솟아 나와 은하수 형태로 하늘을 흘러 시바의 헝클어진 머리 타래를 타고 땅으로 떨어졌다고 믿어진다. 신화가 말하고 있듯이 인도인들에게 강가는 생명력과 정화력의 원천일 뿐만 아니라 천상과 지상을 연결해 주는 신성한 공간이다.

당연히 강가(Ganga)는 모성(母性)을 대변하는 '어머니의 강(Mother Ganga)'이자 구원의 여신(女神)이다. 인도 사람들이 갠지스강에서 목욕도 하고 죽으면 시체를 화장해서 뿌리는 것은 결국 원래의 모태로 돌아가는 것을 의미한다. 그리고 '항하의 모래알 수만큼 많다'라는 의미를 지닌 항하사(恒河沙)도 바로 갠지스강을 의미하는 항하(恒河)에서 유래했는데, 이는 무한함과 영원을 상징하기도 한다.

다음으로 동아시아 지역으로 가보자.

일본의 창세신화에는 '이자나미'라는 여신(女神)과 '이자나기'라는 남자 신(神)이 등장한다. 둘은 남매지만 이후 부부가 되는데, 이는 일본뿐만 아니라 다양한 신화에 등장하는 근친상간의 모티프이기도 하다. 어쨌거나 둘은 인간 세상으로 내려와 인간을 포함해 이것저것 만들기 시작한다.

일본의 창세신화를 그린 〈이자나기 이자나미의 국토 창생〉이란 그림을 보면, 남자신 이자나기가 창으로 바다를 휘휘 젓는 장면이 나온다. 그 창에서 떨어진 물방울이 섬, 다시 말해 오늘날의 일본 열도가 됐다고 한다. 그리고 신화 전문가들은 이자나기가 휘두르는 창은 남성의 성기를, 그리고 바다는 여성을 상징한다고 본다.[8] 일본의 창세신화에서도 바다를 여성으로 보고 있는 시선이 흥미롭다.

그렇다면 우리의 신화와 전설에서는 어떨까?

흔히 우리는 '남자는 하늘, 여자는 땅'이라는 시대착오적인 남존여비 사상이 먼저 떠오른다. 하지만 사실 남자가 하늘이고 여자가 땅이라는 것은 남자가 존귀하고 여자는 천하다는 의미가 아니라, 하늘의 기운과 땅의 기운이 만나 합일된 하나를 이룬다는 음양(陰陽)의 사상을 의미한다. 우리 전통 설화와 신화들을 살펴보면, 남성 혹은 부권(父權)의 원리로 하늘이 등장하는 것은 대체로 공통적이고, 여성 혹은 모성(母性)의 원리로는 대지(땅)와 함께 물(水)이 등장함을 확인할 수 있다.

혁거세의 부인인 알영은 우물에서 태어났고 수로왕의 부인인 허비는 바다를 건너왔다. 그리고 해모수 왕의 부인은 웅심 연리라는 커다란 연못 혹은 바닷속 깊은 곳에 있는 나라에서 온 것으로 되어 있다.

여성성과 물과의 관계는 고려 시조들의 신화에서도 거듭 확인된다. 이름부터가 용녀(龍女)인 물과 맺어진 여성 시조는 그 원천을 서해 바다의 용궁에 두고 있거니와 개성에 있는 '개성정(開城井)'은 용녀가 용궁과 고려 사이를 내왕한 통로로 전해진다.[9]

이와 같은 물과 여성성의 관계는 후세에 전국 각지에서 '샘물 신앙' 혹은 '약수 신앙'의 원천이 됐다는 것이 한국학의 거장 김열규 선생의 주장이다.

어떤가. 바다 하면 남성이 떠오르는가, 아니면 여성이 떠오르는가?

은퇴한 남성은
어떻게 잉여로 전락하는가?

중년이나 갱년기는 다른 동물들에게는 발견되지 않는 인간 특유의 현상이자 단계라고 한다. 생각해 보라! 중년이나 갱년기를 걱정하는 동물이 인간 말고 또 어디 있는지 말이다. 그래서 생물학자인 데이비드 베인브리지(David Bainbridge)는 그의 저서 『중년의 발견』에서 중년을 인간 고유의 현상으로 규정하고 '삶의 또 다른 국면'으로 바라본다.

그는 인간이 다른 동물에 비해 유독 긴 성장기를 거치며 부모의 보살핌과 지원을 필요하게 되며, 이로써 부모는 자신의 성장이나 번식 대신에 자식에게 집중할 시간을 갖게 된다고 말한다. 이를 생물학에서는 '부양 투자'라고 한다. 말이 좋아 투자지 이것이 오늘날 우리 중년 세대가 떠안고 있는 과제이자 중년이 살아야 할 존재 이유가 되어 버렸다.

혹자는 투자의 개념을 자식 키워서 나중에 늙으면 부양받을 자격을 획득하는 과정으로 생각하기 쉽지만, 그 또한 낡은 사고방식이다. 중년이 되면 흰머리와 주름이 늘어나고 살이 처지거나 탄력을 잃게 되는데, 상대적으로 성적 매력이 떨어지면서 더 이상 이성을 유혹할 가능성도 동시에 떨어진다.

앞서 부모가 더 이상의 번식과 성장을 '포기'한다고 말하지 않았는가. 이런 이유로 생물학적인 용어인 '부양 투자'와 사회학적 의미인 '노후 대비'는 동의어가 아니다. 하지만 중년이 된다고 해서 모든 것을 포기해야만 하는 것은 아니다. 인간의 뇌는 중년기에 정보를 처리하는 속도는 느려지지만, 인지력은 오히려 가장 뛰어난 시기라니 말이다.

데이비드 베인브리지는 중년의 인지력이 상승하는 것은 단순히 더 많이 보고 더 경험하기 때문이 아니라 '다르게' 생각하는 법을 터득하기 때문이라고 말한다.

그렇다면 중년에 다다른 우리는 정말 다르게 사는 법을 터득했을까?

50대 중반에 치아교정을 시작했다는 어느 중년 남성의 이야기를 들었을 때, 나는 그 '교정'이 임플란트를 의미한다고 생각했다.

'우리 나이 때쯤 되면 치아도 성할 리가 없지'라고 대꾸하고 보니, 그 교정이 튀어나온 앞니를 밀어 넣어 주는 '진짜' 교정이란 사실을 알게 됐다. 더욱 놀라운 것은 '앞으로 50년은 족히 더 쓸 것이다'라는 그의 낙관론이다. 젊고 화사한 20~30대도 아니고, 왜 50대 중반이 되어서야 튀어나온 앞니를 밀어 넣을 생각을 했는지도 궁금하지만, 100세까지 치아교정의 놀라운 혜택을 기대하는 그의 야무진 꿈이 놀랍기만 하다. 비난하는 게 아니라 정말 부러워서 하는 말이다.

우리 사회에서 은퇴의 시기와 경계가 상대적으로 분명한 남성의 경우와는 조금 다른 이야기이기 때문이다. 한겨레 사회정책연구원 한귀영 연구위원은 한국의 중년 여성들은 가족과 타인을 돌보는데 '이골'이 났기 때문에, 자신을 돌보는 것이 자연스럽지만, 한국의 중년 남성은 가족을 '부양'한다는 명목 아래 '돌봄'의 DNA를 상실했고, 결국 자신을 돌보는 법도 잃어버렸다고 말한다. 늙을수록 심화되는 남성들의 아내 의존증은 그 애처로운 증거들이자 부산물이다. 은퇴한 남성에게 필요한 세 가지는 아내, 마누라, 집사람이라고 하지 않는가.

그 많은 '김부장'은 어디로 갔을까

〈대기업 출신 김부장은 왜 퇴사 후 택시, 경비 일을 하게 될까〉
2024년 6월 13일 자 한국일보 기사의 제목이다. 이 흥미로운 제목의 기사는 직장에서 전문성을 뽐내던 수많은 '김부장들'이 은퇴 후 왜 유독 택시 운전과 아파트 경비에 몰리는가?'라는 질문으로 시작한다.[10]

기사는 2024년 6월 발표된 한국개발연구원(KDI)의 '직무 분석을 통해 살펴본 중장년 노동시장의 현황과 개선 방향'이라는 다소 긴 제목의 보고서를 참고로 하고 있다.

이 보고서에 따르면, 핵심 노동 인구로 불리는 25~54세의 경우 2009년 정점에 이른 후 감소하기 시작한 반면, 55세 이상은 빠르게 증가하고 있는 것으로 나타났다. 이는 인구구조 변화로 노동시장에서 중장년층 비중이 확대되고 있다는 뜻이기도 하다.

보고서 내용의 핵심은 나이가 들수록 저숙련 저임금 일자리 비중이 커지고 있다는 점인데, 특히 50세를 넘겨 실직 혹은 퇴직 등으로 경력이 단절돼 이직하면 기존의 일자리보다 분석, 사회 직무 성향이 낮고, 반복적이고 신체 직무 성향이 높은 일자리로 재취업할 확률이 높아진다는 것이다.

택시에서 만난 중장년 기사들이 손님과 가진 사적인 대회에서 자신을 '대기업 출신 간부'였었다고 말하는 경우가 많다. 일종의 허세인 경우도 많지만, 50세 이후 실직과 퇴직을 경험하는 중년 남성들의 재취업 패턴을 잘 보여 주는 사례라는 점은 이번 연구 보고서에도 잘 드러나 있다고 할 수 있다. 기사의 제목처럼 그 많던 '김부장'들이 반복 신체 직무 성향이 높은 택시 기사와 경비 업무에 몰리는 이유이기도 하다.

보고서의 결론은 직무 내용과 성과 위주 임금 체계 확대 도입으로 직무 연속성을 확보해야 한다는 '효율'에 맞춰 있지만, 갈 곳 없는 중장년 인력의 '잉여성'에 대한 고민은 부족해 보인다.

문화비평가 최태섭은 자신의 저서『잉여사회』에서 유령과 좀비가 잉여의 두 가지 존재 방식이라고 말한다. 퇴직한 남성들이 유령과 좀비의 모습을 닮아 있는 것은 결코 우연이 아니다. 유령은 '있는 듯 없는' 존재이고, 좀비는 무위도식하며 식량을 축내지만, '존재만으로도 부담스러운' 존재라는 점에서 말이다.

원래 마르크스가 말한 잉여는 자본주의가 작동하는 이윤의 원천으로, 단순히 '넘쳐나서 가치가 떨어지거나 쓸모가 없는' 것을 의미하지 않는다. 하지만 오늘날 잉여란 '밥값을 못하는 자', '무직자', '비정규직', '저학력자', '루저(loser)' 등과 동격인 자조적 의미를 가진다.

아서 밀러의 희곡 『세일즈맨의 죽음』에는 은퇴 후 서서히 유령과 좀비의 모습을 닮아 가는 한 남자가 있다.

아쉬운 사람이 '을'이 된다. 그리고 잉여가 된다

아쉬운 사람이 '을'이 된다. 그리고 대부분의 은퇴한 중년 남성은 본인의 의지와 상관없이 을이 된다. 아쉬울 게 없는 사람은 갑은 아닐지언정 최소한 을이 되는 모욕을 피할 수는 있다. 근데, 세상 아쉬울 게 없는 사람이 몇이나 되겠는가?

아서 밀러가 1949년 발표한 리얼리즘 희곡 『세일즈맨의 죽음』에 등장하는 주인공 윌리 로먼의 이야기는 '아쉬운 사람'이 어떻게 '을'로 전락하고 을의 마지막이 얼마나 비참한지를 극명하게 보여 준다.

윌리는 예순이라는 나이까지 세일즈맨으로 잔뼈가 굵은 남자다. 하지만 이제 그는 지쳤다. 나이가 들고 직장에서의 지위가 변함에 따라 주변의 사람들도 하나둘씩 떠나고 이젠 만성적인 피로와 우울증만이 그의 육체와 정신을 괴롭힌다. 윌리는 마지막으로 그의 후배이자 직장동료였던 사장을 찾아가 다른 부서로의 이직을 요청하지만, 참기 힘든 모욕과 함께 해고까지 당한다.

무대 정면에 세일즈맨의 집이 있다. 그리고 고층으로 솟아오른 주변의 건물들은 세일즈맨의 집을 둘러싸고 있다. 마치 지친 윌리의 목을 조여오는 괴물처럼 말이다.

윌리는 오늘 중대한 결심을 한다. 사장에게 가서 뉴욕 본사로 자리를 옮겨 달라고 요청할 예정이다. 현재의 사장 하워드는 윌리가 동고동락했던 전임 사장 와그너의 아들이다. 윌리는 하워드를 아주 어린 시절부터 지켜봐 왔고, 하워드도 윌리를 삼촌처럼 잘 따랐다. 그래, '옛정'을 생각해서, 사장도 자신을 함부로 대하지 못할 것이고, 일은 잘 풀릴 것이라고 생각하는 윌리에게 아내 린다가 걱정스러운 한마디를 던진다.

"당신은 너무 고분고분해요"

윌리에게는 두 아들이 있다. 큰아들 비프와 작은아들 해피. 큰아들 비프는 집을 떠나 외지를 떠돌며 안정된 직장을 얻지 못하고 있다. 나이 서른넷이 되도록 제 앞가림 못 하는 큰아들 비프가 윌리에게는 늘 걱정이다.

머리 큰 두 아들은 마음속으로는 아버지를 사랑하고 존경하지만 늘 티격태격이다. 늙은 윌리를 끝까지 이해하고 지켜보는 것은 아내 린다뿐이다.

"너희 아버지는 내가 세상에서 가장 사랑하는 사람이란다. 비참하고 우울한 존재로 만들어 버리도록 두고 보지 않겠어. 너희 아버지이니 정당하게 존경심을 표하든가, 아니면 여기 다시 오지 말든가."

윌리의 친구이자 성공한 사업가인 찰리와 초라해진 아버지를 비교하는 아들들에게는 이런 말도 한다. 어쩌면 『세일즈맨의 죽음』에서 가장 감동적인 대목 중 하나이기도 하다.

아버지가 훌륭한 분이라고는 하지 않겠다. 윌리 로먼은 엄청나게 돈을 번 적도 없어. 신문에 이름이 실린 적도 없지. 세상에서 가장 훌륭한 인품을 가진 것도 아니야.
그렇지만 그이는 인간이야. 그리고 무언가 무서운 일이 그에게 일어나고 있어.
그러니 관심을 기울여 주어야 해. 늙은 개처럼 무덤 속으로 굴러떨어지는 일이 있어서는 안 돼. 이런 사람에게는 관심이, 관심이 필요하다고. 그이는 지친 거야.[11]

아내 린다의 말처럼 윌리는 지쳐 있다. 늙은 개처럼. 그의 어깨를 짓누르는 삶의 무게를 버티게 해주는 것은 가족이었지만 이젠 그 버팀목도 무너져 가고 있다. 지치고 절망한 윌리가 가족들 모르게 자살을 시도했다는 내용은 작품 여기저기 복선처럼 깔려 있다. 석연찮은 자동차 사고는 보험금을 노린 윌리의 의도적 행동이었고, 가스히터에 연결해 놓은 고무호스도 자살을 목적으로 한 것이었다.
슬프지만 아무에게도 말하지 못한 세상 모든 가장의 이야기다.

2024년 상반기 15세 이상 취업자 수는 1년 전인 2023년보다 22만 명 늘어난 2,845만 명으로 집계됐다. 나이별로 살펴보면, 60대 이상 취업자가 28만 2천 명 늘어 전체 연령대 가운데 증가 폭이 가장 큰 것으로 나타났다. 특히 70대 이상은 15만 명이 급증한 192만 5천으로 관련 통계를 집계한 2018년 이래 가장 큰 증가폭을 기록했다고 한다.[12] 퇴직 이후 중장년 남성 노동 인구가 늘고 있다는 반가운 소식이다. 문제는 노인 노동력은 늘고 있지만, 노인 일자리의 질은 상대적으로 떨어지고 있다는 점이다.

맹자 양혜왕 편을 보면 '무항산무항심(無恒産無恒心)'이라는 말이 나온다. 무항산(無恒産), 그러니까 일정한 직업이 없으면, 무항심(無恒心)이라, 곧 평상심(平常心)을 유지하기 어렵다는 맹자의 말씀은 은퇴 후 방황하는 수많은 김부장들에게는 뼈 때리는 현실로 다가온다. 이들이 또 다른 '을'이 되고 또 다른 '잉여'가 되더라도 항산(恒産)의 마지막 기차를 놓칠 수 없는 절박한 이유이다.

세상에 '더티 워크'는 없다

베스트셀러 『동물을 먹는다는 것에 대하여』(2009)에서 작가 조너선 샤프란 포어(Jonathan Safran Foer)는 공장에서 생산한 고기를 '고문당한 살'이라고 표현한다. 공장식 축산 고기가 '고문당한 살' 혹은 '비참한 고기'라면, 그 동물을 난도질하는 사람, 생닭과 소를 벨트에 걸고 힘줄을 자르는 도축 과정에 직접 참여하는 사람은 과연 어떤 사람들일까?

축산 도축업자를 비롯해 우리 사회에서 남들이 꺼리는 일들을 하는 사람들을 추적해 이들의 삶을 기록한 책이 바로 『더티 워크(Dirty work)』이다. 이 책의 저자인 이얼 프레스(Eyal Press)는 탐사보도 전문기자이자 브라운 대학교에서 사회학 박사 학위를 취득한 이 분야 전문가이기도 하다. 이 책에서 묘사한 미국 내 (정확히는 타이슨 푸드의 본사가 있는 아칸소주의) 닭고기 정육 공장 해체라인의 풍경을 잠시 살펴보자.

먼저 노동자는 생닭을 상자에서 꺼내 컨베이어벨트의 쇠고랑에 발을 건다. 벨트에 걸린 닭은 전류를 통과하면서 기절하고, 자동 목 절단기를 통과하면서 목이 잘린다. 그리고 뜨거운 물을 통과하면서 털이 숭숭 빠진다. 여기까지는 자동기계의 도움을 톡톡히 본다. 하지만 문제는 이 과정에서 살아남은 닭들이 있으면(실제로 목이 잘린 상태에서도 움직이는 닭들이 있다) '최후의 처리'를 해야 하는 것은 어디까지나 인간의 몫이다. 머뭇거리면 머리 없는 생닭이 벨트 위를 휘젓고 다니는 진풍경이 벌어질 수도 있다.

공장마다 조건이 다르지만, 보통 생닭 걸기 라인에서 노동자 한 사람이 1분에 걸어야 하는 생닭의 양은 평균 65마리다. 1초에 한 마리 이상의 속도다. 이 정도면 숙련 정도가 아니라 거의 기계와 동일화가 되어야 한다. 일부 여성 노동자는 작업복 안에 바지를 한 겹 더 입고 급할 땐 아예 선 채로 오줌을 싸기도 한다고 한다.

그러나 미국 내 가금류 정육 공장에서 본토박이 미국인 노동자의 비율은 그리 높지 않다. 대부분의 노동자는 멕시코계와 과테말라 이주민들이 차지한다. 1930년대 시카고의 정육 공장 노동자의 3분의 1은 흑인이었고, 1990년대 도축 노동자의 4분의 1은 미등록 이주민이었다. 2005년 인권 단체인 휴먼라이츠워치는 정육 공장 노동자의 기본권리가 조직적으로 침해되고 있으며, 이 문제는 도축산업 종사자 중 이주 노동자의 비율이 높다는 사실과 불가분의 관계라고 보고한 바 있다.[13]

분명한 사실은 아주 오래전부터 도축업이 환영받지 못하는 작업이었다는 점이다. 17세기 영국에서는 도축업자를 배심원에서 제외했는데, 그 이유는 철학자 존 로크가 1693년 발표한 논문 『교육론』에 잘 나타나 있다.

열등한 피조물의 고통과 파멸을 즐기는 사람은 동족을 매우 동정적으로, 혹은 자비롭게 여기기가 쉽지 않을 것이기 때문이다.

그렇다. 무자비하게 소 돼지를 도축하는 부류의 인간에게는 보편적 인간 감성을 기대할 수 없다는 것이, 도축업자를 배심원으로 인정할 수 없는 이유이다.

우리나라에서도 소 돼지를 잡는 백정은 대표적인 천민의 굴레를 벗어나지 못했다. 백정(白丁)의 한자를 보면, 백(白)은 '희다'는 의미보다는 '없다' 혹은 '무지하다'의 뜻에 가깝다. 그리고 정(丁)은 장정(壯丁)의 의미로, 한마디로 백정은 '아무것도 가진 것이 없는 무지한 남자'라는 뜻이 된다.

조선왕조실록 성종 22년 4월 23일 기록에 보면, "재인(才人)과 백정(白丁)은 그 선조가 오랑캐의 종족으로 말을 잘 타거나 활을 잘 쏠 뿐만 아니라, 천성이 사납고 용맹스러워…"라는 내용이 있다. 이 내용을 근거로 백정을 양수척(楊水尺) 혹은 달단이라고 부르던 북방 유목민의 후예로 보는 분석도 있다. 그리고 조선 초기에 거골장(去骨匠)이라고 불리던 기존 도축업자들도 있었는데 이들은 후에 자연스럽게 백정층에 흡수되었다.

박경리의 대하소설 『토지』에도 백정에 대한 노골적인 천시 분위기가 매우 적나라하게 묘사돼 있다.

"참말로 백정 놈들 숨구멍 트인 세상이제. 언감생심, 이런 술집에 들어올 생각이라도 한께. 한 시절 전만 해도, 아 그러씨 백정각시 놀이를 생각하믄 다 알조 아니오?"
좌중에 웃음이 터진다.
"아암 쉽잖고 말고. 백정각시 놀이가 무섭어서 백정 계집들이 좀체 안 나오니께. 우짜다가 나와도 숨어서 구겡을 한께로 집어내기도 어렵고."
"내 소싯적에 한 번 본 것은, 그러니께 그기 무슨 놀이던지 잘 생각이 안 나는데 단오놀이던지, 아무튼 구경꾼 속에서 백정의 딸 하나를 잡아낸기라요. 한사 결단 달아날라는거를, 아 그러씨 장정 몇이 덤비드는 데야, 치마가 찢기 달아나고 속곳이 벗겨지고, 지금도 생각이 나는데 고놈의 가시나 몸매도 좋고 얼굴도 이삐게 잘 생깄더마."
"볼 만했겠구나."
"그 이쁜 가시나를 엎어뜨려놓고 장정들이 번갈아사 올라타고 이랴! 이놈의 소가 와 안 가노! 함시로 엉덩이를 철벅철벅 때리는 기라요. 뿐이겄소? 목에다 새끼줄을 걸고 네 발로 기게 하고 구경꾼 앞을 돌아댕기는데, 그 애비가 소개기를 가져와서 게우 풀리났지마는 좀 안 된 생각도 들고."
"안되기는 머가 안됐단 말이오? 백정은 사람이 아닌께, 그놈들은 오냐오냐하고 내버려두었다가는 칼 들고 소만 잡겄소? 사람도 잡을라 들긴데? 옴짝달싹 못하게 꽉 기를 직이나야지."**14**

길에서 백정의 아내나 딸을 보면 누구나 아무렇게나 올라타 노리개 취급을 하고 욕을 보일 수 있는 현실을 보여 준 장면이다. 그것을 사람들은 '백정각시 놀이'라고 불렀다. 사람이 사람에게 행할 수 있는 행위가 아니라는 점에서 "백정은 사람이 아닌께"라는 말은 단순한 놀림이 아니라 확신에 가까운 내면의 소리로 들린다.

오랫동안 육식 자체가 금지시되었던 이웃 나라 일본에서도 도축은 환영받지 못한 불결한 행위로 인식됐다. 메이지유신으로 육식금지령이 해제되고 본격적인 육식이 시작되었을 때도 상황은 크게 달라지지 않았다.

중화권에서는 도축을 업으로 하는 사람에 대한 기록들이 꽤 있는 편이다. 그나마 이런 기록을 통해 이들에 대한 당대의 인식을 가늠할 수 있다. 먼저 장자 양생주편(養生主編)에 나오는 포정해우(庖丁解牛)라는 고사성어가 대표적이다. 여기서 포정(庖丁)은 소를 잡는 사람(우리말로 하면 '백정'이지만 의미는 조금 다르다)을 의미하고 해우(解牛)는 잡은 소의 뼈와 살을 발라내는, 오늘날로 말하면 발골 기술이나 정형 작업을 의미한다. 장자에서 말하는 포정해우(庖丁解牛)는 도축업자의 신들린 듯한 칼솜씨를 지켜본 문혜군(文惠君)이 '어찌하여 기술이 이런 경지에 이르렀는가!'라며 감탄한 데서 유래한 말로 '기술이나 솜씨가 매우 뛰어남'을 의미함으로 매우 긍정적 표현이라 할 수 있다.

삼국지에 등장하는 하진이란 사람도 비록 비천한 백정 출신이지만 도축업을 통해 엄청난 부를 모으고 그렇게 모은 재산을 십상시에게 뇌물로 바쳐 여동생을 후궁으로 만드는 데 성공한 나름 '입지전적' 인물로 묘사되기도 한다.

하지만 수호전에는 노지심이 도축업자인 정도호라는 사람에게 "도축이나 하는 천한 것이 건방지게 까부느냐"라며 현장에서 죽여 버리는 장면이 등장하는데, 아무리 좋게 포장해도 백정에 대한 인식은 동서고금을 불문하고 부정적이다.

너무나 당연한 일이지만 요즘은 백정이나 푸주한이라는 말은 사용하지 않는다. 조금 순화된 도축업자라는 말도 조심스럽기는 마찬가지다. 행여 이런 표현을 썼다가는 해당 종사자에게 굉장한 결례가 될 수도 있다. 대신에 요즘은 정육 기능사 혹은 식육 처리 기능사라는 정식 명칭을 사용한다. 한국산업인력공단에서 주관하는 시험을 통과해야 자격증을 받을 수 있는 명실상부한 국가 기술 자격시험 중 하나다. 단순히 도축하는 데 끝나는 것이 아니라 도축된 고기를 발골하고 정형하는 업무가 세분화하면서 고도의 기술이 요구되는 전문직으로도 부상하고 있다.

특히 각종 요리 프로그램의 유행과 유튜브의 발전으로 이 분야 종사자에 대한 인식도 많이 바뀌고 있다. 실제로 유튜브에서 'butchering' 혹은 '발골', '정형'이라고 치면 굉장히 많은 관련 영상들이 나오는데, 보고 있으면 저절로 감탄이 쏟아져 나온다.

정육 과정이 아무리 기계화가 되고 좋은 장비가 나온다고 해도 도축된 고기를 부위별로 가공하는 섬세한 작업은 아직은 순전히 사람의 손으로만 가능한 영역이다. 무엇보다 정형 기술자들이 다루는 칼은 고기를 베고, 근육과 힘줄을 자르고, 뼈와 관절을 뜯어내는 도구이기 때문에 일반 주방용 칼과는 비교할 수 없을 만큼 단단하고 그만큼 위험한데, 이런 힘 조절은 기계가 인간을 따라갈 수가 없다.

"정신으로 소를 대하고, 천리(天理)를 따라 칼을 놀리니, 눈의 작용이 멈추고 자연스런 정신만 남는다"라고 한 포정(庖丁)의 말은 비단 과거에만 해당하지 않는 신공(神工)의 경지다. 포정(庖丁)은 천한 백정(白丁)이다. 하지만 허공을 베어 소를 잡는 경지에 이르렀으니 이를 일컬어 도통(道通)했다고 하고 그는 결국 도인(道人)의 경지에 이른 사람이다.

뼈와 뼈 사이, 뼈와 살 사이에는 틈이 있기 마련이다. 그 빈 곳을 칼이 자르니, 자르는 바 없는 자름이다. 뼈마디에는 틈이 있고(有間), 칼날에는 두께가 없다(無厚). 두께 없는 것으로 틈 있는 곳을 자르니 칼날이 무뎌질 까닭이 없는 것이다. 포정은 바야흐로 칼을 쓰지 않고 칼을 쓰는, 위무위(爲無爲)의 경지에 이른 것이다.

누군가는 가축의 내장과 근육을 자르고, 쏟아지는 분변의 악취를 온몸으로 참아야 하고, 또 누군가는 이들의 노고 덕분에 맛있고 영양가 있는 고기를 식탁에서 마음껏 맛볼 수 있다. 그런 면에서 나는 살생의 업보를 감내하며 사람들의 차가운 시선도 견뎌 내야 하는 이들을 불가(佛家)에서 말한 보살들이라고 생각한다.

세상에 더러운 입과 더러운 생각은 있어도 더러운 일, '더티 워크'는 없다.

3

경계에 선 사람들

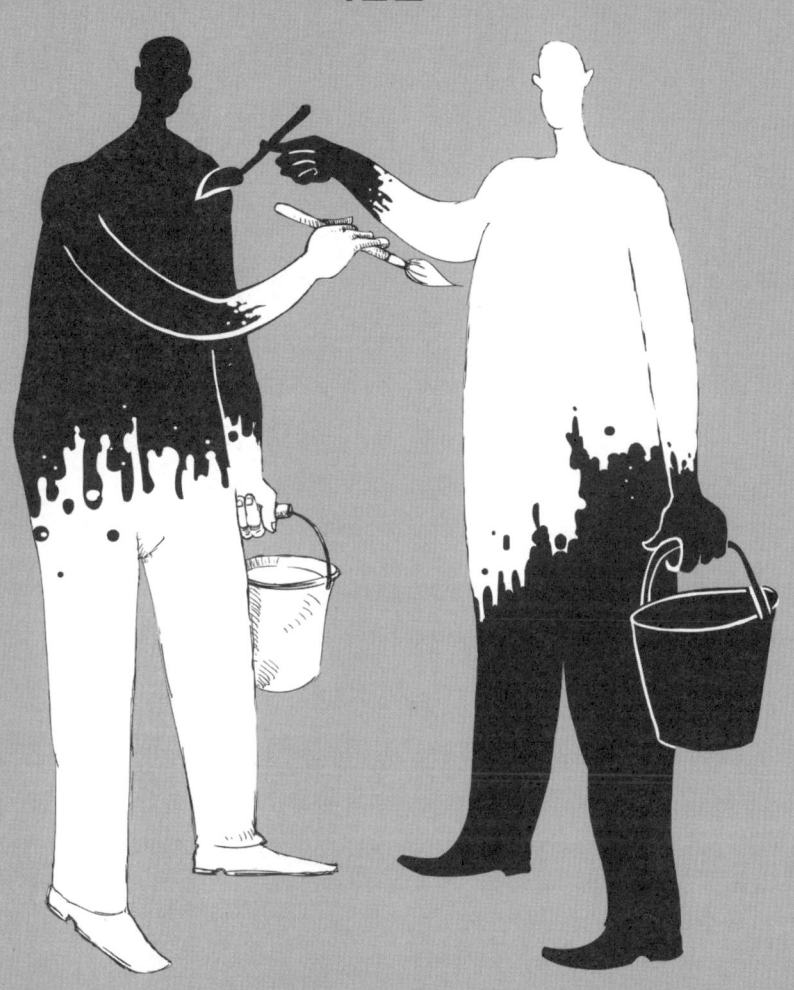

모두를 위한
유니버설(universal)

'캠든 벤치(camden bench)'를 인터넷에서 찾아보면 그 디자인이 꽤 모던하고 세련돼 보인다. 하지만 노숙인이 잠을 청하거나 장시간 앉아 있기에는 꽤 단단한 인내심이 필요해 보인다. 휴식이라는 벤치의 원래 기능을 생각한다면, 성공적인 디자인이라 말하기 어렵겠지만 성가신 노숙인이나 장시간 벤치를 '점거'한 부랑인을 퇴치하기에 안성맞춤이라는 점에서는 성공적이라 하겠다.

미국의 한 유명 유튜버가 캠든 벤치를 두고 '세련된 불쾌함을 주는 디자인'이라 표현한 이유이기도 하다. 이 모순적인 디자인이 주는 불쾌감의 원인은 무엇일까? 단순히 딱딱한 재질이나 울퉁불퉁한 굴곡으로 인해 오랜 시간 앉아 있기 불편하다는 사실에서만 오는 감정이 아니다. 이 디자인의 궁극적 목적은 '쉼'이 아니라 '배제'에 있기 때문이다.

적대적 환경으로 만들어진 은밀한 배제는 생각보다 우리 주변에 널려 있다. 비행기를 생각해 보자. 유럽이나 미주 등 장거리 노선을 이용하는 승객들 대부분은 협소한 좌석에서 10시간 넘게 견뎌야 하는 상황을 생각만 해도 극심한 피로감을 느낀다.

단언컨대, 앞으로도 비행기 이코노미석에서 누워 갈 수 있는 안락한 공간은 절대 나오지 않을 것이다. 비행기 안에서 승객들이 눕기 시작하면 항공사는 당장 망할 수밖에 없기 때문이다. 누워 갈 수 있는 특권은 오로지 1등석의 승객에게만 주어진다.

선택은 필연적으로 배제를 동반한다

강남의 고급 아파트 단지에는 입주민들만 사용이 가능한 전용 놀이터가 있다. 행여, 이웃한 아파트의 주민이나 아이들이 이곳을 사용하게 되면 경비원이 다가와 나가 줄 것을 요구한다. 정중하게 요구하는 경우도 있지만, 아이 앞에서 모욕을 당할 수도 있다. 최근 이곳에서 '쫓겨난' 시민이 이 아파트를 상대로 소송을 걸었다는 이야기도 있다.

국내 최고가의 아파트 가격에 비싼 관리비를 지불하고 입주한 주민이 독점적 권리를 누리는 것은 당연하다는 논리도 있지만, 건물이 들어선 땅과 그곳에 세워진 공공적 성격의 놀이터까지도 사유지 개념으로 볼 수 있냐는 반론까지 이 상황을 둘러싼 의견은 분분하다.

또 최근 보도에 따르면[1], 평당 매매가가 1억 원이 넘는 서울 서초구의 한 신축 아파트에서 미혼남녀끼리 만남을 주선하는 모임이 결성돼 화제가 된 바 있는데, 특이한 점은 모임의 가입 조건이 이 아파트의 입주민과 입주민 자녀로 제한된다는 점이다. 최고가 아파트답게, 이 모임에는 유례없는 아파트 신문화를 선보이고 있다. 우선 이 모임에는 가입비와 연회비가 따로 있고, 국내 굴지의 카드사가 입주민 전용 카드를 발급하며, 이 카드와 연계된 인근 백화점에서는 특화된 맞춤형 혜택을 제공한다.

이와 반대되는 상황들도 있다.

2017년 9월 5일. 강서지역 특수학교 설립토론회에서 장애 아이를 둔 엄마가 특수학교를 짓게 해달라며 무릎을 꿇었다. 이어서 다른 장애 아동의 엄마들도 줄줄이 무릎을 꿇었다. 하지만 그때 누군가가 "쇼 하지 마라"며 소리쳤다.

이 모습은 그날 9시 뉴스를 장식했고 이를 지켜본 많은 이들의 가슴을 멍먹하게 만들었다. 주민 반대로 장애인 시설이나 특수학교 건설이 지연되는 사례는 그동안 심심치 않게 벌어져 왔다. 강서구 등촌동에 들어설 예정인 '어울림 플라자'는 장애인과 비장애인이 함께 이용할 수 있는 대표적인 복합문화시설로 지난 2015년 서울시가 1,000억 원의 예산을 투입해 건설을 추진했지만, 주민 반대의 여파로 10년 넘도록 표류하다가 마침내 올해(2025년) 하반기 준공을 눈앞에 두고 있다.

주민들 입장에서는 억울한 점이 많을 것이다. 님비나 지역이기주의라며 일방적 비난을 받는 부담도 적지 않았을 것이다. 이들은 '왜 우리 지역에만 유독 장애인 시설이 많아야 하는가?', '강남이나 김포에 지으라'라고 반발하며 시설 인근에 있는 초등학교 학생들의 교육권

침해도 우려해 왔다.

1996년 2월21일 서울중앙지법 민사 합의 50부는 서울 강남구 일원동의 발달장애아특수학교인 밀알학교의 건립을 둘러싼 소송에서 전국의 정서장애 아동들이 헌법상 보장된 초등교육을 받을 권리마저 보장받지 못하는 현실을 지적하며 "입주민 아동들이 받는 그 불편함이라는 것은 정서장애아가 그에 필요한 적절한 교육을 받지 못하고 사회생활에 적응하지 못함으로써 받는 불편함과는 비교할 수 없을 정도"라고 판시하며 밀알복지재단 측의 손을 들어주었다.

오랜 진통 끝에 밀알학교는 지난 1997년 3월 개교했다.

배제가 아닌 '함께'를 외치는 디자인도 있다. 바로 유니버설 디자인이다. 유니버설 디자인(universal design)은 1963년 영국의 셀윈 골드스미스가 『장애인을 위한 디자인』이란 책을 저술하면서 도입한 개념으로, 제품, 시설, 서비스 등을 이용하는 사람이 성별, 나이, 장애, 언어 등으로 인해 제약받지 않도록 설계하는 것을 말한다. 흔히 우리말로는 '보편 설계' 혹은 '보편적 설계'라고 번역되며, '모든 사람을 위한 디자인(Design for All)'이라는 의미로도 사용된다.

우리 주위에서 흔히 볼 수 있는 유니버설 디자인의 예로는 손아귀 힘이 약한 사람을 위해 과거의 원통형 문손잡이를 레버식으로 바꾼 것이나, 휠체어를 탄 사람이 안전하게 이동할 수 있도록 도로 경계석의 턱을 비스듬하게 낮춘 것 등이 있다.

장애인과 노약자들을 위한 저상버스도 넓은 의미에서의 유니버설 디자인이다. 2000년대 초반, 아직 우리나라에 저상버스 보급이 일반화되기 전에 워싱턴 DC에서 장애인 청소년들과 함께 저상버스를 이용한 적이 있다. 우리 일행 중 휠체어를 사용하는 장애인이 버스에 탑승하고 안전하게 자리를 잡는 동안 불만을 토로하거나 눈치를 주는 사람은 아무도 없었다. 모든 것이 자연스럽고 순조롭다. 불안해하는 건 오히려 우리 일행뿐이었다.

휠체어 장애인이 버스를 타고 자리를 잡는 적지 않은 시간 동안 이들이 보여 준 자연스러움은 누구에게도 불안감이나 죄책감을 불러오지 않는다. 저상버스를 사용하는 장애인과 비장애인 모두 저상버스의 존재 이유에 대해 충분히 공감했기에 가능한 일이다.

우리나라였다면 어떠했을까? 바쁜 출근 시간에 리프트를 내리고 탑승 완료까지, 태연하게 기다려 줄 마음의 여유가 있을까? 소위 '선진국 타령'을 하려는 것이 아니다. 우리나라도 이젠 충분히 선진국 대열에 들어섰고, 과거처럼 특정 선진국 사례를 들먹일 이유 또한 없기 때문이다.

게다가 대한민국의 지하철과 버스 등 대중교통 시스템은 뉴욕이나 런던 파리 등 소위 서구 선진국보다 훨씬 낫다는 평가가 지배적이다. 관건은 시설을 따라가지 못하는 의식이다.

"저게 다 세금 낭비야."

장애인용 엘리베이터 설치공사를 지켜보던 한 노인이 툭하고 내던진 말이다. 하지만 정작 장애인용 엘리베이터의 주 이용자는 거동이 불편한 고령자들이나 유아차 이용자, 임산부 등 이른바 사회적 이동

약자들이다. 세금 낭비라고 불평하던 그 할아버지도 수시로 이 시설을 이용했을 가능성이 크다.

1998년 중증 뇌병변 장애인 이규식 씨가 지하철 리프트를 이용하다 휠체어가 추락하는 사고가 발생한다. 서울교통공사는 '리프트엔 문제가 없으며 사고는 개인의 책임'이라 주장했지만, 대책위원회를 꾸리고 1년 넘게 손해배상 소송을 진행한 장애인 단체 노들 야학의 싸움 끝에 법원은 이규식 씨의 손을 들어줬다. 이 법정 싸움을 계기로 1999년 전국 최초로 양방향 엘리베이터가 서울지하철 4호선 혜화역에 설치됐다.

그리고 다시 2001년, 서울지하철 4호선 오이도역에서 장애인용 리프트가 추락해 탑승하고 있던 장애인이 사망하는 사건을 계기로 '장애인 이동권 투쟁'이 본격적으로 시작됐다. 사실 '이동권'이라는 말은 그 이전에는 사용되지 않던 표현이다. 장애인의 이동권이 비장애인의 일반적인 이동과 거주 이전의 자유와 다를 것이 없지만, 장애인들이 주장하는 이동권을 장애인의 '특권'으로 인식하는 경향이 있다.

그러나 이러한 생각은 합리적인 것일까?

장애인복지법의 공중편의시설 관련 조항도 국가가 장애인이 원활히 이동할 수 있도록 '노력'하라는 내용을 담고 있을 뿐이다. 장애인의 이동 문제를 '있으면 좋고' 없어도 '어쩔 수 없다'라는 생각, 즉 선행이나 시혜 혹은 복지적 관점에서만 바라보는 이유이기도 하다. 하지만 장애인의 이동권 문제와 관련된 패러다임은 기존의 이러한 생각들을 단호히 거부한다. 다시 말해 일방적인 시혜가 아니라 당연한 권리로 인식하기 시작한 것이다. "계단과 횡단보도를 건널 수 있도록 도와주세요"가 아니라 "나를 계단과 횡단보도의 턱에 더 이상 묶어 두지 말라"로, 단순히 "장애인 시설을 확대하라"가 아니라 "더 이상 집 안에 가두어 두지 말라"라는 외침의 변화는 가히 코페르니쿠스적 전환에 가깝다.[2]

그리고 이 혁명적 사고의 변화 가운데서도 여전히 변하지 않는 가치와 기본권이 있다. 먹고 자고 숨 쉬는 인간의 가장 기본적이면서도 생리적인 욕구가 여기에 포함된다. 화장실을 참는 것이 숨 참는 것보다는 낫다고 말하는 사람은 임계점을 넘어 실제로 '지려 본' 경험이 없을 것이다. 한두 번 있다 하더라도 이런 난감한 상황을 매 순간 겪어야 하는 장애인들의 입장을 제대로 공감하기는 쉽지 않을 것이다.

김원영 변호사는 장애인들이 일상적으로 겪는 이런 지옥과 같은 고통을 '오줌권'이라는 말로 대신한다. 물론 이동권이라는 말처럼 '오줌권'이라는 표현도 공식적인 법적 용어가 아니며 비장애인이 일상적으로 마주하는 절박감과도 거리가 있다. 이유는 간단하다. 비장애인들은 '지릴 만큼' 힘든 임계점에 다다르면 어딘가에서든 해결할 수 있는 나름의 방법이 존재하기 때문이다.

하지만 장애인의 경우라면 완전히 다른 이야기다. 최근에는 공공건물을 중심으로 장애인용 화장실이 많이 보급되고 있지만, 멀지 않은 과거에는 장애인을 위한 화장실은 꿈에도 그리지 못하는 '사치'였다.

김원영의 책 『실격당한 자들을 위한 변론』에는 1984년 당시 서른네 살의 지체 장애인 김순석 씨가 서울 시장 앞으로 유서를 남기고 자살한 사연을 소개하고 있다. 김순석은 유서를 통해 '도대체 움직일 수 있는 공간을 만들어 주지 않는 서울의 거리'에서 겪어야 하는 참담함을 토로하고, "저 같은 사람들이 드나들 수 있는 화장실은 어디 한 군데라도 마련해 주었습니까"라며 기초적인 욕구조차 해결하기 힘든 장애인의 현실을 절절하게 고발했다.

아내와 다섯 살 자녀를 둔 한 집안의 가장이었던 김순석은 가족을 부양하기 위해 하루 종일 남대문 일대를 돌아다니며 머리핀과 반지 목걸이 등의 액세서리를 팔았다. 그리고 화장실을 가고 싶을 때마다, 끝이 보이지 않는 절망과 모욕감을 느꼈다.

그의 말처럼 세상의 멸시와 욕설은 어떻게든 견뎌 냈지만, 인간으로서의 존엄이 무너지는 순간, 그가 느끼는 모욕감은 감당하기 힘든 쓰나미가 되어 모든 것을 쓸어가 버렸다.

오줌 누기. 누군가에겐 '누가 더 멀리 보내는가'처럼 하나의 놀이도 될 수 있는 이 기초적인 인간의 욕구가 장애인들에겐 해결해야 할 커다란 과제일 수도 있는 것이다. 김원영이 말한 오줌권, 그러니까 '오줌을 눌 수 있는 권리'는 단순한 인간 배설 욕구의 해소가 아니라, 타인 앞에서 바지 앞섶을 적셔 가며 실례하지 않을, 그리고 화장실을 찾아 절절매며 헤매는 난감함으로부터 해방될 수 있는, 인간으로서 가져야 할 '진짜' 권리 중의 권리인 것이다.

2023년 기준, 설치율 94%에 이르는 서울지하철 역사 내 엘리베이터는 이러한 장애인들의 사고와 죽음 그리고 그에 따른 지난한 투쟁의 결과이다. 장애인들이 거리로 나와 도로를 점거하고 지하철 선로에 휠체어를 묶어 전동차를 세웠을 때 사람들은 비난과 함께 욕설을 퍼붓는다.

평소 장애인들의 주장에 우호적인 입장이었던 사람들도 장애인들의 이동권 시위로 지하철이 서거나 무정차 통과하면서 자신들이 직접 곤란한 상황에 처하게 되면 '해도 너무한다'라며 인상을 찌푸린다.

전장연 관련 보도에 달리는 수많은 댓글들은 좀 더 노골적인 공격을 감행하곤 한다. "있던 지원금도 다 뺏어라", "그만 좀 징징대라", "우리(비장애인) 세금을 왜 너희(장애인)한테 써야 하느냐", 장애인들이 '충분한 혜택'에 만족하지 못하고 '징징댄다'며 비난이 쏟아진다.

universal과 비슷한 의미로 general이란 단어를 사용하기도 한다. 통상 '일반적인'으로 해석되는 두 단어에는 공통점도 있지만 근본적인 차이도 있다. 제너럴이 일반성의 '확장'이라면, 유니버설은 일반성의 '수렴'에 가깝다.

이해를 돕기 위해 쉬운 예를 들어 보자. 손오공이 자신의 털을 뽑아 '후'하고 불면 똑같이 생긴 여러 명의 손오공이 나타난다. 그리고 싸움이 끝나면 다시 원래 '하나'의 손오공으로 돌아온다.

전자가 제너럴이고, 후자가 유니버설이다.

80년대 초반까지 집 안에 컬러 TV를 소유하고 있는 집안은 흔치 않았지만, 지금은 어느 가정에서나 쉽게 볼 수 있게 됐는데, 이럴 때는 보편적(general) 보급이라 말한다. 반면에 장애인 화장실이나 교통약자를 위한 이용 시설들은 전화나 냉장고처럼 우리 주변에 '보편적인' 시설로 자리 잡지는 못했지만 '누구나' 편리하게 사용할 수 있는 시설이라는 사실에서 우리는 '하나로 수렴되는(uni-versal)' 유니버설의 기본 정신과 다시 조우(遭遇)하게 된다.

 허리를 편안하게 받쳐 주는 럼버 서포트, 체형과 자세에 맞게 높이 조절이 가능한 헤드 레스트, 잡고 일어나기 쉬운 구조의 팔걸이, 어두운 곳에서 낙상 방지를 위한 자동 조명 장치 등은 현재 사용되고 있는 어르신을 위한 유니버설 가구의 몇 가지 사례들이다. 하지만 '어르신을 위한'이란 제한적인 표현은 굳이 필요 없을지도 모른다.

 왜냐하면 이러한 디자인과 기능들은 남녀노소, 장애와 비장애, 그리고 어른과 아이를 구분하지 않은 인간 배려의 보편적 정신을 포함하고 있기 때문이다.

 당신이 편하면 나도 편하고, 내가 편하면 당신도 편한 것.
 유니버설의 정신은 생각보다 어렵지 않다.

경계를 넘는
훈련

몇 해 전 방송국 논술시험 채점관으로 참여한 적이 있다. 당시 논술의 제목이 알파벳 'B'였던 것으로 기억하는데, 기존의 정형화된 논술 제목과는 사뭇 다르고 특이해서 이른바 언론고시 준비생들 사이에서도 이런저런 화제가 됐었다.

대충 예상이 되겠지만, '혈액형 B'에서부터 'B학점', 'B급 문화'에 이르기까지, 알파벳 B로 작성할 수 있는 가능한 모든 이야기들이 쏟아져 나왔다. 비슷비슷한 내용들의 반복에 피로감이 몰려올 때쯤, 눈에 확 들어오는 스토리가 하나 있었다. 전체적인 내용만을 요약하면 대충 이렇다.

어느 날 외계인의 지구 침공이 시작된다. 지구를 점령한 외계인은 지구인들을 향해 "자신이 A급 인간이라고 생각하면 A구역으로, 자신이 'B급 인간'이라고 생각하면 B구역으로 이동하라"고 명령한다. 자,

지금부터 지구인들의 고민이 시작된다.

"아무리 외계인이라 해도 B보다는 A가 낫다고 생각할 거야"라고 판단한 사람들은 A구역을 선택해 이동을 시작했고 "A가 B보다 좋다고 생각하는 건 어디까지나 지구인의 생각이지. B에 좀 더 특별한 의미가 있을 거야"라고 생각한 사람들은 B구역을 선택해 이동한다. 모든 선택이 끝나자 외계인이 지구인들을 향해 근엄한 표정으로 말한다.

"A구역 사람은 B구역으로, B구역 사람들은 A구역으로 이동한다. 이상."

물론 허무한 결말일 수도 있다. 하지만 무릎을 '탁' 치게 만드는 통쾌한 반전 또한 숨어 있다는 생각이 들었다. 이 논술을 쓴 당사자의 최종 합격 여부는 확인할 수 없지만, 꼭 PD가 아니더라도 앞으로 좋은 글쟁이가 될 가능성은 충분하다고 생각한다.

인간은 끊임없이 나누고 분류한다. 습관이 아니라 본능에 가깝다. 스스로를 'A급 인간'이라고 생각한 사람들도 곧 또 다른 A급과 B급으로 나눠질 것이고, B급 인간이라고 생각한 사람들도 다시 여러 갈래의 등급과 부류로 나눠지게 될 것이다.

최하층 노예 가운데서도 자기들끼리의 우두머리가 있고 막내의 막내, 그 막내의 '시다바리'에 이르기까지 복잡한 서열이 존재한다. 지역으로 나누고 성씨로 나누며 성별로 나누고 이런저런 부류로 나누고 또 나눈다.

그래서 외계인의 명령은 인간의 분류 지향적 사고에 대한 완전한 전복(顚覆)이다.

허탈하지만 일견 통쾌하다.

인간의 분류 방식은 '빅 소트(Big Sort)' 즉 대분류가 끝나면 '스몰 소트(Small Sort)'를 통해 더 세밀한 분류 작업을 거친다. 이 과정을 거치고 나면 마음에 맞는 사람들하고 무리를 지으며 동시에 특정 집단에 스스로를 가두게 된다. 그 마지막 단계가 바로 '우리'와 '그들'이다.

영장류 연구가인 프란츠 드 발(Frantz de Waal)은 침팬지도 인간들처럼 사회적으로 구성되는 '우리/그들'의 구분이 존재한다고 말한다. 드 발의 주장에 따르면 수컷 침팬지들은 우호적인 무리와 적대적인 무리로 나누어 서로가 공격적인 위협을 가한다고 한다. 심지어 '우리' 무리가 공격당하면 집단으로 보복 공격을 감행하기도 한다. 하지만 침팬지의 무리 지음이 인간 세계의 무리 지음과 근본적으로 다른 것은 '우리/그들'의 경계가 확정적이지 않고 나름의 유연성이 있다는 점이다.

우리 사회처럼 극심한 정치적 양극화 사회에서는 정서적 양극화도 심화가 된다. 애플의 통계분석가인 입타치 렐케스(Yptach Lelkes)는 심지어 한 쟁점에 관해 실제로 상대 정파와 의견이 거의 다르지 않을 때조차, 당파적 적대감은 상대편에 대한 부정적 감정을 불러일으킬 수 있다고 말한다. 이러한 현상은 여러 정당에 걸친 이른바 '교체 정체성'을 부정하거나 파괴한다. 예를 들어 미국에서 공화당원이지만 여성의 낙태 권리에 대해서는 긍정적일 수 있고, 민주 당원이지만 국경 문제 개방에 있어서는 부정적일 수도 있다는 이야기다. 하지만 당파적 분노는 이런 교체 정체성을 허용치 않는다.

'교체 정체성'을 날것의 표현으로 '양다리', '회색분자'라고 한다면, 우리 사회처럼 극단적인 양극화 사회는 양다리의 애매한 무정체성보다 이것 아니면 저것의 극단적인 선택을 강요한다. 스페인 내전에 의용군으로 참전했던 조지 오웰은 그의 저서 『카탈로니아 찬가』에서 인민전선 내부의 만화경 같은 정당과 분열된 노동조합들에 짜증과 함께 화가 났다고 말한다. P.S.U.C, P.O.U.M, F.A.I, C.N.T. U.G.T, J.C.I, J.S.U, A.I.T.…

조지 오웰이 말한 '만화경' 같은 정당과 노동조합의 몇 가지 예이다. 오죽하면 조지 오웰이 스페인은 내전(內戰)이 아니라 '머리글자 전염병'을 앓고 있다고 생각했을 정도였을까. 실제로 인민전선 정부의 정당들 가운데는 공산주의자, 사회주의자, 무정부주의자, 생디칼리스트 등으로 나뉘어져 있었고, 여기에 다시 '온건'과 '극좌', '극우'라는 수식어가 붙으면, 그 분파는 기하급수적으로 불어난다. 파시스트에 맞서 싸운 용감한 전사이자 노동자이고 혁명가들이지만, 이들의 분열은 파시스트 프랑코의 '단일한' 욕망을 막아 내지는 못했다. 오늘날 스페인 내전의 패배 요인으로 좌파 공화정부의 과도한 자기 분열을 첫 번째로 꼽은 이유이다.

LGBT는 여성 동성애를 가리키는 레즈비언(Lesbian), 남성 동성애를 가리키는 게이(Gay), 남녀 모두에게 성적 매력을 느끼는 바이 섹슈얼(Bisexual), 출생 시 성과 사회적으로 생활하는 성이 다른 트랜스젠더(Transgender)를 통칭해서 부르는 단어다.

최근에는 성 정체성을 고민하는 사람인 퀘스쳐닝(Questioning) 혹은 성소수자 모두를 포괄하는 단어인 퀴어(Queer)를 뜻하는 Q가 더

해져 LGBTQ로 확장돼 불리기도 한다. 마치 기차놀이처럼 이어지는 '분류 게임'과 함께 앞으로 또 어떤 단어의 약자가 붙을지 궁금하다.

나는 솔직히 최근 유행하는 MBTI에 대해 잘 알지 못한다. 최근 "아빠도 T야?"라는 아들 녀석의 갑작스러운 질문을 제대로 이해하지 못해 어색한 웃음으로 가까스로 때웠지만, 앞으로 또 이런 종류의 질문이 오면 그땐 어떻게 대답해야 할까? 어린 시절, 친구들과 그냥 재미 삼아 풀어 보던 각종 성격 테스트는 귀여운 애교 수준에 불과하다.

과거 X세대는 신세대와 동의어였던 시절이 있었다. 당연히 과거의 X세대는 이제 기성세대가 됐고 현재의 신세대 자리는 밀레니얼 세대라고 하는 MZ가 대체하고 있다. 너무나 당연한 이야기지만, '언젠가는' 현재의 MZ 세대도 구세대로 밀려날 것이다.

문화비평가이자 흑인 여성운동가인 벨 훅스(Bell Hooks)는 백인 중산층 여성 중심의 페미니즘이 노동계급 흑인 여성에 대해 무관심하고 무지했다고 비판하면서 "우리에게 말을 걸지 않고, 우리와 함께 말하지 않으면서 우리에 대해 말하는 사람들이 가장 무섭다"라고 일갈했다. 나를 가장 잘 이해하거나 믿었던 사람 혹은 같은 계급, 같은 부류라고 믿었던 집단으로부터의 배신이 더 큰 상처를 주는 법이다. 하지만 우리가 간과하거나 착각하기 쉬운 사실은, 여성이라는 카테고리 안에서도 흑인 여성과 백인 여성이 나뉘고 노동자 안에서도 정규직과 비정규직으로 나뉜다는 점이다.

인간은 끊임없는 구분 짓기를 통해 개인 혹은 더 나아가 자신이 속한 집단의 정체성을 확보하려고 한다. 그리고 이를 통해 집단의 결속을 강화한다. 자연스러운 일이지만, 다른 집단과의 충돌 또한 불가피하다.

하지만 훅스의 이야기처럼, 말을 나누지도 않고, 말을 나누려 시도조차 하지 않는다면 이 경계는 영원히 사라지지 않을 것이다. 훅스는 이 경계를 지우라고 강요하지 않는다. 훅스가 강조하는 것은 경계를 '넘는' 훈련이다. 그리고 그 훈련은 교육을 통해 이뤄진다. 훅스의 이야기를 좀 더 들어 보자.

나는 경계 너머의 용인되지 않은 세계를 이해할 수 있고, 생각에 생각을 거듭할 수 있으며, 새로운 비전을 창조할 수 있도록 우리 모두에게 정신과 마음을 열라고 설득하며, 경계를 넘을 수 있는 가르침을 세상에 알린다. 경계 넘기는 교육을 자유의 실천으로 이끄는 움직임이다.[3]

그나마 다행인 것은 훅스가 말한 일종의 경계 넘기의 훈련이 곳곳에서 진행되고 있다는 점이다. 우리만큼이나 심각한 사회적 양극화로 사회적 정치적 갈등을 겪고 있는 독일에서는 지난 2017년부터 '독일을 말하다(Deutschland Spricht)'라는 운동이 진행되고 있다. 이 운동은 서로 안면이 없고 정치적 스펙트럼이 반대편에 있는 사람들이 개인적으로 만나 대화를 나누며 오해의 벽을 허무는 프로젝트이다.

이 운동을 처음으로 제안하고 추진한 사람은 독일의 유력 주간지 '디 차이트(Die Zeit)'의 언론인들이었다. 이들은 독일의 정치 현실이 위험 수준의 갈등 국면에 이르렀다고 판단했다. 그리고 언론이 이 갈등 국면의 중재자 역할을 해야 한다고 생각했다.

짝 배정은 정치적 관점이 다르고 거주지가 20킬로미터 반경 이내인 두 사람을 연결하도록 프로그래밍한 알고리즘에 기반해 결정하도록 했다. 예를 들어 이민자 정책에 반대하는 사람들이 망명 신청자들과 한자리에 앉아 대화를 나누거나, 원자력 발전소 건설을 반대하는 사람들이 건설 찬성자들과 커피를 마시고, EU 지지자들이 독일 마르크로 돌아갈 것을 요구하는 사람들과 맥주를 마시며 대화하는 형식으로 진행됐다.

2019년 이스라엘의 예루살렘 포스트(Jerusalem Post)에 'Playing on the same team for a peaceful future'라는 기사와 함께 실린 한 장의 사진도 상징적이다. 신문에는 서로 어깨동무를 하고 밝게 웃고 있는 소년들의 사진이 실려 있다. 이들은 이스라엘과 팔레스타인 지역의 아이들로 구성된 유소년 축구팀이었다.

독일의 '독일을 말한다' 프로젝트나 이스라엘의 혼합 축구팀이 단번에 서로의 오해를 불식하거나 평화를 가져오지는 않을 것이다. 하지만 이런 노력들을 통해 이해와 배려의 근육을 키우는 것이 경계를 건너는 훈련 중 가장 기초적인 과정임을 부인할 수는 없다.

"알파벳 b와 d 사이에는 무엇이 있는가? 무수한 c가 있다." 실존주의 철학자 사르트르의 답변이다. 수학자가 동일한 질문에 답변을 했다면 b와 d 사이에는 무한수가 있다고 답했을 것이고, 조금 더 현학적인 말장난을 해 보자면, 탄생(birth)과 죽음(death) 사이에는 무수한 '선택(choice)'이 있다고 말할 수 있을 것이다.⁴

선(禪)에서 말하는 화두에도 정해진 정답이 없다. 오로지 정답을 구하는 무수한 '과정'만이 있을 뿐이다.

거짓 교육은 경계 안의 '우리'만을 살필 것을 강요하지만, 정작 진정한 교육은 벨 훅스의 말처럼 '경계 너머'를 살피라고 가르친다. 그리고 다소 힘겹지만, 이해의 근육을 키우는 지난한 과정을 통해 당신의 눈꺼풀을 무겁게 짓누르고 있는 무모한 분별의 때를 벗으라고 말한다.

경계의 벽을 너머야 진정한 차이가 보이기 시작할 것이다.

소리로 보는
세상

시각장애인을 대상으로 하는 특집 프로그램을 제작하면서 적지 않은 시각장애인 당사자들을 만나 이야기를 나눌 기회가 있었다. 특히 태어난 지 5개월 만에 망막 색소 변성증으로 세상의 빛을 잃어버린 이창훈이라는 젊은이가 기억에 남는다.

"시각장애인도 꿈을 꾸나요?"라는 다소 결례가 될만한 질문을 던졌을 때, 창훈 씨의 대답이 사뭇 철학적이었기 때문이다.

"네, 시각장애인들도 꿈을 꾸죠. 물론 비시각장애인들이 꿈에서 본다는 영상 같은 것은 없어요. 대부분 소리로 꿈을 꾸니까요. 이해가 되나요? 소리로 꿈을 꾼다는 것이 어떤 의미인지?"

공교롭게도 이 특집을 준비하던 무렵 시각장애가 주요한 소재가 되거나 시각장애인이 주인공으로 등장하는 영화들이 줄줄이 개봉했다.

김하늘이 주연한 〈블라인드〉, 황정민이 맹인 검객으로 열연해서 화제가 된 〈구르믈 버서난 달처럼〉, 역시 시각장애인 자매가 등장하는 스페인 영화 〈줄리아의 눈〉 등등.

하지만 이들 영화 속에 나타난 시각장애인들은 매우 '정형화'된 인물들이다. 이들 시각장애인 주인공들은 앞을 못 보는 대신 다른 감각들이 고도로 발달하는데, 그 기능이 가히 초인적이라는 점이 공통적이다. 하긴 일본 영화 〈맹인 검객 자토이치〉에서는 시각장애인 검객이 떨어지는 낙엽 소리를 듣고 공중의 콩알을 반쪽으로 자르는 장면까지 나온다. 이는 비시각장애인의 시각장애인에 대한 일종의 '판타지'가 절정에 이른 대목이라 할 수 있을 것이다.

하지만 현실은 어떠한가? 우리 주변의 시각장애인들은 대부분 안마사로 취업하거나(물론 안마사도 훌륭한 전문직이다) 기능적으로 제한된, 그래서 뭔가 부족한 사람들로 취급받지 않는가! 시각장애인을 바라보는 우리들의 시선은 이렇듯 '편견'과 '환상' 사이에서 갈피를 잡지 못하며 그 어느 것도 현실의 시각장애인들의 삶을 정확히 반영하고 있지 않다.

시각장애인들이 세상을 인지하는 방식을 이해하는 데는 단순한 감상이 아니라 좀 더 과학적인 접근이 필요했다. 시각장애인들이 세상을 인지하는 방식, 특히 가장 의존도가 높은 소리를 통해 세상과 소통하는 방식을 이해하기 위해서는 무엇보다 다양한 실험 설계가 필요했고 이를 위해 각 분야의 전문가로 구성된 자문위원단이 꾸려졌다. 특수교육과 인지과학, 그리고 시각장애인 전문가들로 구성된 자문위원단은 여러 차례의 회의와 토론 과정을 통해 과학적인 실험 설계를 완성했고, 이에 근거한 다양한 실험들과 인터뷰가 진행됐다.

가장 먼저 드는 궁금증은 시각장애인들이 비시각장애인들보다 소리를 더 잘 듣는다는 생각은 과연 옳은 것일까? 소리를 통해 상대방의 인상착의, 나이와 외모를 맞춘다는 시각장애인의 특별한 능력은 어떻게 설명할 수 있을까?

『오감 프레임』의 저자이자 수년간 시각장애인의 사물인지 방법을 연구해 왔던 미국 캘리포니아 대학교 심리학과 로렌스 로젠블룸(Laurence .D.Rosenblum) 교수의 인터뷰 내용을 먼저 들어 보자.

> 시각장애인이 낙엽 떨어지는 소리까지 들을 수 있을 수 있냐구요? 그건 여러 가지 상황에 따라 달라질 이야기지 시각장애인이냐 아니냐로 구분하는 것은 그리 과학적이지 않은 것 같습니다. 저도 상황에 따라 낙엽이 떨어지는 소리를 '느낄' 수 있으니까요. 지금까지 실험을 통해 밝혀진 분명한 사실 하나는, 소리를 인지하는데 시각장애인들과 비시각장애인들의 뇌가 각각 다르게 반응한다는 점입니다.
>
> 인간의 뇌에는 시각을 전담하는 부위가 있는데요, 선천성 시각장애인의 경우, 뇌의 이 부분을 한 번도 사용해 보지 못했을 겁니다. 이럴 경우, 뇌의 시각 담당 부분이 청각과 촉각에 사용하도록 발달할 수 있습니다. 이것은 결국 '적응'의 문제이기도 한데요, 그렇지만 이러한 사실이 시각장애인들이 비시각장애인들보다 월등하게 더 잘 들을 수 있는 특별한 능력이 있다는 것을 의미하지는 않습니다.
>
> 소리를 들을 때 시각장애인들의 뇌가 정안인의 뇌와는 다르게 반응

한다는 사실이 흥미롭다. 이 연구 결과를 뒷받침해 주는 증언을 하나 더 소개한다. 국립장애인도서관 지원센터 소장을 역임했고 그 자신이 시각장애인이기도 한 김영길 선생은 미국 유학 시절 점자를 읽을 때 뇌의 변화를 관찰하는 실험에 참가했다고 한다. 그의 이야기를 들어보자.

점자를 소리 내어 읽으면서 만질 때와 단순히 손가락을 자극할 때, 시각을 관장하는 후두엽은 각각 다르게 반응합니다. 점자를 소리 내어 읽으면서 만질 때 후두엽이 활성화된다는 이야깁니다. 인간의 뇌는 필요한 경우, 청각 자극을 시각 영역에서 처리하는 이른바 뇌 가소성(neuroplastic)이 작동한다는 것을 과학적으로 확인한 것이죠. 신기한 일이지만 우리 뇌는 '소리로 본다'라는 다소 역설적인 표현을 실제로 가능하게 만들고 있는 겁니다.

김영길 선생의 표현처럼, 시각장애인들에게 '소리로 본다'는 개념은 단순히 문학적인 수사(修辭)가 아니라 과학적 개념이자 실존적 의미를 지닌다. 특집 프로그램을 제작하면서 시각장애인 142명을 대상으로 실시한 〈시각장애인 인지 방법 설문조사〉에서도 응답자의 69%는 시각장애인이 정안인(正眼人)에 비해 소리를 더 잘 듣는 것이 아니라 소리에 대한 '집중도'가 높은 것이라고 응답했다.

분명 잘 듣는 것과 소리에 대한 집중도가 높은 것은 다른 의미다. 영화에서 보여 주는 시각장애인들의 놀라운 능력은 영화적 상상력이 더해져 과장된 측면이 있지만, 뇌 가소성이나 적응이라는 과학적 측면과 집중도라는 후천적 측면이 결합된 시각장애인의 인지 방식을 이해하는 작은 실마리를 제공하고 있다.

◇◆◇

태어나면서부터 앞을 못 보는 사람에게 푸른 하늘이나 하얀 뭉게구름 따위의 단어가 갖는 의미는 비시각장애인의 그것과는 완전히 다를 것이다. 색맹인 사람이 '빨강'이라고 인식하며 살던 것이 실은 '빨강'이 아니라고 판단하는 것은, 색맹이 아닌 사람들, 즉 다수의 '비색맹인'이 내린 결론에 불과하다는 점에서 색맹은 '틀린 것'이 아니라 '다른 것'이라고 보는 것이 타당하다.

색 이야기가 나온 김에, 정안인들이 오해하는 시각장애인들의 색감에 대한 설명이 필요해 보인다. 정안인들은 흔히 시각장애인들의 세상을 표현할 때 '칠흑 같은 어둠 속에서'라고 말하는데, 시각장애인 청년 이창훈 씨의 설명에 따르면, 시각장애인에겐 빛과 어둠이라는 개념 자체가 성립하지 않기 때문에 '칠흑 같은 어둠'이란 표현은 이들에게 적절하지 않다. 특히 빛을 전혀 지각하지 못하는 전맹(全盲)의 경우에는 더더욱 그러하다. 그렇다면 시각장애인들은 색깔 자체를 인지하기 어려운 걸까?

똑같은 질문을 시각장애인 시인 손병걸 씨에게 던져 봤다. 돌아온 대답은 역시 시인다웠다.

"저는 빨간색을 뜨거움이라고 느껴요. 그리고 노란색은 따스한 햇살이라고 느끼죠."

시인 손병걸은 색의 이미지를 뜨거움이나 따스함과 같은 '느낌'과 연결해서 이해하고 있었다. 실제로 이런 방식은 일본에서 만난 시각장애인 미술가의 이야기와도 일맥상통하는 부분이 있었다. 이 밖에도 촉각이 아닌 청각, 그러니까 소리와 연결해 색깔을 이해하는 방식도 있다.

다음은 장애복지 전문가인 권인희 박사가 색을 느끼는 방식이다.

저는 색의 이미지와 색감을 소리와 연결해서 이해해요.
예를 들어 볼까요? 먼저 파랑색은… 클래식 음악 같은 느낌이고요, 주황색은 팝의 기타 연주 같아요. 그리고 마지막으로 빨강색은… 피아노 연주 같은 거죠.

물론 모든 시각장애인들이 손병걸 시인이나 권인희 박사와 같은 방식으로 색깔을 인지하는 것은 아니다. 시각장애인도 저시력 장애부터 빛을 전혀 인지하지 못하는 전맹에 이르기까지 다양하고, 태어날 때부터 시각장애인 경우도 있지만 후천적으로 시력을 상실하는 경우도 있다. 또 같은 정도의 시각장애라도 개인적 경험이나 교육, 심지어 개인적 성향에 따라 색깔을 포함한 사물 인지 방식이 다 제각각 다를 수 있다는 이야기다.

그렇다면 개나 고양이가 바라보는 세상, 심지어 뱀이나 박쥐가 바라보는 세상과 인간이 바라보는 세상은 동일할까? 결론부터 말하자면, 생물 종마다 다른 세상만큼이나 같은 종 내에서도 다양한 방식으로 다양한 세계가 존재한다.

하나의 생명체가 죽으면 하나의 세계가 사라지는 것이다.[5]

칸트의 시각에 따르면 우리가 바라보는 그 어떤 사물도 '사물 그 자체'로서 100% 완벽하게 인지될 수는 없다. 태양이 붉다거나 사과가 둥글다고 하는 것은 객관적으로 존재하는 '사과'와 '둥글다는' 우리의 의식이 '마주침'으로 생기는 결과에 불과하다. 굳이 칸트의 철학까지 이해할 필요는 없다. 사람마다 보는 세상이 다르다는 것을 이해하고 인정하는 게 그만큼 중요하다는 뜻이다.

이쯤에서 시각장애인 청년 창훈 씨의 이야기를 되새겨 본다.

"시각장애인도 꿈을 꾸죠. 당신과 다른 방식으로."

'소리로 보는 세상'은 결코 환상 속의 이야기가 아니다.

신데렐라,
이승과 저승의 경계에 서다

어린 시절 옷장은 숨어 있기 좋은 은폐의 공간인 동시에 다른 세상과 연결된 나만의 비밀 통로였다. 퀴퀴한 옷 냄새와 묘하게 섞인 나프탈렌 냄새, 그리고 한없이 빨려 들어갈 것 같은 어둠의 공간은 공포와 함께 무한의 호기심을 자극하기에 충분했다.

C.S 루이스의 원작 소설을 바탕으로 한 판타지 영화 〈나니아 연대기〉의 부제가 '사자, 마녀, 그리고 옷장(The Lion, The Witch and The Wardrobe)'이란 사실은 결코 우연이 아니다. 〈나니아 연대기〉는 2차 세계대전 중, 전쟁을 피해 먼 친척 집에 맡겨진 네 남매가 어느 날 우연히 발견한 마법의 옷장을 통해 환상의 나라로 들어가서 모험을 펼치는 이야기다.

어린 시절 자주 드나들던 외갓집에도 〈나니아 연대기〉의 마법의 문과 같은 공간이 하나 더 있었다. 마루 밑으로 깊숙이 패이고 검게 그

을린 형상이 마치 괴물이 아가리를 벌리고 있는 모습과 비슷했던 오래된 아궁이다. 낮에는 좋은 놀이터가 됐지만, 밤에는 괴물이 튀어나올 것 같은 공포심 때문에 절대 그 근처에는 가지 않았다.

이유는 잘 모르겠지만, 종종 막내 이모가 그 아궁이에 쪼그리고 앉아 울고 있던 모습도 기억난다. 어린 마음이지만 숨어 울기에 참 좋은 장소라는 엉뚱한 생각도 들었다. 그리고 한참 시간이 지나 어른이 됐을 때, 그 아궁이에 쪼그려 앉아 울던 또 다른 소녀를 발견했다. 바로 '재투성이 소녀' 신데렐라다.

우리가 잘 알고 있는 신데렐라 이야기는 프랑스 루이 14세의 궁정 시인으로 활약하던 샤를 페로(Charles Perrault)가 1695년 발행한 동화집에서 나온 것이다. 그러나 페로 판(板) 이전부터 서구에는 다양한 형태의 신데렐라 이야기가 전해 내려왔고, 유라시아 대륙의 거의 모든 지역에서 다양한 변형이 이루어진 또 다른 형태의 이야기들이 전승돼 왔다. 우리나라의 대표적인 전래동화인 콩쥐팥쥐 이야기도 예외는 아니다.

프랑스에서 신데렐라는 '상드리용'이라고 불리는데, 이는 '재투성이'라는 의미이다. 이 이름은 단순히 더러운 부엌일을 해야 하는 소녀의 안타까운 처지를 의미할 뿐만 아니라 재가 있는 장소, 즉 아궁이라는 상징적이고 신화적인 장소와 깊은 관계가 있음을 의미하기도 한다.

그렇다면 아궁이는 어떻게 동서양을 넘나들며 신화적 의미를 획득했을까?

상드리용에는 우리가 익히 알고 있는 바와 같이 못된 계모와 역시 괴팍한 성격을 가진 계모의 딸들이 등장한다. 그리고 역시 우리가 알고 있는 내용과 동일한 줄거리가 전개된다. 왕실에서 열리는 파티, 파티에 못 가고 남겨진 가여운 소녀, 그리고 소녀 앞에 나타난 요정, 요정의 도움으로 호박은 마차로 변하고, 시궁쥐는 마부로, 도마뱀은 하인으로 변하는 놀라운 마법이 펼쳐진다.

고된 일을 도맡아 하던 상드리용은 종종 굴뚝이 있는 부엌 구석에 쪼그리고 앉아 아궁이에서 타다 남은 불이나 재로 몸을 녹이곤 했다. 그래서 그녀는 '큐상드롱', 즉 '재투성이 엉덩이의 아이'라는 별명을 얻게 된 것이다.

신데렐라와 같은 주인공들이 아궁이로 내몰린 상황은 바로 삶과 죽음의 경계에 가까이 접근했음을 의미한다. '내몰렸다'라는 표현을 썼지만, 사실 이는 매우 역설적인 상황이 아닐 수 없다. 신데렐라가 사회적으로는 매우 불우한 소녀였지만, 신화적 사고의 관점에서 보면 삶과 죽음의 경계에 다가설 수 있는 대단한 특권을 부여받았기 때문이다.

신화와 민화의 가장 중요한 기능은 바로 중개 기능이다. 이 중개 기능을 통해 현실 세계의 불균형은 어느 정도 조정이 이루어진다. 아궁이에서 살던 비천한 소녀와 지위 높은 왕자님의 만남 그리고 이들의 결합은 이런 중개 기능의 완성을 의미한다. 또한 아궁이는 산 자와 죽은 자의 세계를 중개하는 장소이기도 하다. 흔히 아궁이의 불 속에서 요정이나 악령이 튀어나오는 신화나 전설은 지구상 곳곳에서 발견되는데, 이 요정이나 악령은 저승 혹은 지하의 세계 등 '다른 세계'에서 출몰한다는 점에 주목해야 한다.

아궁이는 불을 다루는 곳이고 인류의 문명은 불을 통해 전파 완성됐다는 문명사적 연속성을 생각해 보자. 신화와 민화는 문자에 의해 기록된 것이 아니라, 기억에 의존하기 때문에 시대와 장소에 따라 변형이 이루어지는 것은 불가피한 측면이 있다. 바꾸어 말하면, 신화는 그것이 속한 혹은 관통하는 사회의 현실을 말해 주기도 하지만, 동시에 그 시대의 모순을 해결하려는 의도에 맞춰 스스로 변형되기도 하는 것이다.

유럽 각지에 전승되는 신데렐라에 관한 민화가 현재 알려진 것만도 450종 이상의 이본(異本)이 존재한다는 점은 이를 방증한다. 우리나라에 전승되는 콩쥐팥쥐도 이 가운데 하나이지만 가장 강력한 인상을 주는 내용은 그림 형제의 독일 민화집에 수록돼 있는 '재를 뒤집어쓴 소녀' 이야기다.

그렇다면 독일 그림 형제의 '재투성이 소녀'는 프랑스 샤를 페로의 '상드리용'과는 어떻게 다를까? 우선 그림 형제의 재투성이 소녀에는 상드리용에는 없는 개암나무가 나온다. 개암나무는 우리가 흔히 헤이즐넛이라고 불리는 열매가 열리는 나무로 켈트족을 비롯한 서구 문명권에서는 떡갈나무와 함께 이승과 저승, 산 자와 죽은 자를 이어 주는 영물(靈物)로 인식돼 왔다. 상드리용과 마찬가지로 왕실 파티에 참석하지 못한 재를 뒤집어쓴 소녀는 개암나무 밑에 있는 어머니의 무덤으로 가 소원을 빈다.

귀여운 개암나무야, 네 줄기를 부르르 떨어 주렴.

그렇게 해서 주위에 금과 은을 떨어뜨려 주렴.

그러자 '작은 새'가 날아와 금실과 은실로 만든 드레스와 구두를 떨어뜨려 준다. 상드리용에서 죽은 엄마를 대신해 요정 대모(代母)가 등장해 도와주듯 이번에는 새가 등장해 위기에 처한 소녀를 도와준다. 이 밖에 대부분의 줄거리가 비슷하지만, 그림 형제 동화의 결말은 매우 잔혹하다.

샤를 페로가 궁정시인으로서 당시의 귀족사회와 왕실의 입맛에 맞게 이야기를 각색했다면, 그림 형제는 당시 독일 민중 사이에 전승되어 오던 민화를 가능하면 현장에서 채집하려고 노력했기 때문에 더 현실에 가깝다는 평가를 받고 있다. 그래서인지, 그림 형제의 신데렐라 이야기는 흔히 '잔혹 동화'라고 불릴 만큼 기존에 알고 있던 환상적이고 동화 같은 신데렐라 이야기의 공식을 과감하게 깨부순다.

페로 판에서는 못된 언니들과 화해하고 행복한 결말을 맞지만, 그림 동화 판에서 이 못된 심술보 언니들은 잔인하고 엽기적인 최후를 맞는다. 구두에 발을 맞추기 위해 발가락과 발뒤꿈치를 자른다든가, 비둘기가 두 언니의 눈을 쪼아 먹었다는 등의 이야기는 모두 그림 형제에 등장하는 이야기다.

사실 마법 지팡이 한 번으로 순식간에 모든 것을 바꾸는 방식은 신화적 사고와는 거리가 있다. 신화적 사고는 중개항 사이의 연속성이라는 논리구조를 가지고 있기 때문이다. 일을 단번에 처리하기엔 마법이 더할 나위 없이 간편해 보이지만, 마법은 결국 논리의 파탄을 초래한다. 이 점이 논리의 완결성을 갖는 신화와 다른 점이다.

'두 사람은 오래오래 행복하게 잘 살았다'는 해피엔드는 민화의 전형적인 결말이다. 하지만 이러한 결말은 행복한 결혼으로 논리를 정지시키지만, 신화는 비극적 파탄이라도 중개성과 논리적 완결성의 두 마리 토끼를 포기하지 않는다.⁶

우리에겐 익숙지 않지만, 포르투갈에도 '아궁이 고양이'라는 이야기가 전해진다. 포르투갈판 신데렐라의 흥미로운 점은 '아궁이 고양이'라고 불리는 소녀가 수중세계에 속하는 존재인 황금빛 물고기와 결혼한다는 점이다. 황금빛 물고기는 우물 밑바닥에 살고 있는데, 우물 밑바닥은 수중세계로 들어가는 입구로 그곳에 사는 황금빛 물고기와 결혼한다는 것은 곧, '다른 세계'와의 연결을 의미한다.

여기서 말하는 '다른 세계'가 저승이나 망자의 세계를 의미할 수도 있지만 '족외혼(族外婚)'을 의미한다는 해석도 있다는 점이 흥미롭다. 우리 전통 신앙에도 부엌을 관장하는 신인 조왕신을 모시는 조왕신앙(竈王信仰)이 있다. 조왕신앙은 부엌의 불씨를 신앙하는 화신신앙(火神信仰)의 하나로 한반도 전역에 고루 분포돼 있다. 강원도 화전민촌처럼 부뚜막에 불씨를 보호하는 곳을 따로 만들어 이를 '화투' 혹은 '화티'라 부르기도 한다. 모시는 형태만 다를 뿐 '불씨'를 소중히 여기고 이를 숭배한 흔적은 이처럼 곳곳에서 발견된다.

부엌은 물과 불을 이용해 음식을 만드는 곳이고, 특히 불을 이용해 정화(淨化)의 작용을 하는 상징적인 곳이다. 불을 이용해 부엌에서 만든 음식은 산자의 양식인 동시에 죽은 자를 위한 제사 음식이 될 수 있다는 점에서 역시 산 자와 죽은 자의 소통이 이뤄진다.

인간 세계에서 가장 중요하지만 동시에 가장 어려운 일은 망자와의 사이에 통로를 여는 것이다. 죽은 자는 말이 없고, 산자는 망자의 세계에 접근하기 어렵기 때문이다.

신화는 이런 단절을 극복하는 유일한 방편이자 아포리아이다.

집 안에 아궁이가 없다면 지금 당장 장롱문을 열고 어린 시절 꿈꾸던 미지의 세계로 떠나 보는 것은 어떨까. 누가 아는가. 천재 수학자 칸토어가 장롱 속 거울에 비친 모습을 통해 무한의 세계를 발견했듯이 우리가 알지 못하는 또 다른 세계의 문이 열릴지 말이다.

혼혈과 순혈의
변증법

~~~

'국제결혼'이란 말은 메이지 시대 일본에서 처음 사용됐다. 물론 메이지유신 훨씬 이전부터 국가와 인종을 초월한 다양한 '국제' 결혼이 이뤄졌다는 점을 감안하면 당시 일본에서 국제결혼이 갖는 의미가 남달랐다고 해석할 수 있겠다.

실제로 1870년대 후반부터 일본 지성계를 풍미했던 서구 중심적 사회진화론에서는 체구가 왜소한 일본인들의 인종적 '개량'을 위해서 서양의 '우등한' 인자를 받아들여서 피를 섞어야 한다는 주장이 공공연하게 제기됐다. 일본의 대표적인 근대 개혁론자인 후쿠자와 유키치의 제자였던 다카하시 요시오는 1885년 『일본인종개량론』을 통해 서구인과의 국제결혼을 장려하며 '새로운 일본'을 만들 것을 강력하게 주장했다.

조금 오래전 일이긴 하지만 조선에 상업활동을 위해 부산과 동래

등에 설치된 왜관(倭館)에 거주하던 일본인들에게는 조선 기생의 접근마저도 허락되지 않았다. 조선의 관리들이 이를 극도로 꺼렸기 때문이다. 이를 어긴 자들은 추방이나 극형을 각오해야 했다. 왜인들이 유일하게 타지 조선에서 외로움을 달랠 수 있었던 대상은 고국 일본에서 가져온 청주(淸酒)뿐이었다.

그렇다면 개화기 조선의 상황은 어떠했을까? 국가적 차원의 개혁을 추진하는 일본과 달리 조선에서는 극소수의 개화파 선각자들만이 국제결혼을 옹호했을 뿐 대다수의 지식인들은 국제결혼을 '잡혼' 내지 망국적 문란행위로 보았다. 개화의 선구자였던 서재필과 이승만이 미국인 여성과 결혼하고, 역시 개화사상을 강조하던 윤치호가 중국인 여성 마애방(馬愛芳)과 결혼한 것은 당시로서는 극히 예외적인 일이었다.

> 외국인과 결혼하여 자손을 낳으면 종족의 경계도 모호해질 것이며, 국가의 경계도 모호해질 것이고, 애국 관념도 어느 나라에 대해서 생기겠는가? (중략)
> 유학 가는 사람 중에서 외국 여성을 데려오는 사람이 더러 있는데, 외국 여성과 결혼하는 날은 바로 애국심을 죽이는 날이 아니겠는가?[7]

기독교적 색채가 강하고 상대적으로 신문화에 우호적이던 「대한매일신보」의 1909년 1월10일 자 사설 내용만 보더라도, 국제결혼에 대한 불편한 시선이 확실히 드러나고 있다. 1916년 발행된 신채호의 소설 『꿈하늘』에서는 불편한 정도가 아니라, 아예 분노의 수준에 이른다.

"적국 일본의 놈, 연들에게 시집가거나 장가들면, 지옥에서 불 칼로 그 반신(半身)을 끊어 버린다"라고 격한 어조로 국제결혼, 특히 일본인과의 결혼을 맹비난하고 있으니 말이다. 왕실이라고 예외는 아니었다. 고종의 일곱째 아들로 황태자에 책봉된 영친왕(英親王)의 배필로 메이지 천황의 조카딸 마사코(후일 이방자 여사)가 낙점됐을 때도 민심은 들끓었다. 1920년 5월 8일 자 「독립신문」에는 "금일부터 영친왕으로 존칭하기를 폐하리라. 이은(영친왕)은 부모도 없고 나라도 없는 금수(禽獸)일 뿐이다"라는 분노의 글이 담겨 있다.

일제의 침략적 저의가 노골화되고 1910년 합방으로 인한 반일 감정이 극에 달한 시점임을 감안하더라도, 국제결혼 자체에 대한 반감의 정도를 실감할 수 있다. 반대로 합방의 정당성을 위해 내선일체(內鮮一體)를 강조하던 일본은 조선인과 일본인의 결혼에 대해 상대적으로 관대한 편이었다.

순결(純潔)에서 순(純)은 순수함을 뜻하고 결(潔)은 깨끗함을 뜻한다. 그러니까 순결은 순수하고 깨끗한 것이다. 그리고 순결을 사전에 찾아보면 다음과 같이 정의돼 있다.

1. 잡된 것이 섞이지 아니하고 깨끗함
2. 마음에 사욕(私慾), 사념(邪念) 따위와 같은 더러움이 없이 깨끗함
3. 이성과의 육체관계가 없음

특히 순결의 첫 번째 정의에서 볼 수 있듯이 '잡것'과 섞이면 순결

을 잃게 되는 것이다. 뒤집어 말하면 이방인 혹은 이민족과 피가 섞이는 혼혈은 '더럽혀진 피'로 순결의 반대말인 불결(不潔)과 동의어가 된다. 당연히 모욕과 조롱의 대상이 된다.

우리말에 '화냥년'이라는 말은 이 '더럽혀진 피'를 상징하는 대표적인 표현이다. '화냥'이라는 말은 병자호란 때 만주족의 청나라가 조선을 침입하여 여인네를 겁탈하고 '음탕한 계집'을 뜻하는 만주어 '하얀(hayan)'이라 부른 데서 유래했다는 설도 있고, 역시 병자호란 후 청나라로 끌려간 조선 여인들이 오랑캐들에게 만신창이로 몸이 더럽혀진 후 '고향으로 돌아왔다'라는, 다시 말해 환향(還鄕)했다는 말에서 유래했다는 두 가지 설이 있다. 그 무엇이 되었든 피해 여성에 대한 이런 폭력적 시선과 언어들은 순수와 순결을 내세운 남성들의 또 다른 폭력성을 반영하고 있다.

먹는 것부터 시작해서 생명을 유지하고 종족을 번식시키는 생식(生殖) 행위, 그리고 문화를 창조하는 모든 활동에 이르기까지 이 모든 과정은 '섞임'의 연속이다. 따라서 아무것도 섞이지 않는 절대적 순수란 환상이거나 명백한 거짓이다.

하지만 피의 섞임, 즉 혼혈(인)을 바라보는 우리의 시선은 냉혹한 동시에 이중적이다. 지금은 거의 사라졌지만, 과거 혼혈인을 부를 때 사용하던 '트기' 혹은 '튀기'라는 말에는 이러한 지독한 편견과 이중성이 깔려 있다. 실제로 '잡종'의 순수 우리말인 튀기를 사전에 찾아보면 다음과 같은 세 가지 의미로 풀이돼 있음을 알 수 있다.

1. 종(種)이 다른 두 동물 사이에서 난 새끼

2. 수탕나귀와 암소 사이에서 난 동물

3. 혈종이 다른 종족 간에 태어난 아이

이처럼 튀기의 사전적 의미를 추적해 보면 동물에서 사람으로 점차 확대된 것임을 알 수 있다. 다시 말해 잡종이나 튀기라는 말에는 혼혈인을 인격적 개체가 아닌 불순한 이종 결합의 부산물 정도로 여기는 사고가 그대로 반영돼 있다.

실제로 18세기 문헌인 이덕무의 『청장관전서(靑莊館全書)』에는 '馬父牛母曰특 牛父馬母亦曰특'이라는 문구가 있는데, 이는 '수말과 암말 사이에서 태어난 것을 '특'이라 하고, 수소와 암말 사이에서 태어난 것을 역시 '특'이라고 한다'로 풀이 된다. 훗날 '특'이란 단어에 접미사 '-이'가 결합 돼 오늘날 '특이' 즉 '트기' 혹은 '튀기'가 된 것이다.

그러니까 적어도 18세기까지는 '특(트기)'이라는 단어가 인간이 아닌 동물에게만 사용됐다는 사실을 확인할 수 있다. 동물에게나 적용되던 순종/잡종의 개념이 인간에게 확장된 것은, 앞서 살펴본 바와 같이 순혈주의라는 신화적 사고의 확장에서 비롯된다.

전통적으로 우리말에서 '잡(雜)-'으로 시작하는 단어들, 예를 들어 '잡놈', '잡상인', '잡담', '잡생각', '잡초', '잡티' 등의 예에서 알 수 있듯이 대부분 부정적 의미를 지니는데, 이것은 순혈주의라는 신화적 사고가 언어를 통해 자연스럽게 드러나는 것이다. 잡(雜)은 글자 그대로 이것저것 섞인 것 혹은 그 상태를 말하는 것으로, 순수하지 못하고 불순한 것이고 그 불순한 것은 자연스레 혐오의 대상이 된다.

고대 팔레스타인 땅은 크게 북쪽의 갈릴리 지방과 가운데의 사마리아 그리고 남쪽의 유다 지역으로 나뉜다. 우리가 잘 아는 바와 같이 예수님은 북쪽 갈릴리의 나사렛 출신이다. 특이한 것은 바로 사마리아 지역이다. 이곳은 예부터 가운데 끼어 있음에도 불구하고 갈릴리와 유다 양 지역으로부터 이방인 취급을 당했다. 특히 BC 721년 아시리아가 팔레스타인을 침략하면서 이스라엘의 순혈주의를 파괴할 목적으로 수만 명의 아시리아인들을 이곳으로 이주시켰는데, 이들 지역 가운데 특히 사마리아 출신과의 사이에 많은 혼혈을 낳았다.

이후, 갈릴리와 유다 지역 사람들은 피가 섞인 혼혈 사마리아인들을 경멸하기 시작했다. 물론 사마리아인들이라고 가만히 있을 리가 있겠는가. 이들도 반발심에 자신들만의 성전을 따로 세우는 등 두 지역과의 갈등이 깊어 갔다.

하지만 중남미 문화처럼 이방인과의 피의 섞임을 숙명으로 받아들이는 문화도 있다. 우선 스페인 본토에서 넘어온 백인과 원주민 사이에 태어난 혼혈을 '메스티소(Mestizo)'라고 한다. 그리고 백인과 흑인 사이에 태어난 혼혈을 '물라토(Mulato)', 원주민과 흑인 사이에 태어난 혼혈을 '삼보(Zambo)'라고 분류한다. 여기까지는 시작에 불과하다. 메스티소와 물라토가 섞이거나 메스티소와 삼보가 섞이고 물라토와 삼보가 섞이는 등 뒤로 갈수록 경계는 더 희미해지고 혼합성은 더욱 강렬해진다. 쿠바의 독립 영웅 호세 마르티(Jose Marti)는 '메소아메리카의 본질은 혼혈이다'라고 정의할 정도이다.

이처럼 이베리아반도에서 넘어온 스페인과 포르투갈 제국의 침략자들이 짓밟고 유린한 것은 중남미 원주민들의 땅과 금, 구리 같은 자원이 전부가 아니었다. 어쩌면 이들 침탈자들이 남긴 가장 슬픈 유산은 강간으로 잉태된 모성(母性)일지 모른다.

폭력의 결과물로 생겨난 생명의 씨앗. 멕시코의 시인이자 국민 작가로 불리는 옥타비오 빠스(Otavio Paz)는 이렇게 짓밟힌 원주민 여성들을 '칭가다(chingada)'라고 부르며 『멕시코의 세 얼굴』이라는 작품에서 다음과 같은 말을 남긴다.

칭가다는 강제로 조롱당하고 유린당한 어머니를 뜻한다. 칭가다의 자식이라고 하면, 강간이나 조롱으로부터 출발한 것을 말한다. 멕시코에서는 억지로 강요된 강간으로 인한 자식이라는 뜻이다.

말린체는 정복자 스페인 백인 남성과 결혼한 최초의 메소아메리카 원주민 여성으로 거론되는 이름이다. 하지만 이들의 결합은 엄밀히 말해 결혼이라는 합법적 형식이 아니라 약탈과 겁탈이라는 반문명적인 폭력에서 비롯된 관계다. 말린체는 타바스코의 마야족이 정복자 코르테스에게 진상한 20명의 원주민 처녀 중 한 명이었는데, 코르테스의 옆에 머물며 스페인 원정대가 아즈텍 제국과의 싸움에서 승리를 거두는 데 결정적인 공로를 세운 인물이기도 하다.

원주민의 입장에서만 보면, 말린체는 코르테스의 눈과 귀가 되어 조국을 이방인에게 팔아먹은 배신자이지만, 그녀는 메소아메리카에서 메스티조라는 혼혈의 씨앗을 뿌린 최초의 여성이기도 하다.

아시아나 아프리카 대륙도 서양 제국주의자들의 침략을 받고 이 과정에 혼혈의 진통을 겪었지만, 혼혈(인)이 대륙의 주인공이 된 사례는 중남미 대륙이 유일하다. 조금 복잡한 이야기지만 중남미 문학을 대변하는 마술적 사실주의(magico realismo)도 이러한 혼혈문화의 산물이라는 데는 이의가 없다.

국제결혼이 늘어나면서 각종 TV 예능에서 국제결혼 커플과 이들의 자녀가 등장하는 일이 이젠 낯설지 않다. 하지만 혼혈에도 등급이 존재한다. 백인의 피가 많이 섞일수록 대접받을 확률이 높은 것이다. 백인의 '우월한' 유전자가 많이 섞여 있을수록 수많은 이모와 삼촌 팬들을 확보할 가능성이 높다. "백인 혼혈은 예능에, 동남아 혼혈은 다큐에"라는 우스갯소리에는 결코 웃음이 나오지 않는다.

중남미에서도 백인 혼혈은 흑인 혼혈에 비해 지배 계급이 될 확률이 더 높았다. 실제로 19세기 독립 이후 백인 지배 계급이 물러난 자리를 대신 차지한 것은 대부분 백인 피를 물려받은 혼혈인들이었다. 2006년 볼리비아 대선에서 에보 모랄레스가 당선됐을 때, 사람들은 '최초의 인디오 원주민 출신 대통령'에 환호했다. 원주민 비율이 가장 높은 볼리비아에서 이 정도이니 나머지 중남미 국가에서는 두말할 필요도 없다.

이스라엘 기업들이 중국인 노동자들에게 이스라엘인과의 섹스 금지조항을 강요했다는 사실은 남아공의 아파르트헤이트 정책이 백인과 흑인의 성적 접촉을 금지한 것만큼이나 극단적 순혈주의의 단면을 보여 준다. 이처럼 순혈주의를 극단적으로 강조하는 사회나 국가의 특징은 자신의 믿음을 정당화하기 위해 타인이나 타 인종에 가해지는 가혹한 폭력을 '피의 이름'으로 미화하는 경향이 있다는 것이다.

우리는 지난 수 세기 동안 단일민족의 신화를 학습해 왔다. 엄밀히 말해 '세뇌(洗腦)'되어 왔다고 말하는 것이 더 정확할 것이다. 침략은 교류와 더불어 '섞임'의 가장 기본 전제임을 부인할 수는 없다. 중남미 역사처럼 혼혈의 원인을 침략과 강간으로 표현하는 '대담함' 혹은 '솔직함'은 둘째 치고, 그동안 우리가 역사교육을 통해 귀에 못이 박히게 들었던 단일민족의 신화는 어딘지 공허하다 못해 허술하기까지 하다.

'유구한 단일민족의 신화'와 '수많은 외침을 이겨 낸 민족' 사이에는 근본적인 모순이 존재하기 때문이다. 그 어떤 역사도 수많은 외침 속에서 피의 순수성을 지키기는 불가능하기 때문이다.

이희근의 『우리 안의 그들』에 따르며, 13세기 몽골의 침략 이후 고려 땅에 몽골인을 포함한 귀화인의 수가 이미 7만 명에 이른다고 돼 있다. 이미 오래전부터 우리 사회는 다문화를 포용할 수 있는 뿌리가 형성돼 있었던 것이다. 웅대한 기상을 뽐내는 고구려도 지배층은 소수의 고구려인이었지만 주요 피지배계층은 말갈족을 비롯한 다수의 이방 민족이었다.

"한국에서 결혼 이주 여성은 보통 어떤 이미지인가요?"
몇 가지 대답이 나왔다.
"돈 주고 사왔다", "위장 결혼". 이번엔 씁쓸한 웃음소리가 새어 나왔다.
정혜실이 말한다. "맞아요, 매매혼(賣買婚). 그런데 한국 사람끼리도 결혼 정보업체들이 재산, 직업, 사회적 지위, 이런 거 다 따져서 점수를 매기고 상품이 돼요.
그런 게 진짜 매매혼이죠.[8]

이 기사에 등장하는 정혜실은 경기도 안산의 공동체 라디오 단원 FM의 본부장이며 오랫동안 결혼이주여성의 권리와 인권을 위해 목소리를 높여 왔다. 그리고 정혜실 자신도 지난 1994년 파키스탄 출신의 남성과 결혼해 '다문화 가정'을 이룬 주인공이기도 하다. 그녀의 말처럼 우리 사회에서 결혼이주여성은 매매혼의 희생자 혹은 피해자로 인식되는 경우가 많다.

실제로 한국에 거주하는 결혼이주여성 상당수가 동남아 등 '저개발 국가' 출신이고 한국 남성 배우자와는 거의 '아버지와 딸'에 해당하는 많은 나이 차이를 보이는 것이 현실이다. 이런 현실을 두고 한국의 다문화 혹은 다문화 현상을 일반적인 국제결혼과는 다른 맥락에서 봐야 한다는 비판적인 목소리도 있다.

하지만 나이 든 농촌총각과 저개발 국가의 가난한 젊은 여성이 만나 결혼하면 다 매매혼인가? 정혜실의 말처럼 직업과 학벌, 재산 정도, 그리고 여기에 신체 사이즈와 출신 집안에 따라 일일이 점수를 매기고 등급을 매겨 점수로 환산하고 여기에 맞춰 짝을 찾는 오늘날의 결혼문화야말로 진짜 매매혼에 더 가깝지 않은가?

하루에 수십 번도 넘게 난 내 얼굴을 씻어내
하얀 피부를 내 눈물에 녹여내
까만 피부를 난 속으로 원망해

why why 세상은 나를 판단해
세상이 미워질 때마다 두 눈을 꼭 감아

혼혈인 가수 윤미래의 노래 〈검은 행복〉의 가사 일부이다. 노래의 가사처럼 하루에도 수십 번 그녀가 자신의 검은 피부를 원망하며 눈물로 씻어 내려 가고자 했던 것은 '혼혈의 흔적'이 아니었을까. 하지만 이제 그 누구도 그녀의 검은 피부를 이유로, 그녀의 혼혈성을 이유로 그녀를 판단하거나 재단할 수 없다.

기만적인 단일민족 신화를 내세우던 어용학자들, 순혈 지상주의를 내세운 국수적 민족주의, 돈으로 사람을 팔고 사는 역겨운 물신(物神)주의적 매매혼이야말로 비난받아 마땅하지 않은가.

중동의 집시,
쿠르드족

'배반의 역사'라는 단어와 함께 가장 많이 등장하는 민족이 있다. 바로 쿠르드족이다. 이들은 늘 배신과 배반의 피해자인 동시에 배신과 배반에 동원되는 가해자의 두 얼굴을 가지고 있다.

'디아스포라의 운명'을 생각하면 유대인이 가장 먼저 떠오르지만, 쿠르드족 또한 '중동의 집시'라 불릴 만큼 오랜 역사를 두고 강요된 떠돌이 삶을 살고 있는 세계 최대 유랑 민족이다. 쿠르드족은 튀르키예와 이란, 이라크 그리고 시리아 등에 걸쳐 있는 이른바 쿠르디스탄 지역에 분산되어 거주하고 있는 산악 민족으로, 쿠르디스탄은 '쿠르드족이 사는 곳'이라는 의미를 지니지만 국제적으로 공인된 독립 국가의 명칭은 아니다.

언어는 페르시아어와 관련이 깊다고 알려진 쿠르드어를 사용하며, 파리에 본부를 둔 쿠르드 학회의 2017년 연구자료에 따르면, 전체인

구는 3,300만 정도로 추산되고 있다. 이는 서아시아에서 아랍인, 튀르키예인, 그리고 페르시아인 다음으로 큰 규모이다.

쿠르드족의 기원에 대해서는 여러 가지 설이 있는데, 이란 최초의 왕조인 메디아 왕조의 후손이라는 것이 현재로서는 가장 유력한 설이다. 실제로 쿠르드족의 국가(國歌)에도 '우리는 메디아의 아이'라는 가사가 실려 있고 쿠르드족의 언어인 쿠르드어도 페르시아어와 상당히 유사하다.

쿠르드는 오래전부터 아랍과 몽골, 페르시아 그리고 16세기 이후부터는 오스만제국의 지배를 받아 왔다. 제1차 세계대전이 발발하면서 영국은 독립 국가를 세워 준다는 약속을 미끼로 쿠르드족을 끌어들였고 언제나 그렇듯, 급한 불을 끄고 나면 영국의 허언증과 배신은 그 실체를 드러낸다. 이라크 북부 쿠르디스탄에 독립 국가를 세워 준다는 1920년 세브르 조약의 내용이 1923년에 대체된 로잔 조약에는 빠지게 된 것이다. 결국 쿠르드족은 서구열강에 철저히 이용만 당한 채 튀르키예, 이라크, 이란, 시리아, 아르메니아 등지로 분산 격리돼 디아스포라의 삶을 살고 있다.

쿠르드계 영화감독인 일마즈 귀니의 영화 〈욜〉에도 시리아와의 국경 철책 앞에서 '눈앞에 있는데도 넘어갈 수 없다'라며 한탄하는 터키계 쿠르드인의 이야기가 나온다. 독립 국가의 국민이 아닌 소수민족으로 흩어져 생활해 온 쿠르드족은 지난 20세기 이후 줄기차게 분리독립을 요구하며 크고 작은 분쟁의 한가운데에 서게 된다.

특히 쿠르드족이 가장 많이 살고 있는 튀르키예는 쿠르드족의 독립 운동에 가장 민감한 반응을 보이고 있는데, 이들 두 민족은 언어와 문화면에서 밀접한 관계에 있지만 이들의 관계는 실제로 인연보다는 악연에 가깝다. 튀르키예 정부는 공식적으로 쿠르드인의 존재를 인정하지 않고 '동부 튀르크인'이라고 부르며, 쿠르드어 교육도 금지하고 있다.

세계적으로 악명 높은 민간인 학살 중 하나인 아르메니아 대학살에 쿠르드족이 동원된 것은 잘 알려진 사실이다. 물론 학살을 주도한 튀르키예에 의해 강요된 것이라 해도 '학살의 피해자'가 '학살의 종범'이 된 것은 쿠르드족 역사의 아이러니이자 오점임에는 분명하다.

이란과 이라크의 분쟁 때도 쿠르드족은 양쪽에 동원돼 철저히 이용당했다. 이란은 이라크 내부의 쿠르드족을 동원해 이라크에 대항하고, 반대로 이라크는 이란 내부의 쿠르드족을 동원해 이란 정부를 공격하는 양상이 1980년대 이란 이라크 전쟁 기간 내내 전개됐다. 특히 1980년대 사담 후세인 정권하에서 실시된 안팔(Anfal) 작전은 쿠르드의 근간을 없애기 위한 일종의 인종청소에 해당한다.

이란 이라크 전쟁 종결 직후, 사담 후세인이 안팔 작전의 일환으로 북부 쿠르드 마을 할랍자에 독가스 공격을 감행해 여성과 어린이 등 5,000여 명의 민간인을 학살한 것은 '쿠르드족의 게르니카'라고 불릴 만큼 20세기 최악의 범죄행위 중 하나로 기록되고 있다.

그리고 걸프전쟁이 끝나자, 이번에는 미국이 쿠르드인을 부추겨 사담 후세인 정권 타도에 앞장세움으로써 또다시 국제적인 사냥개 역할을 강요당해야만 했다. 대한민국의 자이툰 부대가 주둔해 우리에게도 익숙한 도시 아르빌(Arbil)은 바그다드, 바스라, 모술에 이어 이라크에서 네 번째로 큰 도시이며 현재 이라크 내 쿠르드족 자치정부의 수도

이기도 하다.

문제는 이렇듯 강자의 필요에 따라 동원된 쿠르드족이 그 용도가 다하면 가차 없이 버려졌다는 점이다. 토사구팽(兎死狗烹)의 전형이자 쿠르드족 스스로가 '씹다 버린 껌'이라고 자조하는 이유이다. 문제는 앞으로도 미국이 쿠르드족을 위해 특별히 발 벗고 나서지 않을 것이란 점이다. 무엇보다 현재 가장 많은 쿠르드족이 거주하고 있는 튀르키예의 입장은 누구보다 완고하다. 미국은 튀르키예의 이러한 강경 노선을 겉으로는 비난하지만, 구체적으로 제어할 의사가 없다.

튀르키예가 나토를 지탱하는 중요한 기둥 중 하나인 데다 냉전 시대에도 러시아를 견제하는 중요한 동맹 역할을 해왔고, 지금도 중동과 카스피해 지역의 전략에서 미국의 중요한 전략적 파트너이기 때문이다.

영화를 통해 쿠르드족 이해하기

복잡하게 얽힌 국제정치의 구도에서 쿠르드족을 이해하기 어렵다면, 그 대안으로 가장 대중적이면서도 쉽게 접근할 수 있는 차선책이 바로 영화를 통해 쿠르드족의 현실을 들여다보는 것이다.

쿠르드족 출신의 일마즈 귀니(Yilmaz Guney) 감독이 1982년 제작한 그의 인생 역작 〈욜(Yol: The Way)〉은 쿠르드족을 이해하고자 하는 사람에게 가장 먼저 권하고 싶은 영화다. '욜(Yol)'은 부제와 같이 '길(The Way)'이란 뜻으로 영화는 모범수로 일주일간 휴가를 받은 다섯 명의 순탄치 않은 귀향길을 그리고 있다. 〈욜〉은 1982년 칸 영화제에서 그랑프리를 수상하면서 세계적인 주목을 받기도 했는데, 1980년대 엄혹한 튀르키예 군사정권의 인권 실태를 적나라하게 고발하는 역할을 하기도 했다. 이런 이유로 〈욜〉은 당시 튀르키예 국내 상영이 금지되는 수모를 겪기도 했다.

물론 〈욜〉이 쿠르드족만의 이야기를 다루고 있는 것은 아니다. 하지만 이 영화를 통해 터키에서 탄압받는 쿠르드족의 실태를 세상에 알린 역할을 한 것만큼은 분명하다. 특히 쿠르드족이라는 이유만으로 튀르키예 군부에 의해 살해당한 형의 복수를 위해 산으로 들어가 파르티잔이 되는 남성의 이야기는 영화 〈욜〉에서 가장 주목해서 봐야 할 대목 중 하나이다.

튀르키예 군사정권에 의해 10년 동안 수감되는 고초를 겪기도 했던 일마즈 귀니 감독은 우여곡절 끝에 스위스로 망명했고, 영화 〈욜〉로 칸 영화제 그랑프리의 영광을 누린 지 불과 2년 만인 1984년, 마흔일곱의 젊은 나이에 세상을 떠나고 만다.

두 번째 영화는 미국의 언론인이자 다큐멘터리 제작자인 케빈 맥키어넌(Kevin Mckiernan)이 지난 2000년 제작한 다큐멘터리 영화 〈착한 쿠르드, 나쁜 쿠르드(Good Kurds, Bad Kurds)〉이다. 이 작품은 지난 2000년 제5회 인권영화제를 통해 국내에서도 소개된 바가 있어 한국 관객에게도 낯설지 않은 작품이다. 제목에서 보여 주듯 '착한 쿠르드'와 '나쁜 쿠르드'를 결정하는 가장 중요한, 아니, 어쩌면 유일한 판단 근거는 미국의 대외정책, 특히 미국의 안보와 이익이다.

예를 들어, 미국이 적대시하는 사담 후세인이나 IS에 맞서 싸우는 쿠르드는 '착한 쿠르드'이지만, 미국의 동맹 튀르키예에 저항하는 쿠르드는 '나쁜 쿠르드'가 되는 것이다. 실제로 지난 2003년 12월, 사담 후세인을 생포할 당시 결정적 역할을 한 쿠르드 반군을 두고 당시 오바마 대통령은 '좋은 친구(good friend)'라며 엄지를 추켜세우기도 했다. 아울러 제목만큼이나 이 영화의 부제는 많은 것을 시사한다. 주목해서 살펴보지 않으면 그냥 스쳐 지나갈 이 영화의 부제는 〈산 이외에 그 어떤 친구도 없다(No friends but the mountains)〉이다. 나는 부제를 본 순간, 이 제목만큼 현재의 쿠르드족의 상황을 적실하게 표현하는 문구는 더 이상 없을 것이라 단언했다.

　이 밖에도 이란 영화의 거장 압바스 키에로스타미 감독의 영화 〈바람이 우리를 데려다 주리라(The wind will carry us)〉(1999)와 역시 이란 영화의 자존심이라 불리는 모흐센 마흐말바프 감독과 그의 딸 사미라(Samira)가 공동 제작한 영화 〈칠판(Blackboard)〉(2000)도 잔잔하지만 역시 녹녹지 않은 쿠르드족의 일상을 엿볼 수 있는 수작들이다. 특히 영화 〈칠판〉은 주연인 고바디와 모하마디를 제외한 대부분의 출연자들이 실제 쿠르드족으로 영화 속 상황들 역시 실제 상황을 바탕으로 하고 있다.

　쿠르드족의 독립을 방해하는 요인이 항상 밖에만 있는 것이 아니다. 쿠르드족은 튀르키예, 시리아, 이라크, 이란 등 광범위한 지역에 흩어져 있다는 물리적 제약 이외에도 내부적으로 제대로 된 통일 공동체를 가져 본 경험이 없다는 치명적인 약점을 가지고 있다. 심지어 같은 지역의 쿠르드 집단 내에서도 극렬 독립파와 온건 자치파가 나누어지는 등 쿠르드족 내부의 갈등으로 인해 통일된 목소리를 내기도 쉽지 않다.

비슷한 처지의 팔레스타인이 세계적인 관심과 동정을 한 몸에 받는 것에 비해 쿠르드족에 대한 국제적 관심은 극히 제한적이고 이해관계도 복잡하게 얽혀 있어 피아 구분마저 어렵게 만든다. 예를 들어 팔레스타인은 아랍이라는 '공동의 형제'가 있고 이스라엘이라는 '공동의 적'이 존재하는 반면, 쿠르드족에게 적과 동지의 경계는 그야말로 그때그때마다 다르다.

지난 2022년 나토 마드리드 정상회의에서 튀르키예가 스웨덴과 핀란드의 나토 가입 문제에 쿠르드족 송환 문제를 연계하려 했을 때, 이들 두 나라가 결국 자국의 이익을 위해 쿠르드족과의 관계 청산을 약속한 것은 쿠르드족 입장에서는 '세상 믿을 놈 없다'라는 국제적 현실을 뼈저리게 느끼게 한 작은 사례에 불과하다. '산 이외에 그 어떤 친구도 없다, No friends but the mountains'라는 영화 제목이 그야말로 실감이 나지 않는가.

이러한 복잡한 상황을 고려해 당장 독립이라는 버거운 과제보다는 자치권의 확대라는 현실적인 대안을 권고하는 목소리도 높아지고 있다. 대표적으로 세계적인 석학이자 오랫동안 중동문제에 관심을 기울여온 노엄 촘스키는 이상론보다는 다소 현실적인 대안을 제시한다.

쿠르디스탄을 위한 최적의 해결책이 무엇이냐고 묻는다면, 나는 이렇게 대답하고 싶군요. 먼저 민족국가란 낡은 생각을 버리고, 하나의 도시 내에서도 지역적 자치권을 최대한 보장해 주는 방향으로 가는 것이 현실적이라고 봅니다. 분명히 효과가 있을 겁니다. 민족국가란 체제보다는 훨씬 바람직한 방향이라고 생각합니다.[9]

제2차 세계대전 당시 이란의 쿠르드족은 구소련의 지원을 받아 1946년 1월 22일 마하바드 공화국(Republic of Mahabad)이라는 이름의 '국가'를 잠시 건설한 적이 있다. 불과 1년도 지속되지 못한 그들의 공식적인 마지막 국가였지만 마하바드 공화국의 애국가 〈오, 적이여!〉에는 이런 가사가 있다.

"우리의 믿음과 종교는 쿠르드와 쿠르드 땅이다. 쿠르드가 죽었다고 말하지 말라. 쿠르드의 깃발은 꺾이지 않으리!"

지구상 가장 불행하고 천덕꾸러기처럼 배신과 배반의 단골 대상이며 상대적으로 국제적 관심도 받지 못하는 쿠르드족이지만 독립 국가를 향한 그들의 저항과 자유의 정신은 쉽게 꺾이지 않을 것이다. 누가 쿠르드가 죽었다고 말할 수 있는가.

4
함께이지만, 혼자

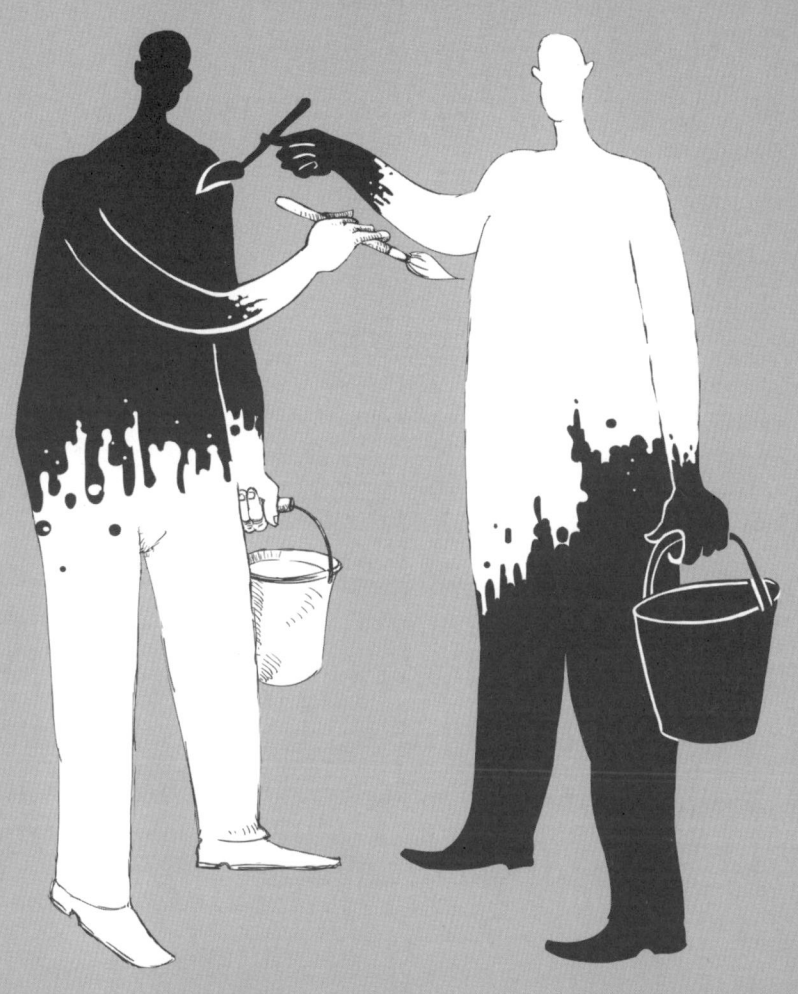

함께이지만, 혼자

~~~

핸드폰을 잃어버렸다. 다행히 30분 만에 다시 찾기는 했지만, 30분의 시간이 마치 30년처럼 느껴졌다. 핸드폰이 사라진 것을 확인한 순간 가장 먼저 패닉이 찾아왔다. '침착하자'를 수없이 되뇌며, 테이프를 되감듯 내 동선을 역으로 추적해 본다.

핸드폰이 사라진 것을 확인한 곳은 사내 도서관이고, 이곳에 착석하기 전에 같은 층 화장실을 다녀왔고, 화장실 전에는 사무실에 잠시 들렀고, 사무실에 오기 바로 전에는 방송국 근처 식당에서 점심을 먹었지. 밥을 먹으면서 이메일을 확인하고 쇼츠 영상을 본 기억이 분명하니, 그 이전에 분실한 것은 아닐 거야. 다시 말해 여의도로 오는 지하철 9호선을 확인할 필요는 없다는 이야기지.

우선, 화장실을 가보자. 첫 번째 칸이었나? 아니 두 번째 칸이었나? 다행히 두 곳 모두 비어 있었지만 내 핸드폰의 흔적은 없다. 5층 사무실로 올라가 내 자리 주변을 살펴봤지만 역시 그곳에도 없다.

　심장 박동이 빨라지고 식은땀이 나기 시작한다. 앞자리 후배에게 내 번호로 전화를 해보라고 한다. 진동 모드로 해놨으니, 혹시 가까운 곳에 있다면 진동이라도 감지될지 모른다. 아무런 반응이 없다.

　다시 1층 도서관으로 내려가 사서에게 CCTV를 확인할 수 있는지 문의한다. 안타깝게도 도서관 입구에는 CCTV가 설치돼 있지만 내가 앉아 있던 구석 자리를 비추는 CCTV는 설치돼 있지 않다. 마지막으로 안전 관리실에 들러 청원 경찰에게 핸드폰 분실 사실을 알리고 습득한 사람이 있으면 부서로 연락해 달라고 당부한다.

　사실상 체념의 상태가 되니 오히려 심장 박동도 느려지고, 그때에서야 뭔가 확 밀려오는 느낌이 든다. '나는 왜 이렇게 멍청할까?' 자신을 향한 질책과 함께 알 수 없는 분노가 밀려온다.

　영화 〈Live the world behind〉에 모든 디지털 기기가 먹통이 된 후, 클레이 샌포드(에단 호크)가 "난 휴대폰과 GPS 내비게이션이 없으면 아무것도 할 수 없는 쓸모없는 인간"이라며 절규하는 장면처럼.

　2000년대 중반 히말라야 트래킹을 떠나기 전에 핸드폰을 두고 가야겠다고 결심한 건 사실상 무모한 도전에 가까웠다. 지금처럼 삶의 거의 전부를 관장하는 전지전능한 존재까지는 아니었지만, 핸드폰 없는 삶을 상상하기 어려운 건 당시나 지금이나 마찬가지였다. 히말라야에 오롯이 몰입하고 싶다는 다소 순진한 생각 때문이었지만, 출발 첫날부터 엄청난 후회가 몰려왔다.

　히말라야 산중 깊은 곳에서 수시로 전화기가 울리는 환청이 들리고 오른쪽 주머니에서는 부르르 진동이 울리는 것만 같은 환각 증상은 담배를 끊은 직후의 금단현상 수준이었다. 젠장, 이럴 줄 알았다니까…

2015년 11월 13일 파리 도심 한복판 바타클랑 극장에서 벌어진 테러 사건은 지금까지 프랑스인들에게는 커다란 트라우마로 남아 있다. 미국의 9.11 테러에 버금가는 이날 테러로 130명이 목숨을 잃었고 400명 이상의 사람이 부상을 당했다. 제2차 세계대전 이후 프랑스 본토에서 벌어진 최악의 참사로 기억되는 이 사건은 관련 기록만 해도 542권의 책 분량에 다다른다.

당시 바타클랑 공연장에 공연을 보러 갔다 기사회생으로 살아난 생존자의 증언에 따르면, 테러범이 관객들을 향해 무차별 난사한 얼마 후 산더미처럼 쌓인 시체 더미 사이로 핸드폰의 벨 소리와 부르르 하는 진동 소리가 여기저기서 동시다발적으로 울려 대기 시작했다고 한다.

방송을 통해 테러 소식을 접한 가족과 지인들이 생사를 확인하기 위해 전화기 버튼을 동시다발적으로 눌러 댔기 때문이다. 죽음의 정적이 흐르던 테러 현장에서 벌어진 이 기괴하기까지 한 장면은 현대 사회에서 핸드폰의 위상을 보여 주는 매우 상징적인 장면이다.

절체절명의 순간 우리 모두를 연결하는 마지막 끈. 심지어 인질로 잡힌 6명 가운데, 핸드폰을 내놓으라는 테러범의 협박에도 불구하고 2명은 거짓말을 해가면서까지 끝까지 핸드폰을 내놓지 않았다고 한다.

연결과 소통을 향한 인간의 열망은 그 역사가 매우 오래됐다. 고대 이집트에서는 파피루스를 그리고 고대 중국에서는 거북이의 등 껍질을 이용해 기록을 남겼다. 그리고 고대 로마의 시인 오비디우스의 「연인들의 편지」에 따르면 아콘티우스(Acontius)는 사과 껍질을 이용해 키디페(cydippe)에게 '편지'를 보냈다고 기록돼 있다.

이렇게 편지는 수천 년간 인간을 이어 주는 메신저 역할을 톡톡히 수행해 왔다. 일반 대중이 손으로 쓴 편지를 간편하고 저렴하게 주고받을 수 있게 된 것은 1680년 1페니로 편지를 보내는 우체국인 런던 페니 포스트(London Penny Post)가 설립된 후부터다. 구두가 아닌 문자를 통한 소통방식에 일대 혁명이 일어난 것이다.

미국의 근대적 우편서비스는 이보다 조금 늦은 1775년에 시작됐는데, 1926년에 이르면 매년 150억 통의 편지가 배달됐고 2001년에는 역대 최고치인 1,030억 통에 달했다고 한다. 하지만 2001년 최고치를 찍었던 미국의 편지 우편량은 해마다 10% 이상 감소하다가 지난 2016년에 이르면 40%가 감소한 610억 통에 불과한 것으로 나타난다. 이는 1981년과 동일한 수준으로 향후 그 감소 속도는 더 빨라질 전망이다.

일본도 상황은 크게 다르지 않다. 최근 NHK 보도에 따르면 일본 전국 우체통 중 4분의 1이 하루 한 통밖에 우편물이 들어 있지 않아 우체통의 존재 이유에 대한 고민이 시작됐다고 한다. 좀 더 구체적으로 살펴보면, 2024년 기준, 일본 전국에는 17만 5천여 개의 우체통이 있는데 매달 30통 이하, 즉 하루 평균 한 통의 편지도 들어 있지 않은 우체통이 4만 3천여 개로 전체의 25.1%에 달하는 것으로 나타났다. 전통적으로 뭔가 기록하기 좋아하고 여전히 아날로그적인 정서가 강한 일본의 경우가 이 정도이니, 우리의 경우는 두말할 것조차 없다.

편지에 이어 공중전화, 사서함, 모뎀, 삐삐, 이메일 그리고 다양한 기능이 장착된 스마트폰에 이어 각종 소셜미디어에 이르기까지 우리는 늘 누군가와의 연결과 접속을 꿈꿔 왔다. 이제 인류의 그 원대한 '접속의 꿈'은 이뤄졌을까?

카페에서 만난 두 친구가 주문한 음료가 나올 때까지 각자의 스마트폰을 들여다보고 있다. 음료가 나온 이후에도 이들은 한참을 자신의 스마트폰에 빠져 있다. 하도 생경하고 신기해서 이들의 모습을 한동안 '관찰'했다. 언제쯤 '대화'라는 것을 할지 기다리면서.

하지만 이런 풍경은 더 이상 신기하거나 생경한 모습이 아니다. 식당에서 가족들이 각자의 휴대 전화를 보는 모습이나 침대에 나란히 누운 부부가 각자의 스마트폰에 열중하다 불을 끄고 잠이 드는 모습은 지하철에서 각자의 핸드폰에 코를 박고 열중하는 타인의 모습과 크게 다르지 않아 보인다.

영국의 일간지 「이브닝 스탠다드(Evening Standard)」가 지난 2014년 조사한 자료에 따르면 런던 시민은 하루에 평균 221회 휴대 전화를 확인한다고 한다. 시간으로 보면 매일 평균 3시간 15분이고 1년이면 거의 1,200시간에 육박한다. 10년이 지난 지금 이 숫자는 좀 더 확장됐을 가능성이 매우 커 보인다.

하긴 눈 뜨면 가장 먼저 찾는 것이 휴대 전화이고 심지어 밥 먹을 때와 화장실 갈 때도, 그리고 잠들기 전까지 마지막까지 손에 쥐고 있던 물건이 휴대 전화라는 사실을 부인할 사람은 그리 많지 않을 것이다.

문제는 우리 몸의 한 부분처럼 된 휴대 전화가 '함께이지만 혼자(alone together)'라는 역설의 주인공이라는 사실이다. '함께이지만 혼자'라는 개념은 세리 터클(Sherry Turkle)이라는 문화연구자가 지난 2017년 『우리는 왜 타인이 아닌 기술에 더 많은 것을 기대하는가?』라는 자신의 저서에서 처음 사용한 용어다. 우리 생활에 깊숙이 침투해서 거의 모든 영역의 네트워크를 이어 주는 스마트폰과 각종 소셜 미디어가 어떻게 인간을 더 소외시키고 외롭게 만드는지를 설명하기 위해 만들어진 역설적인 표현이다.

미국의 저널리스트 겸 소설가인 마리나 벤저민에 의하면 21세기는 통신이라는 새로운 종교를 만들었고 핸드폰과 넘쳐나는 각종 소셜미디어는 신의 말씀을 전하는 사제(司祭)가 됐다고 말한다.

하지만 넘쳐나는 정보와 알고 싶지 않은 타인의 자질구레한 사생활, 무의미한 재잘거림, 인정받고 싶은 욕망의 굴레 등은 더 이상 신의 은총이 아니라 도피하고 싶은 지옥이다. "침묵은 지혜를 살찌우는 잠이다"라는 프랜시스 베이컨의 말처럼 우리는 이 견디기 어려운 소음에서 벗어날 확실한 은둔처를 어디에서 찾을 수 있을까? 물론 무작정 입을 닫고 자판 위를 바삐 날아다니던 손가락을 당장 멈추라는 이야기는 아니다.

마리나 벤저민은 이 지독한 소음을 견뎌 내기 위해서 걷고, 쓰고, 생각하며 '침묵이 품은 활력'을 발견할 여유를 찾자고 제안한다. 실제로 요즘 강남 일대를 중심으로 핸드폰 반입을 금지하는 카페들이 늘고 있다고 한다. 이들 카페를 입장하기 위해서는 핸드폰을 카운터 옆 보관함에 맡겨야 한다. 역설적이지만 '핸드폰 프리' 카페를 찾는 주요 고객은 젊은 MZ 세대들인데, 이들은 핸드폰 중독으로부터의 디톡스를 목적으로 찾는 경우가 많다고 한다. 일종의 '디지털 디톡스'라고 할 수 있는 '네오 러다이트' 운동도 전 세계적으로 번지고 있다.

그런데 우리는 왜 그토록 많은 연결 속에서 그토록 지독한 외로움과 공허함을 느낄까? 역설적이지만 우리는 수없이 많은 '접속의 상시화' 시대를 살고 있지만 동시에 고립돼 외로이 떠도는 섬이 됐다. 그리고 외로워서 만난 타인을 통해 우리는 다시 고독해지는 악순환을 반복한다. 결국 타인은 우리 자신을 우리 자신에게 되돌려 보내는데, 이때 나는 오해와 몰이해라는 불편한 동반자와 함께 쓸쓸히 귀향한다. 아니 좀 더 정확하게 표현하자면 귀향이 아니라 파양(破養)이다.

파양 후에 우리는 뒤늦게 깨닫는다. 타인의 관심 한 스푼은 이해가 아니라 오해를 위한 슈가 코팅이었다는 것을. 모두가 소리치고, 재잘거리며, 모두가 미친 듯이 인정받고 싶은 매 순간 뭐라도 해야 할 것만 같은 강박 속에서 우리는 침묵할 줄 아는 소질과 침묵을 견딜 줄 아는 소질 모두를 잃어 간다. 내가 보낸 문자와 이메일을 상대방이 언제쯤 읽을 것인가, 매 순간 초조하게 기다리며 매일매일 소진돼 간다.

프랑스의 철학자 프레데릭 그로는 당신의 현존에 가장 진솔하게 화답하는 존재는 인간이 아니라 무심한 듯 보이는 우리 주변의 자연이라고 이야기한다. 바람의 숨소리, 윙윙거리는 곤충의 소리, 졸졸 흐르는 시냇물 소리, 후두둑 쏟아지는 빗소리 모두 우리의 관심을 원한다. 하지만 호객꾼의 외침처럼 부담스럽거나 요란하지 않다는 점에서 요구가 아니라 청원에 가깝다. 영어로 표현하면 'request'가 아니라 'gently remind me'가 된다.

  우리는 너무 쉽게 연결돼 있지만 동시에 너무 쉽게 분리될 수 있다. 우리를 연결하는 그 끈은 너무 약하고 부실하기 그지없기 때문이다. 인스턴트성 메시지의 가벼움만큼이나 우리 삶과 우리를 연결하는 인연의 무게도 그만큼 가볍다면, 무의미한 연결보다는 차라리 침묵의 안식처가 신의 목소리에 더 가깝지 않을까.

배제를 낳는 연결,
소셜미디어의 역설

온라인상에서 내가 올린 글과 영상은 모두 어떤 형태로든 '평가'의 대상이 된다. 내 게시물이 '좋아요'를 몇 개 받는지, 댓글은 또 몇 개나 달렸는지는 내가 올린 게시물에 대한 평가이자 나 개인에 관한 평가로도 인식된다. 선플인 경우도 있지만 안타깝게도 악플인 경우가 더 많다. 그래도 무플보다는 낫다.

인스타그램에 달린 '좋아요' 수, 유튜브 채널의 구독자 수, 페이스북 계정의 친구 수, 그리고 각종 커뮤니티에 올린 글에 대한 '좋아요' 혹은 '싫어요' 수까지 온라인상에서 개인의 가치와 존재감 등 모든 평가는 수치로 규격화되어 나타난다. 심지어 스냅챗에서는 회원끼리 상호 호감을 표시한 연속 일수가 특정 아이콘 옆에 표시되는데 하루라도 호감 표시를 하지 않으면 스트리크(streak) 수치가 0으로 초기화된다. 이 정도면 사용자는 매 순간 피드백을 확인하는 성실함을 넘어 중독의 단계에 이르지 않을 수 없다.

댓글과 좋아요, 리트윗과 팔로워의 수에 따라 개인의 가치는 상한가를 칠 수도 있지만 운이 없으면 바닥으로 내동댕이쳐질 각오를 해야 한다. 거듭 말하지만, '악플'이 '무플'보다 나은 이유다. 심지어 요즘에는 팔로워나 '좋아요'를 많이 얻는 방법을 알려 주는 사이트도 등장했다. 사람들은 '좋아요'와 구독자 수를 늘리기 위해 좀 더 자극적인 영상과 글을 올리기도 하고 서로의 계정에 '좋아요'를 눌러 주는 일종의 거래를 하기도 한다.

혹시 '좋탐'이란 말을 들어 본 적 있는가? '좋탐'은 페이스북을 이용하는 청소년들 사이에 유행하던 일종의 암묵적 규칙으로 내 게시물에 '좋아요'를 눌러 주면 그 보답으로 상대방의 타임라인에 메시지를 남겨 주겠다는 의미다. 사실 이런 방식의 품앗이 성격의 거래는 2000년대 중반의 청소년들(지금은 30~40대의 장년이 됐을 것이다) 사이에 유행하던 버디버디에서도 통용됐다. 누군가가 내 홈페이지를 방문하면 나도 상대의 홈페이지에 방문해 방문자 수를 올려 주는 것이다.

지금도 먼저 계정을 팔로우해 주면 이어서 상대를 팔로우하는, 이른바 '선팔'과 '맞팔'이 온라인상의 일반적인 에티켓으로 자리 잡고 있다. 상호 호혜성 원칙이 작용하므로 위법적이거나 위해한 요소는 없다고 해도 이런 현상이 반복되다 보면 어느 순간 숫자에 중독되는 자신을 발견하게 된다.

어느덧 대세로 군림하고 있는 유튜브의 경우, 어른과 아이 가릴 것 없이 채널 운영자가 외치는 구호는 언제나 동일하다.

"좋아요, 구독, 알림 설정 부탁해요!"

물론 이런 온라인상의 숫자 중독과 인정욕구에 대한 병적인 갈증이 우리나라만의 문제는 아니다. 소셜미디어를 사용하는 미국 청소년들 사이에는 '포모(FOMO)'라는 신종어가 유행하고 있다고 한다. FOMO는 'Fear Of Missing Out'의 약어로 나만 혼자 집에 있는데 다른 사람은 다른 어딘가에서 즐거운 시간을 보내고 있을까 봐 걱정하며 초조해하는 기분을 말한다고 한다.

그런데 단순히 초대받지 못해서 기분이 상한 정도가 아니라 내가 초대받지 못했다는 사실이 온라인상에 광고처럼 퍼진다면? 그래서 결국 내가 왕따라는 사실이 만천하에 알려진다면? 그리고 나만 빠진 모임에서 자기들끼리 희희낙락 즐기는 모습을 인스타그램에 올린다면? 왓츠앱과 페이스북 그리고 인스타그램과 위챗(WeChat) 등 각종 소셜미디어 플랫폼 자체가 연결이나 소통이 아니라 따돌림과 배제의 무기로 직접 사용되고 있다는 증거는 차고도 넘친다.

과거 따돌림은 확연히 눈에 띄었다. 점심시간에 대부분의 아이들이 삼삼오오 짝을 지어 도시락을 나눠 먹을 때 늘 혼자서 도시락을 먹는 아이나 놀이터에서 또래 아이들과 어울리지 못하고 주변을 맴도는 아이들은 누가 봐도 공개적으로 배제된 아이들이다.

하지만 디지털 따돌림은 과거와는 확연히 다른 양상으로 진행된다. 가상공간에서 이뤄지는 따돌림과 배제는 매우 은밀하고 교묘하게 이뤄지기 때문에, 그것이 따돌림이란 사실을 자각하는 것은 따돌림을 받는 피해당사자가 유일하다. 가해자는 대부분 가벼운 장난 정도로 취급해서 별다른 죄의식이 없고 이를 말리고 제재해야 할 어른이나 교사들은 그만큼 개입하기 어려운 사각지대에 놓이게 되는 것이다.

돈 탭스콧(Don Tapscott)은 1997년을 기점으로 20세 이하 젊은 층을 '넷 세대'라고 명명했고 마크 프랜스키(Marc Fresnsky)는 2000년대 초반 10대 청소년의 미디어 이용 행태를 설명하기 위해 '디지털 네이티브(digital native)'라는 용어를 만들어 냈다. 두 용어 모두 디지털 미디어와 함께 태어나 각종 '신기술'에 익숙한 젊은 세대를 일컬었다면, 아날로그 환경에서 디지털 환경으로 넘어왔지만(그것도 거의 반강제적으로) 제대로 정착하지 못하고 '헤매는' 기성세대를 '디지털 이민자(digital migrant)'라 칭하기도 했다.

'한글'에만 익숙하던 사람이 어느 날 'MS 워드'를 접하면서 겪는 혼란 등을 생각해 보면 이해하기 쉬울 것이다. 하지만 돈 탭스콧과 마크 프랜스키가 '넷 세대'와 '디지털 네이티브'라고 명명했던 당시의 신세대들도 지금은 모두 또 다른 기성세대가 됐다.

그리고 이들도 새롭게 탄생한 첨단 기술 앞에 언제든 또 다른 디지털 이민자로 전락할 수 있다. '한때' 아이였던 우리와 '지금'의 아이들 사이에는 이렇듯 알 듯 모를 듯 경계의 막이 언제나 드리워져 있다. 세대를 가르는 경계보다 더 큰 문제는 아이들에게 새로운 사회화의 공간으로 자리 잡은 온라인 공간이 괴롭힘과 따돌림의 주요 무대가 됐다는 사실이다.

과거 어른들이 오프라인 공간에서 겪었던 수많은 종류의 폭력이 지금 온라인 공간에서 무자비하게 벌어지고 있다는 말이다. 2021년 일명 '혜린이 사건'으로 알려진 온라인상 집단 괴롭힘 사건은 피해자 혜린이가 스스로 목숨을 끊는 극단적 선택을 하면서 세상에 알려졌다. 당시 중학교 3학년이던 혜린이는 페이스북 단체 채팅방에서 또래 친구들로부터 지속적인 언어폭력을 당했고 이를 피해 전학을 갔지만 그곳에서도 따돌림은 멈추지 않았다. 디지털 미디어 전문가인 김아미의 분석에 따르면, 집단 채팅방에서의 따돌림에는 일정 패턴이 존재한다. 그 첫 시작은 '저격 대상', 즉 희생양을 정하는 것이다.

그리고 저격 대상을 향한 저격 글이 올라오는데, 피해자의 실명을 거론하는 경우보다는 초성을 쓰거나 그만의 특징을 적시해 누구나 알 수 있도록 하는 나름 교묘한 방식을 채택한다고 한다. 이런 비난의 글들에 이른바 '바람잡이'로 초대된 아이들이 동조하는 댓글을 남기며 온라인 괴롭힘에 집단으로 가담하게 된다.

그야말로 그 방식의 치졸함과 치밀함이 상상을 뛰어넘는다.

죽음에 이르는 병, 인정욕구

회사에서 과중한 업무에 시달리다 녹초가 돼 집에 돌아와 우연히 열어 본 인스타그램. 친구가 휴가지에서 올린 영상과 사진들이 눈에 들어온다. 이국적인 풍경을 배경으로 갖가지 폼을 잡고 있는 녀석의 모습이 마냥 부럽다. 동시에 알 수 없는 무력감이 밀려온다. 영상을 올린 친구의 목적에 부합하는 결과다. '부러워 죽겠지? 부럽지 않다면 거짓말이야, 너는 반드시 부러워야만 해'라고 말하는 것만 같다.

스위스 동부에 있는 유명 관광지 베르귄은 인스타 과시용 사진 찍기에 딱 좋은 곳이다. 수많은 관광객들이 베르귄의 아름다운 자연을 배경으로 찍은 사진들은 인스타그램을 포함한 각종 소셜미디어에 올려져 많은 이들의 부러움을 사고 있다.

그런데 베르귄시는 이런 유명세가 마냥 즐겁지만은 않았던 것 같다. 베르귄시 당국이 남들의 부러움을 유발하는 인스타 과시용 사진 촬영을 공식적으로 금지했기 때문이다. 실제로 베르귄시 거리에는 다음과 같은 안내 문구가 설치돼 있다.

그림처럼 아름다운 풍경 사진을 소셜미디어에 공유하는 건 타인을 불행하게 만들지도 모릅니다.

베르귄시 주민의 월드 클래스적인 배려와 함께 대단한 자존심 같은 것이 느껴지는 대목이다. 그런데 과연 베르귄시의 통 큰 인류애적 노력은 효과가 있었을까? 천만의 말씀. '사진 촬영 금지'라는 안내문 앞에서 사진을 찍어 인스타에 올리는 것이 또 다른 유행이 됐기 때문이다. 암튼, 못 말리는 인간의 자랑질이다.

도가 지나치면 때론 화를 부른다. 인스타용 사진 촬영을 위해 죽음까지 무릅쓰는 무모한 관광객과 셰칭 인플루언서들이 늘고 있다. 온라인상에서 보여 주는 우리의 모습은 포토샵과 온갖 어플이 동원돼 정교하게 다듬어지고 필터링된 모습이다. 우리 삶에서 가장 빛나는 하이라이트만 편집된 모습은 과연 어디까지가 내 진짜 모습인가?

루소는 자신의 대표적인 두 저서인 『인간 불평등 기원론』과 『에밀』을 통해 악의 사회적 기원을 추적했다. 루소가 보기에 인류는 최초의 시기에 가장 행복한 시간을 경험했다. 이 시기는 이른바 가족공동체와 이웃공동체 시기로 마르크스가 말한 원시 공산사회의 형태와 유사하다. 그러나 이 행복한 시기는 그리 오래가지 못했다. 불행은 아이러니하게도 마을 사람들의 축제에서 비롯됐다. 행복한 축제가 악의 기원을 낳은 첫 번째 계기라는 루소의 주장은 어떤 의미일까.

축제 기간에는 평소에는 눈에 띄지 않던 뛰어난 재능을 가진 이가 등장한다. 그는 마을 사람들의 인기를 독차지하며 동시에 여자들의 선망의 대상이 된다. 이를 지켜보는 사람들이 그의 인기에 질투하고 시기심이 발동하면서 사람들의 마음속은 부글부글 끓어오르기 시작한다.

루소는 이를 두고 축제를 통해 사람들 마음에 '발효(la fermenatation)'와 '모방(l'imitation)'의 감정이 일어난다고 말한다. 결국 개인이 지녔던 자기 사랑(l'amor de soi)의 감정은 질투와 선망이 겹쳐진 자존심으로 변질되어 만인의 만인에 대해 칭찬받고 군림하려는 욕심으로 또 한 번 변질한다. 그리고 이렇게 변질된 자존심은 두 가지의 심리적 반응을 초래한다. 하나는 '허영심'이고 다른 하나는 '악의를 감춘 수치심'이다.

어쨌든 사회적 불평등은 자존심들의 경쟁과 함께 질투와 원한의 증대를 가져왔고, 그런 감정의 증대는 남들과 '비교'하는 의식을 조장하게 된 것이다. 그래서 루소의 결론은 인간관계에서 비교 의식에 의한 가상의 세계가 결국 존재의 실상을 덮어 버렸다는 것이다. 오늘 우연히 열어 본 인스타그램 속 친구의 행복한 셀피를 보며 우리가 느끼는 감정은 루소가 말한 '발효와 모방' 감정의 다름 아니다.

역설적이지만 각종 소셜미디어는 개인을 가장 잘 드러내는 동시에 가장 잘 은폐하는 수단으로 전락했다. 실제로 지난 2006년 영국의 시장조사기업 커스터드가 런던 시민 2,000명을 대상으로 실시한 설문조사에 따르면, 응답자의 겨우 18%만이 페이스북 프로필이 자신의 '진짜' 모습에 가깝다고 말했다. 다시 말해, 82%의 사람들은 자신의 모습과는 거리가 멀다고 답했다. 이것이 소위 10대들의 '제2의 자아'라고 부르는 '디지털 자아'이다.

사회학자 어빙 고프만(Erving Goffman)이 『자아 연출의 사회학』에서 타인에게 과시하고 싶은 자기 연출의 본능을 말한 것이 지금으로부터 무려 70여 년 전인 1959년의 일이다. 하지만 그때와 지금은 너무나 다른 점이 있다. 소셜미디어가 등장하면서 초 단위로 남들과 나를 비교할 수 있게 된 것이다.

배우는 공연 때만 무대에 오르는 것이 아니라, 무대에 상시 대기해야만 한다. 인스타그램에 언제 무슨 사진을 올릴지 고민하는 차원을 넘어 인스타그램에 폼 나는 사진을 올리기 위해 하루의 일과를 거기에 맞추는 지경에 이르렀다면, 삶의 목표가 전도(顚倒)된 지경에 이르렀다고 해도 과언이 아니다.

사람들은 더 이상 자신의 눈으로 자신을 바라보지 않는다. 타인의 눈을 통해 자신을 바라보는 역전된 시선의 세상에 익숙해졌다. 2015년 미주리 대학교에서 700여 명의 학생들을 대상으로 실시한 〈Facebook use, envy and depression among college students〉라는 제목의 연구 결과에 따르면, 질투심 어린 시선으로 타인의 소셜미디어 업데이트 과정을 지켜보다 보면 자기 삶에 대한 불만이 가중되고 심한 경우 이 불만은 우울로 발전할 가능성이 높다고 한다.

10대와 20대 젊은 층의 우울증과 사회적 고립감이 증가하는 현상은 쌍방향 소통을 지향한다는 소셜미디어의 모순을 그대로 보여 준다.

하버드 대학교의 쇼샤 주보프(Shosha Zuboff) 교수는 자신의 저서 『감시의 시대(The Age of Surveillance)』를 통해 소셜미디어를 통한 사회적 비교가 불러온 심리적 쓰나미는 가히 유례를 찾아보기 어렵다며 이런 현상은 자신을 팔기 위한 끝없는 노력의 연속이고 아무도 자신을 사고 싶어 하지 않으리라는 공포의 연속이라고 말한다.

배제와 고립을 부르는 연결의 딜레마. 연결의 과잉 시대에 살고 있는 현대인에게는 풀어야 할 숙제가 하나 더 늘었다.

강박(強縛),
인간 실격의 올가미

～～～

 2024년 7월 9일 자 한겨레신문 고경태 기자의 〈끈 없는 정신병원〉 기사를 보는 순간 한동안 말을 잊지 못했다. 90년대 초반, 군 복무 때 전공과는 아무런 상관없는 의무부대에 소속돼 환자 헬기 이송 훈련에 참여한 기억이 문득 떠올랐기 때문이다. 당시 훈련 내용은 경북 왜관에서 서울 용산에 있는 미군 기지 내 종합병원까지 부상병을 긴급 후송하는 것이었는데, 공교롭게도 나에겐 의무병이 아닌 환자 역할이 맡겨졌다. 처음엔 환자 역할이면 그냥 편하게 누워 가면 되겠다는 생각에 호재를 외쳤다. 하지만 그런 기대는 완전 오산이었다. 군용헬기로 경북 칠곡에서 용산까지 얼마의 시간이 소요됐는지 지금은 정확히 기억나지 않지만, 팔다리 사지가 완전히 결박된 상태에서(지금 생각해 보니 전문 의학 용어로 4포인트 결박에 해당한다) 말 한마디 하지 못한 채 (문을 개방한 채 비행하는 헬기 안에서는 별도의 장비 없이는 정상적인 소통이 어려울 만큼 소음이 심하다. 게다가 의식을 잃은 환자 역할이니 두말할 필요도 없다) 이송되는 경험은 글자 그대로 죽음의 시간이었다.

 단언컨대, 의식이 있는 상태에서 사람을 장시간 완전히 결박하는 것은, 사실 생매장 수준의 고문이나 다름없다. 이런 결박의 고통이 정신질환 환자라고 다를 이유가 없다. "정신이상이니까 강제로 묶어도 된다"라는 논리는 단순한 논리의 모순이 아니라, 사람으로서 쉽게 해서는 안 되는 말이다.

 '난동을 부리는 사람을 그대로 방치하라는 말이냐?'라고 반문한다면, 정신이상자는 늘 난동을 부린다는 전제에 일단 동의할 수 없고, 난동을 제압하거나 방지하는 방법으로 결박이 유일하다는 논리에 두 번째로 동의할 수 없다.

 실제로 지난해 8월, 중증 시각장애인 당사자인 김예지 의원이 정신병원 내 강박을 원칙적으로 금지하는 정신건강복지법 일부 개정 법률안을 대표 발의했을 때 그녀를 응원하는 의견도 많았지만 반대로 이를 비난하는 수백 개의 악플이 달리기도 했다.

 광인(狂人)이 '특별한 존재'가 아니라 '사악한 존재'가 된 것은 대체로 중세 이후의 일이다. 기독교적 관점에서 광인의 설명하기 어려운 말과 행동들은 사탄의 유혹에 빠진 자의 사악한 행위와 동일시된 것이다. 중세 마녀재판의 희생자가 된 사람들 가운데는 오늘날의 관점에서 볼 때 조현병이나 조울증을 앓고 있는 환자, 심지어 치매를 앓고 있는 노인도 포함돼 있다. 이들은 대부분 마녀사냥의 광기 속에서 화형을 당하거나 거리에 방치된 채 비참하게 죽어 갔다.

미셸 푸코는 그의 저서 『광기의 역사』에서 중세의 마녀사냥과 같은 집단광기의 역사가 있었지만, 르네상스 시대까지만 해도 광인들은 거지, 집시, 도둑 등 이른바 부랑아 집단과 함께 일정한 공간을 차지해 생활하며 따로 감금되거나 병자 취급을 받지는 않았다고 주장한다. 푸코는 광인들이 사회적 타자, 주변인 그리고 이방인으로 분류돼 본격적인 격리의 대상이 된 것은 근대 이후의 일이라고 말한다. 실제로 산업혁명 이후에는 도시로 사람들이 몰려들면서 광인들도 부랑자들 틈에 끼어 도시로 이동하는 경우가 많았다. 도시를 돌아다니는 광인들은 사람들에게 커다란 공포심을 안겨 주었고 당시 새로운 도시문제로 등장하기 시작했다. 결국 이들을 한 장소에 모아 집단으로 관리해야 할 필요성이 생긴 것이다.

산업혁명기 영국 런던에 등장한 베들렘 왕실병원은 이러한 배경에서 등장한 최초의 정신질환 수용 시설 중 하나다. 하지만 여전히 정신질환이 의학적 관점에서 관리해야 할 질병이 아니라 사회적으로 해가 되는 자의 격리라는 관점에는 변화가 없었다.

당연히 치료가 아닌 격리와 수용이 이들 시설의 유일한 목적이었다. 당시 베들렘 병원에 수용된 정신이상자들의 모습을 그린 삽화를 보면, 목과 가슴을 천정에 고정된 철제 쇠줄로 묶어서 침대에 고정하거나 아예 산채로 관 속에 밀어 넣은 모습을 볼 수 있다. 이 그림을 보는 것만으로도 숨이 막힐 듯 고통스럽다.

정신질환자를 꽁꽁 묶어 격리해야 한다는 강박의 역사는 마녀사냥의 역사만큼이나 잔인하고 부조리하다. 정신보건을 연구하는 문화인류학자 로이 리처드 그린커(Roy Richard Grinker)는 그의 저서 『정상은 없다』에서 정신질환은 '발명'된 순간부터 낙인이 찍히는 '근대적 현상'이라고 말한다. 생산적 노동을 할 수 있는 '건강한 몸'이 아닌 존재 모두가 비정상이 되는 동시에 실패한 게으름의 증거가 된다는 것이다.

안타깝게도 실패하고 게으른 몸들은 묶어 두어도 된다는 지독한 편견은 개명 천지 21세기에도 여전히 유효한 듯하다.

2022년 1월 8일 아침. 춘천 00 병원 폐쇄병동 보호실, 소위 '진정실'에서 정신질환자 한 명이 사망했다. 양손, 양발, 가슴까지 다섯 곳을 묶인 채로 격리 입원해 있던 김모 씨가 입원 기간 289시간 20분 가운데 무려 251시간 50분을 침대에 묶여 있다 숨진 것이다. 한겨레신문이 입수해 보도한 CCTV 영상에는 매일매일 신음하고 괴로워하며 몸부림치다 서서히 죽어 간 환자의 영상이 고스란히 드러난다.

김 씨의 사망이 세상에 공개된 후, 보건복지부는 정신병원 실태조사와 제도개선 추진에 나섰지만, 관행적으로 시행되어 온 강압 치료 방식이 하루아침에 바뀌기는 어려워 보인다. 실제로 현장의 많은 정신의학 전문가들도 강압 치료의 효과와 적절성에 의문을 제기하지만, 강압 치료 그 자체를 부인하는 것은 아니기 때문이다.

보건복지부의 격리 및 강박 지침에 따르면 '환자가 자해, 타해 위험이 뚜렷하게 높은 경우 각각 최대 4시간 강박, 12시간 격리할 수 있다'라고 규정하고 있다.

정신질환자의 강박에는 양팔과 양다리를 묶는 4포인트 강박과 이보다 상황이 심한 경우 사지와 가슴을 묶는 5포인트 강박이 있다. 그리고 5포인트 강박의 경우 환자들 사이에 일명 '코끼리 주사'로 불리는 안정제인 아티반을 주사 놓는다. 속칭 코끼리 주사라 불리는 이유는 거대한 코끼리마저 단번에 제압할 수 있을 만큼 강력한 진정 효과를 발휘하기 때문이다. 제 발로 정신병원이나 정신질환 시설로 들어오는 경우는 많지 않다는 점에서 강제 격리와 강박은 강제 입원의 가장 원치 않는 비극적인 종결점이기도 하다.

2016년에 제정되어 2017년 5월 30일부터 시행되고 있는 개정 정신건강복지법에 따라 강제 입원은 가족 두 사람이 입원을 신청하고, 정신건강의학 전문의가 입원이 필요하다는 진단을 내리면 가능하다. 정신질환의 정도가 심하거나 알코올성 폭력이 수반되는 경우처럼 정신질환이 환자 본인은 물론이고 그 가족들의 삶을 파괴하고 황폐화하고 있는 현실을 감안한다면, 피치 못하게 강제 입원을 결정하는 가족들의 결정을 비난만 할 수는 없을 것이다.

정신의학 전문의들이 '한국 최고의 정신병원'이라고 칭송하는 광주 천주의성 요한병원의 보호 병동(폐쇄병동) 내부의 보호실에는 침대가 없다. 침대를 두면 자연스럽게 결박으로 이어지기 쉽기 때문이다. 이 병원의 이요한 센터장은 환자의 '묶이고 싶지 않은 본능'만큼 치료하는 사람의 '묶고 싶은 충동'도 만만치 않음을 인정하며 강압 치료의 필요성 자체를 부인하지는 않는다. 하지만 환자를 대화의 상대로 인정하고 안정화하는 일을 최우선으로 하고, 침대에 묶는 일은 결코 없다고 단언한다.

강박이 유일한 치료라는 강박에서 벗어나야 비로소 길이 보이지 않을까.

2003년 12월 28일 52살의 나이에 세상을 떠난 김명학 씨의 이야기도 결박이라는 인권 유린 행위가 불러온 또 다른 비극의 일면이다. 김명학 씨는 2002년 7월 영등포구치소에서 출소한 후 자신이 겪은 인권침해 사례에 관한 진정서를 국가인권위에 제출했고, 죽기 직전에는 동생에게 자신의 억울함을 풀어 달라는 장문의 유서도 남겼다.

국가인권위의 조사 결과 교정시설 내 인권 유린 행위들이 속속들이 드러났다. 특히 포승, 수갑, 사슬 및 안면 보호구 등의 신체구속 장비를 통칭하는 계구 사용 시 발생하는 야만적이고 반인권적인 사례들은 충격적이다.

김명학 씨의 사례를 요점만 정리해 보자. 그는 10개월간의 구금 기간 중 총 121일을 징벌받고(이럴 경우, 소위 '징벌방'에 격리된다) 운동과 접견이 금지된 상태로 지냈다. 이 가운데 55일은 금속 수갑에 사슬까지 채워진 채 징벌방에 격리돼 있었는데, 이런 상태라면, 손을 움직이지도, 용변을 보지도, 밥을 먹기도 곤란한 완전한 무력 상태가 된다. 출소 뒤 그는 극심한 우울증과 불면증에 시달리다 쓰러져 끝내 사망했다.

물론 그가 수감 중 보여 준 사소한 싸움이나 자해행위가 결박의 명분을 제공했을 수도 있다. 재소자의 인권이 중요한 만큼 교도관을 비롯한 교정시설 관리자의 인권과 안전도 중요한 것은 두말할 필요도 없다. 문제는 제대로 된 규정이 있었는가, 있었다면 규정이 제대로 지켜졌는가, 없었다면, 왜 미비했는가의 문제로 귀결된다.

다행히, 이 사건을 계기로 국가인권위원회는 법무부에 계구(戒具) 사용 제도를 개선하도록 권고했고, 법무부도 이를 일부 수용해 우리

나라 교정시설 내 계구 제도가 바뀌는 계기를 마련하기도 했다. 하지만 강박을 둘러싼 비극은 계속되고 있다.

지난 2024년 5월 10일, 다이어트약 중독 치료를 위해 병원에 입원했던 33살 여성 박모 씨가 17일 만인 5월 27일 새벽 사망했다. 유족이 공개한 폐쇄회로텔레비전(CCTV)을 보면, 박씨가 격리실(안정실)에서 배를 움켜쥔 채 나가게 해달라고 문을 두드리자 간호조무사와 보호사가 들어와 안정제를 먹이고 손과 발, 가슴을 침대에 묶는 강박(5포인트 강박) 조처를 한다.

두 시간 뒤, 배가 부풀어 오른 박씨가 코피를 흘리고 숨을 헐떡이자 강박만을 풀고 별다른 조처 없이 방을 나가는데, 이후 박 씨는 의식을 잃었고 끝내 숨졌다. 국립과학수사연구원의 부검 결과 추정 사인은 '급성 가성 장폐색'으로 나왔다.

이 사건은 방송에 자주 출연해 대중적인 인지도가 높았던 이른바 유명 '쇼닥터'가 운영하는 병원에서 발생한 사고였기에 대중적인 관심이 높았고 강박 치료에 관한 또 다른 사회적 공론화의 계기가 되기도 했다.

한국 사회에서 정신장애인은 '위험 요소'로만 이야기될 뿐, 정작 위험으로부터 보호받을 권리가 있는 주체로는 상상되지 않는 것이다. 이러한 논리의 귀결은, 정신장애인이 안전할 수 있는 유일한 방법은 입원과 같은 격리뿐이라는 아이러니를 낳는다.

어빙 고프만에 따르면, 정신질환 환자의 병력은 격리수용의 정당성을 확보하며, 격리를 통한 고립된 환경이 유발하는 어떤 증상들은 그가 왜 병원으로 돌아가야 하는지를 설명하는 근거로 작동하고, 그렇

게 병력이 추가됨으로써 정신장애인의 입원과 장기수용의 정당성은 힘을 얻게 되는 악순환을 반복한다.[1]

결국 격리가 유발하는 현상은 정신장애인을 격리해야 한다는 논리를 뒷받침하는 근거가 되고 이러한 악순환을 통해 통제의 기제는 더욱 강화된다. 정신질환자의 인권을 둘러싼 문제와 이들의 치료를 위한 강제 입원 그리고 강박 치료에 관한 문제는 앞으로도 이어질 것이다. 특히 정신질환자에 의해 발생하는 각종 사건 사고가 언론에 노출되고 쟁점이 될 때마다 출렁이는 여론은 정신질환자의 인권 문제보다는 사회적 안전망이라는 차원에 더 큰 방점을 두는 경향이 있다.

하지만 과대망상이나 우울증 등 정신 질환자에 의한 범죄율은 0.2%로 일반 범죄자에 의한 범죄 비율 3.1%보다 현저히 낮다는 점을 강조하지 않을 수 없다.[2]

정신병원에 강제로 입원돼 격리, 강박을 당한 경험이 있는 당사자 단체 '파도손'의 이정하 대표도 "묶여 있는 것만으로도 얼마나 수치스럽고 비참한지, 당해 보지 않은 사람은 모른다"라고 증언하고 있다.[3] 실제로 사지가 결박되는 경험은 일반인들이 쉽게 겪기 힘든 경험이다. 필자처럼 아주 우연한 기회에 그 지옥과 같은 순간을 느끼지 않는다면 말이다.

이 순간 『인간 실격』의 저자 다자이 오사무가 떠오른다. 다자이 오사무는 다섯 번 자살을 시도하고, 결국 다섯 번째 시도에 생을 마감한다. 무엇이 인간 다자이 오사무를 이토록 처절한 자기 파멸의 길로 이끌었을까?

다자이 오사무의 인생 기록 중, 가장 극적이고 처절한 순간 중 하나는 자신이 믿었던 아내 하쓰요와 스승인 이부세 마스지가 자신을 속이고 정신병원에 강제로 입원시킨 일이었다. 이 일은 오사무를 극도의 인간 불신으로 내몰았고, 후에 '인간이 아닌' 존재로서의 자기 인식, 어둡고 자조에 찬 『인간 실격』을 탄생시킨 배경이 되기도 했다. 정신병원 안에서 그가 겪은 일에 대해서는 잘 알려져 있지 않다. 다만 분명한 사실 하나는 그가 이 일로 인해 자신을 '인간 실격자'로 선언하고 인격을 상실한 비루한 존재의 밑바닥을 경험했다는 사실이다.

다자이 오사무가 생을 마감하기 전 세상에 하고 싶은 이야기는 존재의 밑바닥에서 느꼈던 인간 실격의 그 처절함 아니었을까?

어쩌면 고경태 기자의 끈 없는 정신병원에 그 해답이 있는지 모른다.

탈시설, 생존이 아닌
인간의 조건

지하철 9호선 국회의사당역 4번 출구 방향에는 1년 365일 장애인 단체들의 요구사항이 적힌 현수막과 피켓들이 빼곡히 들어서 있다. 국회의사당역 주변에 주요한 장애인 단체들이 입주해 있기도 하고 무엇보다 방송국과 국회가 가까이 있어서 이들의 요구사항을 대외적으로 알리는 나름의 선전 효과를 기대한 것 같다.

이들의 주요 요구사항 가운데는 '장애인 이동권'이나 '장애인 평생교육권' 같은 익숙한 것들도 있지만, '탈시설'과 '장애인 자립생활권' 같은 조금은 생경해 보이는 문구도 있다.

1960년대 서구에서 시작된 장애인 자립생활 운동은 약칭 'IL(Independent Living)'로 표기되기도 하는데, 기존의 시설수용 중심의 장애인 정책을 반대하고, 장애인이 지역사회에서 함께 살아갈 수 있도록 정책 방향을 수정하는 데 주력해 왔다. 그 결과 국내에서는 장애인 활동 지원법을 만들어 냈고, 일상생활에서 장애인의 자기 결정권에 관한 사회적 관심을 환기하는 등 나름의 의미 있는 성과를 일궈 내기도 했다.

대한민국 헌법은 국민의 '행복추구권', '신체의 자유', '거주이전의 자유' 그리고 '사생활의 비밀과 자유' 등을 규정하고 있다. 유엔 장애인 권리협약 19조도 "장애인은 다른 사람과 동등하게 자신의 거주지 및 동거인을 선택할 기회를 가지며, 특정한 주거 형태를 강요받지 아니한다"라고 규정하고 있다. 그리고 장애인복지법 제6조는 "국가와 지방자치단체는 장애 정도가 심하며 자립하기가 매우 곤란한 장애인이 필요한 보호 등을 평생 받을 수 있도록 알맞은 정책을 강구하여야 한다"라고 규정하고 있다.

적어도 헌법이나 법률 모두 문구상으로는 아무런 문제가 없다. 하지만 이 문구는 장애인들에게는 그야말로 그림의 떡이고 빛 좋은 개살구에 불과하다. 늘 그렇듯이 법 구문 자체가 아니라 이를 적용하는 제도와 현실이 문제다.

장애인복지법 제6조가 말하는 '자립하기 어려울 정도의 심한 장애'란 도대체 어느 정도의 장애를 말하는 것일까? 그리고 '자립해도 되는 장애'와 '도저히 자립할 수 없는 장애'를 구분하는 기준은 무엇인가? 그리고 그것을 '누가' 결정하는가?

우리의 장애인 정책은 아프고 장애가 있는 몸들은 '의존적'이고 '폐를 끼치는 사람'으로 구분해 골방이나 시설에 수용해 왔다. 그리고 시설에 수용된 사람은 '정상 가족'을 구성할 능력이 없는 것으로 판단돼 가족을 구성할 권리 자체를 부정당하고 이들을 위한 주거 정책의 부재를 정당화하는 악순환의 구조가 반복되어 왔다.

결국 시설화와 탈시설의 문제는 존재에 대한 통제와 미래 박탈의 문제가 서로 닿아 있다는 문제의식에서 출발해야 한다.

◇◆◇

탈시설을 반대하는 이들의 가장 우려하는 것은, 탈시설이 의사전달 능력이 어려운 중증장애인들을 더욱 고립시키고 결국 이들을 더욱 소외시킬 것이란 것이다. 탈시설의 일방적 진행이 아닌 장애인 당사자와 보호자에게 선택권을 부여하라는 점도 이들이 내건 중요한 요구사항이기도 하다.

비슷한 맥락으로 권유상 전 한국장애인부모회 사무처장이 에이블뉴스에 기고한 내용도 살펴보자.

> 부모들도 궁극적인 목적은 지역사회에서 자립하는 것이지만, 거의 대부분 발달장애인과 중증·중복 장애인들에게는 불가능하다는 걸 부모들은 이미 오래전에 인지했다. 자립할 수 있는 능력이 있고 부모와 본인이 원하면 얼마든지 탈시설 지원하고, 의사소통도 안 되고 혼자서는 현관 밖에도 못 나가는 장애인들은 그들의 수준에 맞는 주거에서 살게 하는 게 장애인복지 아닌가?
>
> 대부분의 부모들은 자녀들이 성장해서 하루빨리 독립하기를 바란

다. 그냥 독립이 아니라 독립할 능력을 갖추기를 바라면서 말이다.

권유상 전 사무처장도 자녀가 독립해서 자립한다는 데 반대할 이유는 없을 것이다. 하지만 그의 주장처럼 장애의 정도가 심한 중증 복합장애인의 경우나 의사소통이 원활하지 못한 발달장애의 경우는 자립이 더 위험할 수 있다는 것이다. 그래서 그의 의견에는 진심 어린 고뇌가 담겨 있다.

그렇다면 정작 당사자인 장애인들의 입장은 어떨까.

"의원님, 탈시설 이후, 처음으로 직업을 가져 봤습니다. 아침에 눈을 뜨고 나서 제가 가야 할 곳이 생겨 장애인이 된 후 처음으로 보람을 느꼈습니다. 계속 일하고 싶어요!"

"저는 자립해서 혼자서 아파트에 살고 있어서 좋습니다. (중략) (시설에서) 아직 살고 있는, 갇혀 있는 사람들을 나오게 하고 싶습니다."[4]

위의 내용은 탈시설 조례 폐지를 막아 달라고 서울시의회 의원들에게 보낸 장애인들의 탄원서 내용 중 일부이다. 물론 이들이 장애인 전체의 의견을 대변하지는 않는다. 하지만 아직 '갇혀 있는' 사람들이란 대목에서 여러 가지를 생각하게 한다.

탈시설에 대한 찬반 입장을 공개적으로 밝히지는 않았지만, 언론 또한 논조에 따라 그 입장이 극명히 갈리기도 한다. 다음은 2024년 7월 9일 자 조선일보의 〈탈시설 장애인 추적해 보니… 죽거나 의사소통 불가〉라는 제목의 기사 일부이다.

8일 본지 취재를 종합하면, 서울시는 2021년 4월 폐쇄된 경기 김포시의 장애인 거주시설 '향유의 집'을 나온 장애인 중 55명을 추적 조사했다. 향유의 집은 탈시설 이념에 따라 2019년부터 100명이 넘는 장애인을 내보냈다. 퇴소 장애인 중 55명이 서울시가 지원하는 주택에 정착했다. 전원이 중증장애인이었고, 대다수가 지적 장애, 자폐성 장애 등 발달장애를 가지고 있었다.

서울시가 지난해 2월 이들의 상태를 확인해 보니, 6명이 이미 사망한 상태였다. 하지 척수 마비 장애인이었던 A(68) 씨는 2021년 퇴소한 지 한 달 만에 욕창에 걸렸으나 뒤늦게 발견됐다. A 씨는 병원으로 옮겨졌으나 패혈증으로 3개월 만에 숨졌다. 지적 장애가 있는 B(47) 씨는 가족이 없는 무연고 상태였지만 2021년 시설에서 내보내졌고 같은 해 사망했다. 지체 장애인 C(51) 씨도 2019년 퇴소 후 3년 만에 숨졌다. 다른 3명은 언제 어떻게 숨졌는지도 확인되지 않았다.

기사의 제목이나 내용에서도 알 수 있듯이 탈시설에 관해 다소 부정적인 견해가 느껴진다. 탈시설을 강행했지만, 현실의 장벽을 넘지 못했고, 결과적으로 불행한 결말을 맞았다는 요지로 보인다.

비슷한 시기(2024년 7월 11일) 한겨레신문에 실린 〈권익위 "탈시설 탓 장애인 인권침해" 앞뒤 바뀐 토론회〉라는 제목의 관련 기사 내용은 이와는 상반된 입장으로 보인다.

이날 토론회에서 나온 "전체주의적 탈시설 정책으로 (장애인들이) 고통받으며 소리 없이 울부짖고 있다", "발달장애인은 탈시설을 선택할 의사능력을 갖고 있지 않다", "중증장애인은 지역사회와 교류가 불가능해 탈시설할 이유가 없다"는 등의 발언도 논란을 일으키고 있다. 장애인의 자기 결정권과 의사소통 능력을 비장애인의 시각에서 재단한 발언인 탓이다. 백선영 전국장애인부모연대 조직국장은 "발달장애인도 저마다 다른 형태로 의사소통을 하고 있다"며 "당사자가 아니기 때문에 할 수 있는 어불성설"이라고 꼬집었다.[5]

한국의 복지시스템은 오랫동안 장애인 가족에게 모든 책임과 역할을 부여해 왔다. 자율성을 보장한 것 같지만 사실상 사회복지시스템의 부재와 방기를 의미한다. 이런 상황에서는 가족 구성원이 '희생'하거나 역으로 장애인을 '방치'하는 극단적 상황이 생겨날 수밖에 없는 구조다. 그리고 이런 희생과 방치의 극단적 선택 상황을 해결하는 대안으로 등장한 것이 바로 시설 중심의 복지서비스다.

사회복지 체계를 장애인, 노인, 한 부모, 다문화, 노숙인 등 집단을 구분해 서비스를 제공하는 골격이 만들어진 것이다. 그리고 이런 서비스를 제공하기 위한 전달 체계로서 장애인 복지시설, 노인복지시설, 다문화가족지원센터 등 대상별 기관이 설치됐다.

부산 형제복지원 사건, 대구 희망원 사건, 이른바 '도가니'로 알려진 광주인화학교 사건 등 그동안 사회복지시설에서 발생한 끔찍한 인권유린 사태에도 불구하고 그동안 나름 이 분야에서 사명 의식을 가지고 각고의 노력을 기울여 온 시설과 시설 종사자들의 노고를 평가절하할 수는 없을 것이다. 하지만 사회복지 체계를 집단별로 만들고 이들을 해당 시설에 수용하는 시스템은 소수자를 위한 적극적인 조치를 기대할 수도 있지만 기대와는 전혀 다른 결과가 생길 위험도 상존한다. 사회복지 제도가 해당 집단이 열등하다는 낙인을 만들고 분리와 배제를 촉진하여 결과적으로 불평등을 심화시키는 모순적 상황이 벌어질 수 있기 때문이다.[6]

차별을 해소할 가능성과 차별을 조성할 가능성이 공존하면 필연적으로 긴장이 발생할 수밖에 없다. 그리고 이것이 오늘날 탈시설 운동의 배경이기도 하다. 탈시설 운동의 핵심 모토는 '좋은 시설은 없다'이다. 시설에 대한 일방적 비난이 아니라 좋은 의도에도 불구하고 시설은 장애인을 비롯한 소수자의 행복을 담보할 수 없다는 의미다.

사회복지 시설은 대개 '자립'할 수 있을 때까지 잠시 머무는 곳으로 이해되기도 하지만 역으로 자립할 수 없으면 영원히 떠날 수 없는 곳이란 의미가 되기도 한다.

철학자 고병권은 삶에 대한 포기가 존재하고 생명에 대한 관리를 누군가에게 의탁해야 하는 사회를 '시설사회'라고 규정한다. 그는 시설은 번지수를 가진 물리적 장소이지만, 장애인이 거기에 들어가는 순간 '자립할 수 없는 존재', '버림받은 존재'라는 낙인이 부여되는 도덕적 장소라는 점에서 구별된다고 말한다.[7]

호주 멜버른 대학교에서 도시정책연구소 소장을 맡고 있는 브랜든 글리슨(Brendan Gleeson) 교수도 그의 저서 『장애의 지리학』에서 "국가가 취약한 시민을 지원하기 위해서 만든 정책이 오히려 사회로부터 배제와 고립을 만드는 원인이 된다"라고 말한다. 어쩌면 이것이 시설 중심의 장애인 정책이 봉착하는 딜레마일지도 모른다.

'도움을 주겠다는데 왜 저러지?' '어차피 혼자서도 감당하기 어렵고 고통받는 가족들을 생각해서도 시설 입주가 편한 거 아니야?' 더 나아가 '배부른 소리' 운운하는 사람들도 있을 것이다. 하지만 그 '배부른 소리'에 한 번이라도 귀 기울여 본 적이 있는지 되묻지 않을 수 없다.

이청준의 소설 『당신들의 천국』은 새 원장이 부임하는 첫날, 두 사람의 섬 탈출 사고로 시작된다. 그리고 신임 원장인 조백헌 대령에게 이 상황을 보고하는 보건 과장 이상욱의 이야기가 의미심장하다.

섬을 나가래도 나가지 못하는 사람들은 환자들입니다. 이자들은 병을 얻어 바깥세상으로부터 이 섬으로 쫓겨 들어왔고, 섬으로 들어온 다음에도 그 바깥세상에 대한 원망과 두려움을 끝없이 길러 온 그런 환자들이란 말씀입니다. 하지만 모험을 겪으면서 섬을 빠져나가려는 친구들은 그런 환자는 아닙니다. 그들은 환자이기 이전에 인간인 거죠.[8]

'환자 이전에 인간'이란 상욱의 말은 이 소설 전체를 관통하는 가장 묵직한 주제이자 이 소설이 전하는 핵심 메시지다. 탈출할 때 그들은 문둥병 '환자'가 아니라 비로소 한 '인간'이 되는 것이다. 이 이야기를 '죽음을 무릅쓰고' 탈시설을 감행하는 장애인들의 상황에 접목한다면 무리가 있을까?

영화 〈빠삐용〉에서 섬을 탈출할 수 있는 유일한 방법은 절벽에서 뛰어내리는 선택밖에 없다. 드가(더스틴 호프만)는 빠삐용(스티브 맥퀸)에게 '넌 결국 죽게 될 거야'라고 말하며 마지막 순간에 탈출을 포기한다. 그러나 빠삐용은 결국 절벽에서 뛰어내렸고, 거친 파도에 출렁이는 망망대해 위에서 소리친다.

"이 개자식들아, 난 이렇게 살아 있다구!"

'시설로 보내 버린다'라는 말은 어릴 적 부모들이 말 안 듣는 아이들을 통제하기 위해 사용하던 '다리 밑에 버린다'와 같은 말처럼 깊은 공포감을 자아낸다. 장애인 시설, 부랑아 시설, 미혼모 시설 등은 내가 사는 지역에서 공존하고 싶지 않은, 혹은 공존하기 어려운 대상이 누구인지를 적극적으로 호명하는 기제로 작동해 왔고, 어떤 이가 시설에 고립되는 원인을 존재에 내재한 문제로 만들어 왔다. 즉, 시설화는 시설 내부에서 작동하는 규율 체계일 뿐만 아니라, 사회가 상상하는 이상적인 인간 됨의 조건을 구성하는 과정이다.[9]

탈시설 운동은 이처럼 '강제된 장소'뿐만 아니라 '강제된 관계'에 대한 근본적인 질문에서 시작되는 운동이다. '인간'으로 살고자 하는 이들의 몸부림을 가볍게 볼 수 없는 이유이기도 하다.

5

시선,
참을 수 없이 가벼운

보이는 것이
전부는 아니다

1569년 네덜란드의 지도학자 헤르 하르뒤스 메르카토에 의해 개발된 메르카토 도법은 우리에게 가장 익숙한 지도 독법이다. 메르카토 도법은 지구를 원기둥의 중심에 넣고, 지구 중심에서 전구를 켰을 때 원기둥의 표면에 투영되는 그림자를 지도로 제작한 것이다. 좀 더 쉽게 말하자면 구형의 입체인 지구를 2차원 평면에 투영하는 방식으로 제작된 도법이다.

메르카토 도법이 2차원 평면이라는 그 근본적인 한계에도 불구하고 오늘날 세계적인 표준 지도로 자리 잡은 것은 항해사가 항로를 직선으로 표시할 수 있는 장점이 있어 항해에 필수적이었기 때문이다. 메르카토가 활동하던 17세기의 네덜란드가 전 세계 해상무역을 휘어잡고 신흥강국으로 부상할 수 있었던 것도 메르카토 도법으로 만든 지도의 영향이 컸다고 할 수 있다.

현재까지 지구상에서 가장 보편적으로 사용되는 방식이지만, 3차원 입체 물체를 2차원 평면에 표시하다 보니, 대륙이나 국가의 실제 크기를 정확히 반영하지 못하는 결정적인 단점이 있다. 대체로 적도 부근은 정확한 편이지만 극지방으로 갈수록 크기가 왜곡된다.

실제로 메르카토 도법에서는 알래스카가 남미대륙 브라질 크기와 맞먹지만, 실제 브라질의 크기는 알래스카보다 거의 5배나 크다. 더 놀라운 사실은 메르카토 도법에서는 그린란드가 아프리카 대륙보다 커 보이지만, 실제로는 완전히 반대라는 것이다. 아프리카가 그린란드보다 무려 14배나 크다. 그리고 메르카토 도법에서는 아프리카 대륙과 유럽 대륙이 비슷해 보이지만, 실제의 아프리카는 유럽의 거의 3배에 달한다.

메르카토 도법에서는 유럽과 북미가 아프리카와 남미에 비해 훨씬 크게 보인다는 이유로 '유럽중심주의의 발상'이라는 비난과 오명을 동시에 받기도 했다. 이 대목에서 우리는 그동안 철석같이 믿었던 지도에 대한 신뢰를 다시 한번 생각해야 한다.

그렇다고 지도만을 탓할 일은 아니다. 문제는 인간의 방위 개념이 지극히 주관적이라는 것이다. 중화사상(中華思想)에 빠진 중국인들이 자신을 세상의 중심이라 칭하면서 주변 민족들을 모두 '오랑캐'로 표현하는 것이나, 서구 열강들이 자신을 기준으로 동쪽 끝에 위치한 나라들을 극동(極東)이라 표현하는 것도, 모두 같은 맥락에서 비롯된 일종의 '착시현상'이다. 그런데 이런 착시현상은 우리 일상 언어 속에 꽤 광범위하게 작용하고 있다.

부산에 사는 친구가 서울 '올라가면' 한번 보자라는 문자를 보냈을 때, 나는 부산 '내려가면' 연락할게라고 자연스럽게 답을 했다. 상행선과 하행선, 귀경과 귀향 모두 서울을 중심에 두고 형성된 언어 습관이다.

강남이 대한민국 부의 중심이 되기 전, 그러니까 본격적인 강남개발 전의 강남(江南)은 한강의 남쪽이란 뜻으로 당시에는 철저히 변두리 지역이었다. 주현미의 노래 〈비 내리는 영동교〉의 영동은 사실 '영등포의 동쪽'이라는 뜻을 지니고 있다는 사실을 알고 있는 이는 그리 많지 않을 것이다. 당시의 중심은 강남이 아니라 영등포였기에 가능한 이름이다.

지구적 국지성(局地性)의 한계

아폴로 9호의 우주비행사였던 러셀 슈와이카트(Russell Schweickart)가 보스톤의 한 TV 방송국에서 방영하는 토크 프로그램에 출연한 적이 있다. 이 프로그램의 진행자는 버크민스터 풀러(Buckminster Fuller)였는데, 그는 수학자이자 건축가, 그리고 사상가로 '현대의 레오나르도 다빈치'라고 불릴 정도로 모든 분야에서 돋보이는 업적을 이룬 인물이다.

두 사람의 만남은 처음부터 많은 화제를 모았다. 특히 풀러가 슈와이카트에게 우주에서의 체험에 관해서 물었을 때 오갔던 대담은 지금도 '우주와 지구적 인식의 한계'와 관련된 유명한 일화로 남아 있다.

슈와이카트는 이 프로그램에서 자신의 우주 체험을 이야기하면서 몇 번씩이나 '위'라든가 '아래'라는 표현을 썼다. 그러자 풀러는 "당신은 아직도 지구 쇼비니스트군요"라는 농담을 던졌다.[1]

'위'와 '아래'라는 개념은 지구 공간에서는 가장 기초적인 방위개념 가운데 하나이지만, 사실 우주 공간에서는 위도 아래도 존재하지 않는다. '종'이나 '횡'이라는 개념도 마찬가지다. 아울러 우주 공간에는 세로도 가로도 존재하지 않는다. 방위개념과 마찬가지로 '무겁다', '가볍다'라는 지구적 물리 개념 또한 의미를 잃어버릴 것이다. 무엇보다 무중력 공간이기 때문에 무게는 전혀 없다. 모든 것이 동등하게 제로인 것이다.

170만 년 동안 지구 밖으로 한 발자국도 나가지 않고 성장한 인류는, 그 의식 밑바닥까지 '지구적인 국지성'에 의해 영향을 받아 왔다. 이런 이유로 대부분의 사람들은 지구적인 국지성을 유니버설 하다고 생각한다. 인류 역사상 처음으로 지구를 떠나 자신이 우주 안의 존재라는 것을 몸소 체험한 우주비행사조차, 이 의식이 골수까지 스며들어 지구적인 국지성을 벗어나는 것이 쉽지 않은 일이었다.

인간의 지구적 국지성은 방위 개념이나 과학적 인식뿐만 아니라 종교에서도 마찬가지로 드러난다. 때문에, 외계 생명이 나타났을 때, 우리가 믿었던 '전지전능'한 '지구 신'은 무참히 그 존재 의미를 잃어버릴지도 모른다. 외계인을 신으로 받드는 신흥종교도 예상할 수 있다. 여기에 신의 사망을 선고한 철학자 니체도 한마디 거든다.

이 우주에서 우리가 유일한 존재라고? 아, 그것은 가당치도 않은 일

이다. (중략)

우리가 공상 속에서 인류의 몰락을 거의 무의식적으로 지구의 몰락과 결부해서 생각하는 것과 마찬가지로, 아마 숲속의 개미들은 자신들이 숲이 존재하는 목적과 의도라고 상상하고 있을 것이다.[2]

◇◆◇

인지과학자들은 인간의 사고 층위(層位)를 대략 15층 정도의 빌딩에 비유한다. 층위가 높을수록 고차원적인 사고가 가능하다고 보면 되겠다. 예를 들어, 땅 위를 기어가는 개미가 세상을 인지하는 방식을 2층 정도의 빌딩에 비유한다면, 인간의 사고 층위는 대략 15층 정도라는 것이다.

사실 인간의 인지 능력은 3차원 이상의 세계를 '상상'하기조차 어렵다. 기본적으로 인간의 사고는 3차원 세계에 갇혀 있고 그 틀을 이루는 것은, 언어 프레임의 한계이기도 하다. 필연적으로 인간의 사고가 파악하고 들여다볼 수 있는 세상, 그리고 그 인과관계는 매우 제한적일 수밖에 없다. 아마도 우리가 '아는 세상'은 우리가 '모르는 세상'의 0.00001% 정도도 되지 않을 것이다.

그렇다면, 다중우주에 존재하는 8차원 이상의 세계를 '상상'하는 것이 가능은 할까? 축복인지 재앙인지는 모르겠지만, 앞으로 등장할 인공지능의 사고 층위는 놀랍게도 100층 정도의 초고층 빌딩이 될 것이란 전망이 나온다. 앞서 평균적인 인간 사고의 층위를 15층이라 했던 것에 비하면, 실로 어마어마한 수준이다.

언제가 될지는 모르겠지만, 실제로 100층 규모의 사고 체계를 가진 인공지능이 나온다면, 우리가 모르는 인과관계의 층위는 한층 넓어지겠지만, 그때도 인간이 인공지능을 통제할 것이란 생각은 희망 사항에 가깝다.

우주적 관점으로의 전환

인간의 빈곤한 상상력은 늘 외계인을 특정 형태로 정형화하는 경향이 있다. 영화 〈화성침공〉에 나타나는 두족류의, 다소 우스꽝스러운 몰골이나 에일리언 시리즈의 외계인처럼 점액질의 물질을 흘리며 한껏 괴기스러움을 자아내는 괴물의 형태가 대표적이다. 문제는 이런 외계인이 늘 지구를 '정복'하고자 한다는 점이다.

과연 외계 존재가 있다면 정말로 지구와 지구인은 정복의 대상일까? 아쉽지만 그러한 외계 존재가 실재한다면 사실상 게임은 끝이다. 왜냐하면 언제든지 마음만 먹으면 지구의 파괴까지도 가능한 존재일 가능성이 높기 때문이다.

그렇다면, 미래의 인공지능이나 외계인이 인류를 몰살할지 그대로 둘지는 무엇으로 판단할까?

그 기준은 의외로 단순할 것이다. 인간은 지구라는 행성에 유익한 존재인가 아니면 해로운 존재인가가 그 기준이 될 것이기 때문이다. 이것이 지구적 관점에서 우주적 관점으로의 전환이다.

다소 비관적인 전망이지만, 인공지능이나 외계인의 시각에서 볼 때, 인류를 단순히 '동정'의 감정으로 살려 둘 이유는 그리 많아 보이지 않는다. 이미 고인이 된 영국의 저명한 천체물리학자 스티븐 호킹 박사는 스페인의 유력 일간지 「엘 빠이스(El Pais)」와의 인터뷰에서 "지능이 높은 생명체는 절대로 접촉하고 싶지 않은 생명체로 진화할 것이라는 점은 우리 자신을 보면 잘 알 수 있다"라고 말하며 우주적 관점에서 바라본 인간의 '유해성'을 강조했다.

무익하고 심지어 유해하기 때문에 지구인을 몰살할 가능성도 있지만, 그 반대로 너무나 '미미한 존재'라서 완전히 무시당할 수도 있다.

물리학자 미치오 가쿠는 이런 상황을 기가 막힌 예를 들어 설명한다. "산책을 하다 바닥을 기어가는 개미를 만났을 때, 당신이라면 어떻게 하나요? 많은 선물을 줄 테니 너희 지도자에게 데려가 달라고 할까요? 아니죠. 그냥 무시하고 길을 갈 겁니다."

유명한 물리학자 엔리코 페르미도 비슷한 고민을 했다. 우주에 지능을 가진 생명체가 존재한다면, 왜 우리 눈에는 띄지 않는 것일까? 그들은 도대체 어디에 있는가?(where are they?)라고 말이다. 흔히 '페르미의 역설'이라고 불리는 이 물음은 '지구적 관점'에서 보느냐, 아니면 외계인의 관점에서 보느냐에 따라 완전히 다른 해석과 의미를 지닌다.

그렇다면 지구 밖에서 우주를 경험한 사람들은 과연 어떤 체험 혹은 영감을 받았을까? 또 그들은 '우주적 체험'을 통해 지구적 한계를 벗어날 수 있었을까?

실제로 우주 체험의 내적 충격은 몇몇 우주비행사의 인생을 근본적으로 변화시킬 정도로 엄청난 것이었다. 6명의 달 착륙선 승무원 가운데, 버즈 앨드린(Buzz Aldrin)은 정신이상을 일으켰고, 앨런 빈(Alan Bean)은 오로지 달 풍경만을 그리는 화가가 됐다. 그리고 가장 종교적인 성향을 가졌던 제임스 어윈(James Irwin)과 찰스 듀크(Charles Duke)는 NASA를 그만두고 전도사로 변신했다.

그렇다면 우주 체험의 무엇이, 이들에게 그토록 커다란 충격을 안겨 줬을까?

이를 알아보기 위해 미국 전국을 누비며 우주 체험이 있는 비행사를 만나 인터뷰하고 이를 기록으로 남긴 책이 바로『우주로부터의 귀환』이다. 저자는 일본의 과학 저널리스트인 다치바나 다카시. 그는 1981년 8월부터 9월에 걸쳐 우주비행 경험이 있는 12명의 우주비행사를 직접 만나 인터뷰했다. 다치바나가 만난 12명의 우주비행사 대부분은 실제로 커다란 영적 체험을 경험했다고 고백했다. 하지만 여기서 짚고 넘어가야 할 점이 하나 있다.

미국 대중과 NASA는 기독교의 굳건한 신앙을 가지고 있지 않은 사람을 우주로 보내는 것을 달가워하지 않았다는 점이다. 실제로 NASA에서 선발한 우주비행사 제1기생 7명, 제2기생 9명은 전부가 독실한 기독교인이었고, 제3기생 14명 가운데는 12명이 역시 기독교 신자였다.

적어도 이때까지 우주로 간 불교도나 이슬람교도, 혹은 무신론자는 찾아보기 힘들었다. 이 중 우주 체험을 통해 가장 종교적인 영감을 많은 받은 사람으로 단연 제임스 어윈을 꼽을 수 있다. 제임스 어윈은 기독교 교파 가운데서도 가장 원리주의적이며 보수적인 남부 침례교 출신으로 우주적 체험 이전에 이미 종교적이고 영적인 배경을 가지고 있던 사람이다. 어윈은 우주에서의 '영적 체험'을 바탕으로 이후 목사로 변신했으며 전국을 순회하며 기독교 복음을 전파하다 지난 1991년 8월 8일 순회강연 중 심장 마비로 사망했다.

제임스 어윈과 함께 종교적 영감을 받은 우주인으로 제미니 7호와 아폴로 8호, 13호 프로젝트에 연달아 참여했던 유진 서넌(Eugene Cernan)도 빼놓을 수 없다. 서넌은 제미니 7호로 2시간 9분이 넘는 긴 시간 동안 우주 유영을 했던 인물이다.

상하좌우의 구분이 없는 암흑천지의 우주 공간으로 '던져진' 서넌은 과연 어떤 느낌을 받았을까? 다치바나와의 인터뷰에서 서넌은 당시의 경험을 이렇게 진술한다.

> 우주에서 지구를 봤을 때 너무 아름다워 깊은 감동을 받았어요. 무슨 목적 없이, 무슨 의지 없이, 우연만으로 이토록 아름다운 것이 형성될 리 없다는 생각이 들었어요. 그런 일은 논리적으로 있을 수 없다는 걸 우주에서 지구를 바라보며 확신했습니다.[3]

서넌의 진술은 마치 특정한 종교의 신앙고백 같다. 하지만 서넌은 이 신비로운 우주의 탄생 배경으로 기독교의 유일신만을 한정하지는 않았다. 그는 신의 이름은 종교에 따라 다르며, 이 엄청난 우주 체험을 통해 얻은 가장 큰 깨달음은 신의 존재에 대한 '인식'이라고 말했다.

믿음, 혹은 신앙이 지구적 국지성을 '넘어서는' 새로운 지평이 될지, 아니면 국지적 인간을 더욱 편협하게 옭아매는 또 다른 굴레가 될지 모를 일이다. 아울러 지구 중심의, 더 나아가 인간 중심의 사고가 점점 설 자리가 없다는 것, 결국은 그 유효기간이 다해 가고 있다는 점만은 분명해 보인다.

광대한 우주적 관점에서 바라보면 지구는 한없이 작고 초라한 작은 점에 불과하다. 지구 중심적 사고의 한계나 문제점도 분명해 보인다. 하지만 인간으로서의 자존감마저 버리라는 이야기는 결코 아니다.

"외딴 행성에서 우리는 티끌보다 작은 존재이지만, 그로 인해 인간의 존엄성이 사라지는 것은 아니다"라는 생물학자 노먼 베릴(Norman Berrill)의 말처럼 우리가 버려야 할 것과 끝까지 지켜야 할 것이 무엇인지는 너무나 자명해 보인다.

벽을 만드는
'시선'

2016년 9월, 예일대학 아동연구소에서는 매우 흥미로운 실험 하나를 진행한다. 연구팀은 현직 유아원 선생님 135명을 모집한 후, 이들에게 아이들의 문제행동을 발견할 때마다 버튼을 눌러 달라고 부탁한다. 연구팀이 보여 준 비디오에는 둥근 책상에 앉은 어린아이들이 등장한다. 백인 남자아이, 백인 여자아이, 흑인 남자아이, 흑인 여자아이 총 4명으로 구성된 아이들은 평화롭게 모래놀이를 즐기고 있다.

실험팀은 이들의 모습을 담은 30초짜리 동영상 12개를 쉬는 시간을 포함해 총 6분 동안 보여 주는데, 비디오 속 어떤 아이도 특별한 문제행동을 하지 않는다. 그렇다면 연구팀이 진짜로 관찰하고자 한 것은 무엇일까? 문제행동을 볼 때마다 눌러 달라고 요청한 버튼의 숫자일까? 아니다. 연구팀은 비디오를 보는 동안 유아원 선생님들의 눈동자가 향한 '시선의 대상'을 추적한 것이다. 결과는 명확했다. 문제행동을 찾으려는 선생님들의 시선은 여아보다는 남아에게, 백인보다는 흑인에게 집중돼 있었던 것이다.

1692년 신대륙에서 벌어진 종교적 광기의 대표적 사건인 '세일럼 마녀재판'에서 최초로 마녀로 지목된 사람은 목사관의 흑인 노예 티투바(Tituba)와 역시 하층민 출신의 여성으로 마을에서 평판이 좋지 않았던 세라 굿(Sarah Good), 그리고 토지 상속 문제로 마을에서 구설수에 올라 있던 중년 여인 세라 오즈번(Sarah Osborne), 이렇게 세 사람이었다.

특히 흑인 노예 티투바는 부두교와 같은 미신이 유행하던 서인도제도의 바베이도스 출신이라는 점에서 마녀로 지목되기에 가장 적합한 조건을 구비하고 있었다. 나머지 두 사람, 즉 세라 굿과 세라 오즈번이 백인 여성이기는 했지만, 마녀로 지목되는 데 있어 주변의 평가와 평판이 크게 작용했다는 데는 의심의 여지가 없다.

1692년 6월부터 시작된 세일럼 마녀재판에서 체포된 용의자는 총 185명이고 이 가운데 59명이 재판에 회부돼 31명이 유죄판결을 받았다. 그 가운데 19명은 교수형에 처해지고 나머지 1명은 고문으로 사망했다. 당시 광적인 마녀재판의 희생양이 주로 유대인, 흑인, 집시, 과부, 독신녀 등에 집중된 것은 이들이 사회적 편견과 이로 인한 불합리하고 불공정한 시선의 희생양이었다는 사실을 여실히 보여 준다.

특히 마녀사냥의 주요 대상 중에는 부유한 과부들이 많았는데, 이는 마녀로 몰려 재판을 받는 여성의 재산 때문이었다. 우선 마녀의 혐의를 가리는 재판에 쓰이는 모든 비용, 즉 고문 도구의 대여료, 고문

기술자의 급여, 판사의 인건비, 교황에게 지불해야 하는 '마녀세' 등을 마녀 용의자가 내야 했을 뿐만 아니라, 재판 결과 마녀로 판정되어 화형을 받으면 남은 재산은 모두 몰수했기 때문이다. 한마디로 마녀사냥은 교회 측의 재산을 불리는 일종의 사업으로 악용되면서 수많은 무고한 희생자를 낳은 것이다.[4]

『주홍글씨』의 작가 나다니엘 호손(Nathaniel Hawthorne)은 당시 세일럼 마녀재판에 참여했던 특별 재판관 중 한 명이었던 존 호손(John Hathorne)의 후손으로 조상이 안겨 준 부끄러운 과거를 생각하면서 이 작품을 썼다고 전해진다. 『주홍글씨』는 당시 세일럼 재판의 희생자에게 보내는 일종의 오마주로 호손은 자신의 이름 철자를 원래 성(姓) 'Hathorne'에서 'Hawthorne'으로 바꿀 만큼 세일럼 마녀재판의 광적인 편견을 평생의 부끄러운 기억으로 새겨 두었다.

편견과 낙인효과

까마귀도 열흘이면 눈을 뜨는데, 아시아인은 언제 눈을 뜨는가? 이 농담 아닌 농담은 실제로 중남미 일부 국가에서 아시아인의 '찢어진 눈'을 비하하거나 놀릴 때 사용하는 말이다. 우연인지는 모르지만, 축구 경기에서 동양인 선수에게 눈을 찢는 비하 행동을 하는 선수 중 상당수가 중남미 국가 출신이다. '까마귀도 열흘이면 눈을 뜨는데, 아시아인은 언제 눈을 뜨냐'는 농담은 '흑인의 피부는 왜 검은가'만큼이나 뜬금없고 어이가 없다. 대부분의 문화적 편견은 이러한 방식으로 작동한다.

　지난해 5월, 발렌시아 메스타야 스타디움에서 열린 발렌시아와 레알 마드리드의 경기 도중 발렌시아 팬 3명이 레알 마드리드의 비니시우스 선수를 향해 원숭이 울음소리를 내고 인종 차별적인 구호를 외쳤다. 같은 날 비니시우스는 자신의 SNS를 통해 "나는 인종차별의 피해자가 아닌, 인종 차별자들을 고문하는 사람"이라며 앞으로도 인종차별주의에 맞서 싸우겠다고 다짐했다.[5]

　최근 스페인 법원은 "원숭이 울음소리를 반복해 따라 하는 행위는 선수에게 수치심을 야기했고 인간의 본질적 존엄성까지 파괴했다"며 해당 축구팬들에게 징역 8개월을 선고했다. 스페인에서 축구장 내 인종차별 행위가 법정에서 유죄판결로 이어진 최초의 사례라고 한다.

　이런 인종 차별적 행위는 비단 비니시우스 같은 흑인 선수들에게만 일어나는 일이 아니다. 최근 빅리거로 활약 중인 손흥민 선수와 황희찬 선수에게도 비슷한 일이 발생했다. 토트넘에서 함께 뛰고 있는 팀 동료인 로드리고 베탕쿠르 선수가 TV 인터뷰 도중 진행자로부터 '손흥민의 유니폼을 구해 달라'는 부탁을 받자 '손흥민 사촌 유니폼을 가져다줘도 모를 것이다. 손흥민이나 그의 사촌이나 똑같이 생겼다'라고 말한 것이다. 이후 베탕쿠르가 공개적으로 사과하기는 했지만, 그의 발언은 '동양인은 모두 똑같이 생겼다'라는 인식을 바탕으로 한 인종 차별적 발언으로 해석돼 여론의 뭇매를 맞았다.

　울버햄프턴에서 활약하고 있는 황희찬 선수도 연습 경기 도중 상대팀 선수가 '재키 챈'이라고 부르면서 논란이 됐다. 해당 구단은 공식 사과를 하기는 했지만, 황희찬을 '차니'라고 부르는 것과 '재키 챈'이라고 부르는 것은 결국 같은 의미라는 억지 논리를 내놓아 '반쪽짜리 사과'라는 공분을 사기도 했다.

2019년 미국 노스캐롤라이나주 샬럿 시에 있는 한 음료매장에서 해당 직원이 한국인 손님에게 '재키 챈'이라고 적힌 영수증을 건넸다가 해고되는 일도 있었는데, 서양에서 동양인을 '재키 챈'이라고 부르는 것은 일반적으로 '동양인은 다 똑같이 생겼다'는 맥락의 발언임을 부인하기 어렵다.

흥미로운 사실은 경기장에서 백인 선수가 '흰둥이'라고 놀림을 받거나 인종차별의 '피해자'로 논란의 중심에 선 경우는 거의 없다는 점이다.

둥근 공을 모질게 만드는 것은 인간의 편견뿐이다.

인공지능의 편견

지난 2023년 6월 15일 영국 영화 등급 분류위원회는 영화 등급 분류에 인공지능(AI)을 활용하는 방안을 마련하겠다고 발표해 화제가 됐다. 코로나19 이후 기하급수적으로 늘어난 스트리밍 비디오 영상이 영화 등급 분류위원회의 업무량을 가중시켰고, 결국 AI 활용이라는 고민으로 이어진 것이다. 물론 불신과 불만의 목소리도 높다. 폭력적인 장면과 비속어 정도는 그렇다고 해도, 나이에 맞는 등급, 더 나아가 예술과 음란의 기준, 폭력의 정의 등에 대해 AI에 의존하는 것이 과연 정당한 일일까 하는 의문들이 일고 있다. 하지만 이 정도는 시작에 불과하다.

요즘 대기업의 인사 채용에서도 인공지능을 활용하는 사례가 늘고 있다. 물론 아직까지는 심층 면접이나 최종면접에는 사람이 직접 대상자를 인터뷰하는 경우가 많지만, 주로 1차 서류 전형 과정에서 인공지능의 위력이 발휘되는 경우도 많다. 구체적으로 2,000여 명의 지원자가 있다고 하자. 이런 경우 5인조 심사팀이 각 지원서를 5분씩만 검토한다고 해도 꼬박 한 주가 소요된다. 하지만 인공지능이 나서면 이야기는 달라진다. 불과 몇 시간 만에 주어진 가이드라인에 따라 1차 서류 통과자가 결정된다.

인공지능 플랫폼은 단순히 이력서를 심사하기보다는 지원자의 모든 온라인 기록을 분석해 극히 짧은 시간에 더 효과적으로 업무 적합도를 평가할 수 있는 것이다. 하지만 여기에도 함정은 있다. 2019년 인공지능을 활용한 아마존의 인사 채용에서 드러난 문제점이 대표적이다. 무한한 자원을 보유한 아마존도 자사 심사 툴의 여성 차별을 막지 못한 것이다. 아마존이 10년 치 입사 지원자 이력서를 시스템에 입력했더니 '여자'라는 단어가 포함된 지원서를 저평가하도록 학습해 여자대학 출신의 지원자에 낮은 점수를 배정한 것이다. 인공지능을 올바르게 사용하지 않을 경우, 편견을 고착화하고 성별 인종별 차별을 강화할 수 있는 것이다.

물론 인공지능의 문제만 탓할 일은 아니다. 지난 10년간 아마존의 지원자 가운데 남자가 대부분이었다는 점을 고려하면 말이다. 실제로 아마존 엔지니어링 인력 가운데 무려 89%가 남성이었다. 과거 데이터를 이용하면 분명 과거의 문제가 반복되는 것은 어찌 보면 당연한 일이다. 인공지능은 주어진 데이터의 범주 안에서 '정직하게' 판단할 뿐이다. 채용 플랫폼 템포의 공동 창업자인 벤 쳇필드는 이런 인공지능의 결함에도 불구하고 앞으로 채용 과정에서 인공지능의 활용이 성별 인종별 차별을 해소할 수 있는 강력한 무기가 될 수 있다고 강조한다. 인간은 누구나 통제할 수 없는 무의식적인 편견을 가지며 그 결정은 해석 불가능하지만, 인공지능의 해석은 가능하고 그 결함은 수정이 가능하기 때문이다. 다만, 그 전제 조건은 인간의 편견이 인공지능에 오염되지 않는 것이다. 인공지능이 다양성과 공평함을 핵심적인 기준으로 제대로만 적용한다면 기업 채용에서 강력한 변수가 될 확률은 무시할 수 없을 것이다.

런던 출신의 영화감독이자 멀티미디어 아티스트인 찰리 섀클턴은 2016년 영국의 영화 등급 분류위원회에 항의하기 위해 〈페인트 드라잉(Paint Drying)〉이라는 작품을 발표했다. 이 작품은 무려 10시간 7분 동안 벽에 페인트를 칠하는 장면만 나온다.

AI는 과연 이 작품을 감상한 후 어떤 등급을 매길까. 등급 이전에 그의 감상평이 궁금하다. 의미심장한 예술작품으로 인정해 별 다섯 개를 줄지, 아니면 무의미하고 지루한 장난으로 평점 테러를 할 것인지 말이다. 작가가 의도했던 '조롱'의 의미까지 캐치한다면 인정.

편견의 학습이 무서운 이유

〈하버드의 공부벌레들〉이나 〈로 앤 오더(Law & Order)〉 같은 미국

드라마에서 법대생들이나 변호사들이 밤새워 사건 관련 판례를 찾아낸 순간 '유레카'를 외치는 장면이 자주 등장했다. 실제로 요즘 법대생들도 이렇게 공부하는지 모르겠다. 하지만 인공지능 법률 서비스의 도움을 받는다면 굳이 밤을 새워 가며 관련 판례를 찾는 시간 낭비는 하지 않아도 될지 모른다. 미국은 물론이고 대한민국의 모든 재판기록은 데이터베이스에 등록돼 저장되기 때문이다. 관건은, 사건과 관련된 적실한 판례를 가능한 이른 시간 안에 분석하고 적용하는 능력이다.

전통적으로 사건을 수임한 변호사 혹은 로펌은 관련 사건과 관련된 기록들과 재판 문건을 샅샅이 훑으면서 소송의 위험 요인과 함께 결정적 한 방이 될 증거, 방어할 수 있는 법률 조항 및 판례들을 찾느라 며칠 밤 혹은 수개월을 투자하며 수천 페이지에 달하는 문서를 작성한다.

시간 싸움, 데이터 싸움인 현대 소송 전에서, 이런 패턴으로 승부하는 변호사들이 치열한 경쟁에서 이길 수 있을까?

최근 미 시사주간지 『뉴스위크』의 보도에 따르면, 런던의 일류 법률회사 변호사 100명이 인공지능과 함께 금융분쟁 수백 건의 결과를 예측한 결과, 로봇의 예측 적중률은 86.6%로 높은 수치인 반면, 인간 변호사의 적중률은 66.3%에 그쳐 인공지능의 완승으로 끝이 났다고 한다.

하지만 여기에도 딜레마는 있다. 잘못된 정보 혹은 편향된 정보를 입력값으로 계산된 결과는 역시 잘못된 결과와 편견으로 가득 차 있기 때문이다. 예를 들어, 형사재판에서 인종적 편견을 고착화한다는 비판을 받아 온 보석금 책정 알고리즘을 인공지능에 그대로 적용하면, 역시 동일한 인종적 편견이 반영된 결정들이 반복될 것이다. 보수적인 판사나 구시대적인 판례법의 사례를 바탕으로 훈련받은 소송 예측 알고리즘도 새로운 변화 앞에 무력할 뿐이다.

결국 변호사들이 너무 많은 부분을 인공지능에 의존하거나 결정 권한을 이양하게 되면 인간의 부끄러운 역사와 실수 또한 반복될 위험성이 있는 것이다. 결국 법률업무에 변화가 불가피하다면, 법률 교육 또한 달라져야 한다.

그래서 미래에는 변호사도 컴퓨터 프로그래밍을 필수적으로 익혀야 할지 모른다. 법조문만을 기계적으로 달달 외우는 방식의 법률 공부나 시험은 더 이상 유능하지도 미덥지도 않은 구시대적 유물이 됐다. 실제로 미국의 조지아주립대학 법학과에서는 지난 2018년부터 법학과 분석학의 이중 학위를 준비하고 있다.

일부 이미지 생성 AI 모델이 남성 개발자들의 '욕망의 놀이터'가 되면서 여성에 대한 왜곡된 성적 이미지들로 가득하다는 비판도 있다. 실제로 현란한 프롬프트 능력으로 무장한 일부 남성 개발자들이 매일매일 경쟁하듯 쏟아 놓는 생성 이미지 대다수가 여성의 특정 신체 부위를 과도하게 강조하거나 속옷 차림만으로 그려 낸 경우가 많다. 커뮤니티 공간에 흘러넘치고 있는 이러한 대상화된 여성 이미지는 왜곡된 성적 판타지를 불러오기도 한다.

2023년 기준으로 전 세계 AI 종사자 가운데 여성 비율이 22%에 불과하다는 통계자료는 AI 산업에서조차 남성 중심의 문화와 성차별이 존재할 수 있다는 근거가 되기도 한다.[6]

2016년 우리를 충격에 빠뜨렸던 알파고가 등장할 때만 해도, 과학자들은 예술이나 창작의 영역에서만큼은 인공지능이 인간을 대체하기 어려울 것이라 낙관했었다. 하지만 이런 낙관은 불과 10년 사이에 대부분 무너졌거나 무너져 가고 있다.

AI가 그린 그림과 AI가 써 내려간 문학작품은 '창작'의 의미를 다시 정의하게끔 하고 있다. 물론 여전히 낙관적인 목소리도 존재한다. 과학기술자 임소연은 챗GPT가 대신 써줄 수 없는 글은 '몸을 통해서' 지식을 얻은 이들, 보편으로 여겨지지 않은 몸을 가진 이들, '현장'을 연구하는 이들의 글일 것이라고 강조한다. 과학논문의 초록을 쓸 수는 있겠지만, 실험실에서 과학자들이 겪은 세밀한 경험은 쓸 수 없다는 것이다. 실제로 챗GPT에게 "당신의 경험을 말해 달라"라고 요청하면, "죄송합니다만, AI 언어 모델로서 저는 개인적 경험이나 신체적 감각을 가지고 있지 않습니다"라는 답변이 돌아온다고 한다.

하지만 인공지능이 작업의 처리 방식에서 오해를 키우거나 기존의 불공정성을 확산할 수 있다는 점을 명심해야 한다. 실례로 미국 기업들이 개발한 시스템은 여성과 유색 인종들보다 백인 남성의 분류에 훨씬 뛰어난 경향을 보인다. 반대로 유색 여성에 대한 정보 처리율과 정확도는 상대적으로 낮은 편이다. 그러나 중국에서 개발된 시스템은 백인 얼굴을 대상으로 할 때 오류가 좀 더 많은 편이다.

이것은 무엇을 의미하는가? 두 알고리즘 모두 전체 인구만큼 다양하지 않은 데이터를 기반으로 훈련을 받는다는 것이다. 당연히 해당 알고리즘이 특정한 그룹에 편향성을 보일 가능성도 높아진다는 이야기다.

인간 콘텐츠 관리자는 소셜미디어 사이트로 몰려드는 이미지의 홍수를 감당할 수 없다. 그러나 인공지능에 콘텐츠 관리를 맡기면 게시물의 '맥락'을 이해하지 못한다. 예를 들어 성적 지향에 관한 토론을 듣고 인공지능은 노골적인 음담패설로 인식할 수도 있다.

언젠가 전지전능한 수준의 인공지능이 만들어질지도 모른다. 하지만 지금은 인공지능에게도 인간의 경험과 맥락을 이해하는 학습이 필요한 시간이다. 관건은 인간의 오염된 편견이 전달되는 것이다. 파괴적 인공지능의 등장을 막으려면 무엇보다 이 문제를 경계해야 한다.

우리 안에 내면화된 파시즘 그리고 차별적 시각

1942년 당시 10살의 소년이었던 움베르토 에코는 파시스트가 주관한 청소년 글짓기 대회에서 최우수상을 받았다. 당시 글짓기 대회의 주제는 '무솔리니의 영광과 이탈리아의 불멸적 운명을 위해서'였다고 한다. 에코 자신의 표현을 빌리면, 그는 이 질문에 '거만한 수사'로 '그렇다'라고 답해서 최우수상을 받았다고 한다.[7]

나와 같은 반공 세대에겐 에코의 경험담이 그리 먼 이야기가 아니다. 70~80년대, 각종 반공 글짓기 대회와 반공 포스터 그리기 대회는 물론이고, 반공과 애국을 주제로 한 각종 웅변대회를 통해 '이 어린 연사'는 '때려잡자 공산당'을 '목에 피가 나도록' 소리 높여 외쳐 댔으니 말이다. 북한이라면 '김일성 원수님의 사랑과 주체 혁명 완수를 위해 나는 무엇을 바칠 것인가?' 남한이었다면 '10월 유신 혁명의 달성을 위한 나의 각오' 정도가 될까.

훗날 에코가 파시즘의 실체를 고발하는 데 앞장서는 위대한 철학자가 된 것은, 피나는 노력과 교육을 통한 대오각성 덕분이었겠지만, 에코 스스로 고백하듯이 아주 오랜 세월 동안 무솔리니와 조국 이탈리아의 영광은 소년 에코에게는 내면화된 지상과제였을 것이다.

문제는 사람들을 자발적으로 굴종하게 만들어 일상생활의 미세한 국면에까지 지배권을 행사하는 규율, 교묘하게 정신과 일상을 조직하는 고도화되고 숨겨진 권력 장치로서의 파시즘이다. 한양대 사학과 임지현 교수는 이러한 파시즘을 '일상적 파시즘'이라 명명했다.[8] 그의 설명에 따르면 일상적 파시즘은 '잡식성'이다. 자본주의든 사회주의든, 민주정이든 전제정치이든 무엇과도 손쉽게 짝을 이루기 때문이다. 그리고 이렇게 짝을 이뤄 찰떡궁합이 된 규범은 (혹은 규칙은) 그것을 거부하는 사람들을 철저하게 타자화하고 배제한다.

임지현 교수의 말처럼 파시즘이 전체주의만의 산물이라는 판단은 어디까지나 커다란 오산이다. 민주주의 사회에서 자행되는 일상적 파시즘은 우리가 수없이 목격했듯이 전체주의적 파시즘보다 더 부조리하고 잔혹하기 때문이다.

벽을 만드는 시선, 우리 안의 파시즘을 들여다볼 용기가 필요하다.

잘 알지도
못하면서

~~~

　얼마 전 이탈리아 영화의 '전설' 소피아 로렌이 자신이 자란 곳이자 자신이 출연한 많은 영화의 배경이 됐던 이탈리아 나폴리시의 명예시민이 됐다는 소식을 접했다. 로렌은 나폴리 시청에서 시민 수백 명이 모인 가운데 열린 명예시민 추대식에서 루이지 데 마지스트리스 나폴리 시장으로부터 명예 시민증을 받았다. 검정색 드레스를 입고 행사장에 나온 로렌은 나폴리를 대표하는 노래 '오 솔레 미오'가 연주되는 가운데 명예 시민증을 받은 뒤 "오늘은 말을 잇기가 쉽지 않다"라며 "나폴리에서 과분한 사랑을 받았다"고 말했다.[9]

　영화 〈해바라기〉에서 강렬한 눈빛 연기를 통해 우리에게 깊은 인상을 준 배우 소피아 로렌은 이탈리아가 사랑하는 국민 여배우다. 그녀는 원래 로마에서 태어났지만, 나폴리 인근 푸추올리라는 작은 시골 마을에서 어린 시절의 대부분을 보냈다.

'스타'가 되기를 열망했던 어린 소녀 로렌은 15세 되던 해 로마로 무작정 상경해 미인대회에 참가하게 되는데, 여기서 훗날 남편이자 영화계의 든든한 후견인이 될 카를로 폰티(Carlo Ponti)를 만나게 된다. 당시 카를로 폰티는 이 미인대회 심사위원 중 한 명이었다. 이 첫 만남 이후 둘은 연인 관계로 발전하게 된다. 하지만 우리가 생각하는 순수한 러브 스토리와는 거리가 먼, 매우 '부적절한' 만남이었다.

당시 카를로 폰티는 서른일곱 살의 유부남이었고 소피아는 16살의 앳된 미성년자였다. 세간에는 이들의 만남이 흔히 성관계를 대가로 제작자가 여배우를 캐스팅하는 일종의 '캐스팅 카우치(casting couch)'로 여겨졌다. 단역이라도 얻기 위해 제작사를 찾아 헤매던 무명의 배우 지망생 소녀에게 당대 이탈리아 최고의 영화 제작자이자 감독으로 유명세를 타고 있던 카를로 폰티의 '제안'은 뿌리치기 힘든 유혹이었을지도 모른다.

여기까지만 듣는다면, 지저분한 연예계의 그저 그런 스캔들 정도로 들릴 수 있을 것이다. 하지만 이야기는 항상 엔딩이 중요한 법이다. 소피아가 폰티의 후원에 힘입어 영화계에 데뷔하고 이후 승승장구할 수 있는 발판을 마련한 것은 부인할 수 없는 사실이다. 하지만 그녀의 재능을 알아보고 본격적으로 소피아의 연기 생활의 든든한 멘토가 된 사람은 비토리오 데 시카(Vittorio de Sica) 감독이었다.

비토리오 데 시카 감독의 작품 하면, 우리에게는 〈자전거 도둑〉(1948)이 가장 먼저 떠오른다. 하지만 1960년 소피아 로렌을 주연으로 내세운 영화 〈두 여인(Two Women)〉은 당시 외국 영화로는 이례적으로 제34회 아카데미 여우주연상을 수상할 만큼 연기력과 작품성의 두 마리 토끼를 잡았다는 평가를 받고 있다.

참고로, 1962년 제34회 아카데미 여우주연상 후보로는 〈티파니의 아침〉의 오드리 헵번, 〈여름과 연기〉의 제럴드 페이지, 그리고 〈초원의 빛〉의 나탈리 우드 등 그야말로 쟁쟁한 할리우드 여배우들이 있었지만, 이 경쟁자들을 모두 물리치고 당당히 아카데미 여우주연상을 거머쥔 주인공은 바로 소피아 로렌이었다. 소피아의 카리스마 넘치는 눈빛 연기로 강렬한 인상을 남긴 영화 〈해바라기〉는 1970년 시카와 소피아가 감독과 주연으로 호흡을 맞춘 영화로, 한국인에게는 소피아 로렌의 독보적 존재감을 확인시켜 준 작품이기도 하다.

스무 살의 나이 차이를 극복하고 결혼해 공식 부부가 된 폰티와 로렌은 단 한 번의 스캔들이나 외도 없이 50년 이상을 행복한 부부로 살았다. 훗날 로렌이 이탈리아의 한 TV 쇼 인터뷰에서 밝힌 내용에 따르면, 1958년 〈달빛 아래서〉라는 작품을 함께 찍으며 가까워진 할리우드 배우 케리 그란트가 로렌에게 청혼을 했다고 하는데, 그녀는 오랜 고민 끝에 이 제안을 거절했다고 한다. 로렌은 인터뷰에서 '사랑을 선택했다'고 했다. 그리고 그 선택을 한 번도 후회하지 않았다고 말했다.

카를로 폰티가 2007년 94세의 나이로 제네바의 한 병원에서 숨을 거둘 때, 그 임종의 자리를 마지막까지 지킨 사람도 바로 소피아 로렌이었다. 올해 90세가 된 소피아 로렌이 새로운 남자 친구를 만났다는 소식 또한 없다. 일부종사(一夫從死)나 일부일처(一夫一妻)와 같은 고리타분한 이야기를 하고자 하는 것이 아니다.

결혼이라는 것의 목적이 단순한 완주에 있는 것이 아니라 결국 당사자들의 행복에 있는 것이라면, 이들의 만남과 결혼이 지저분한 '캐스팅 카우치'에서 시작됐다는 오명에서는 이젠 벗어나도 되지 않을까 하는 생각에서다.

문득 최근 세간의 화제를 몰고 온 홍상수 감독과 배우 김민희의 이야기가 떠올랐다. 과연 진정한 사랑이냐, 아니면 바람기 많은 감독과 독특한 정신세계의 여배우가 벌이는 기행(奇行)이냐는 세간의 평가는 그리 중요하지 않다.

불륜과 사회적 통념에 대한 부정적 평가는 결국 그들이 짊어질 짐이 되겠지만, 먼 이국땅에서 불편한 애정의 도피행각을 벌이고 있는 이들이 정말로 행복한지는 별개의 문제이기 때문이다.

〈잘 알지도 못하면서〉. 홍상수 감독 스스로 만든 영화의 제목처럼 말이다.

인도로
가는 길

~~~

　인도에는 TV 채널이 무려 800개가 넘는다. 물론 대부분이 케이블 채널이지만, 이렇게 어마어마한 수의 채널은 어느 나라에서도 본 적이 없는 것 같다. 프로그램은 조잡하고 황당하기 그지없는 드라마나 종교, 명상 관련 프로그램이 대부분이다. 공식 언어만 17개인 인도에서 다양한 인종과 언어만큼 다양한 방송이 존재하는 것은 어찌 보면 당연한 일일 수도 있다.

　인도 어디를 가도, 심지어 찢어지게 가난한 슬럼가에도 TV 수신을 위한 접시 안테나가 설치돼 있는 것을 쉽게 볼 수 있다. 텔레비전이 인도인에게 어떤 의미인지, 또 얼마나 중요한지 확인할 수 있는 상징적인 장면인데, 정확하게 말해서 인도인들은 TV에 '중독'돼 있다. 어쩌면 고단한 삶이 주는 고통을 텔레비전이라는 환각제를 통해 풀고 있는지도 모르겠다.

인도 취재 중, 현지 가이드가 들려준 인도 드라마와 관련된 재미있는 이야기가 하나 있다. 인도 드라마에는 주인공이 갑자기 바뀌는 경우가 종종 있다고 하는데 그 이유가 황당하다. 자주 있는 일은 아니지만, 우리나라 드라마에서도 주인공이 사고를 당하거나 사회적인 물의를 일으켜 중도 하차하는 경우가 종종 있다. 이때 연출자와 작가는 스토리 라인의 변화를 최소화하고자 한다. 대체된 주인공도 가능한 이전 주인공과 이미지와 느낌이 비슷한 배우를 우선순위로 한다.

그런데, 인도는 이런 문제를 의외로 간단하게(?) 해결한다. 주인공이 죽고 새롭게 '환생'하는 스토리로 바꾸는 것이다. 환생은 인도에서 비현실적인 개념이 아니다. 주인공이 하루아침에 바뀌었다고 항의하거나 비난하는 사람도 없다. 인도니까 가능한 일이다.

◇◆◇

인도를 다녀온 사람들의 반응은 극과 극이다. '너무 좋다'와 '너무 싫다'. '다시 한번 가고 싶다'는 사람과 '다시는 가고 싶지 않다'는 사람. 대체로 중간은 없다. 나의 경우를 묻는다면, 일단 '너무 좋다'에 한 표를 던지겠지만, 모든 기억이 아름다운 것은 아니다. 인도에 머무는 동안 지웠으면 하는 기억의 대부분은 현지인의 거짓말과 모호함, 그리고 적반하장의 뻔뻔함에서 비롯되기 때문이다. 다른 나라에서는 현지인의 친절이 영원히 간직하고 싶은 추억으로 기억되지만, 인도에서 과도한 친절은 경계의 신호로 해석될 여지가 높다.

굉장한 일반화의 오류라는 사실에 동의한다. 하지만 '인도'는 좋지만, '인도인'은 싫다는 이 이중성 안에 인도를 이해하는 키워드가 있음은 분명하다. 그리고 그 키워드의 중심에 힌두교가 자리 잡고 있다.

> 아프리카 오지나 차라리 이슬람 지역이 선교하기 쉬워요.
> 인도요? 인도는 선교 목적으로는 잘 안 가요.
> 개종하는 경우도 극히 드물고, 개종했다고 해도, 진짜 그 속을 알 수 없어요.

아프리카를 비롯해 세계 여러 나라로 선교와 봉사활동을 다녀온 지인에게서 들은 이야기다. 실제로 인도를 오랜 세월 식민 통치했던 영국도 인도인을 기독교도로 돌려놓는 데 애를 먹었다. 아니, 실패했다는 표현이 정답에 가깝다. 이슬람 왕들이 지배했던 무굴제국 시대에도 그랬고, 독립 후 서방 국가들의 공격적인 선교활동에도 인도인의 힌두교에 대한 믿음과 사랑은 흔들림이 없었다.

거꾸로 서양의 지식인들이 인도의 문화와 종교에 매료돼 힌두교의 사상을 연구하고 힌두의 구루(guru)를 정신적인 스승으로 받드는 문화가 유행하기도 했다. 힌두교가 배타적이기 때문이라고 생각하기 쉽지만, 완전히 그 반대다. 힌두교는 모든 것을 빨아들이는 블랙홀이자, 무한 변신이 가능한 인도인의 삶, 그 자체다. 실제로 힌두교에는 전도(傳道)라는 개념도, 순교라는 개념도 없다. 종교 때문에 목숨을 바치지도 않지만, 종교 때문에 피를 흘리며 전쟁을 해야 할 이유도 없는 것이다.

인도 사회를 지배했던 카스트 제도는 '공식적'으로는 사라졌지만,

여전히 현실에서 강력하게 작동하고 있다. 성인 반열에 오른 마하트마 간디도 불가촉천민의 처우개선에는 관심을 기울였지만, 카스트 제도의 철폐에는 미온적이었다.

달리트(불가촉천민 계급)의 지도자로 1947~1951년 인도 법무장관을 지낸 암베드카르는 이 문제로 간디와 자주 논쟁을 벌였다. 결국, 힌두교와 요지부동의 카스트 제도하에서 자신의 역할에 한계를 느낀 암베드카르는 1951년 법무장관에서 사임했다. 그리고 1956년 10월, 힌두교를 버리고 약 20만 명의 동료 불가촉천민과 함께 인도 나그푸르에서 의식을 치르고 불교도가 되었다.

이 역사적 사건은 오늘날 인도인의 정신을 지배하고 있는 힌두교 그리고 힌두교에 뿌리를 내린 카스트 제도의 영향력이 얼마나 큰지를 확인시켜 준다.

인도의 산업도시라 불리는 뭄바이의 택시는 검은색 몸통에 지붕은 노란색으로 돼 있다. 모양새만 봐서는 마치 런던의 택시와 흡사하다. 하지만 런던과는 달리 뭄바이의 택시에는 찜통 같은 더위에도 불구하고 냉방시설이 없다. 대부분 택시는 무조건 창문을 열고 달린다. 후끈한 바람이 메케한 매연과 함께 창문으로 밀려온다.

아무리 더워도 차라리 창문을 닫는 게 낫다. 물론 최근 외국 관광객을 대상으로 하는 파란색의 냉방 택시가 별도 운행하기는 하지만, 바가지요금 때문에 웬만하면 타지 않는 것이 낫다는 가이드의 조언이다.

냉방시설이 없는 뭄바이 택시에 없는 것이 하나 더 있다. 절대로 합승하지 않는다는 점이다. 꽤 양심적이라 생각하겠지만, 이유는 참으로 간단하다. 낯선 사람과 절대 한 공간에 있지 않겠다는 것인데, 좀 더 정확하게 말하자면 단순히 낯을 가리는 것이 아니라 다른 계급, 다른 신분의 사람과 좁은 공간에 함께 할 수 없다는 카스트 제도에 기반한 인도인의 인식 때문이다. 이런 인식은 손님뿐만 아니라 택시 기사에게도 공통으로 적용되기 때문에 인도 택시에서는 합승이란 생각할 수 없는 일이다.

물론 대략 10년 전의 일이라, 뭄바이에서 택시 합승을 목격하거나 경험했다면, 둘 중의 하나일 거다. 잘못된 정보에 기반한 필자의 일반화 오류거나, 아니면 '혁명적' 사고의 변화가 있었거나. 그러나 힌두교가 인도인의 정신을 지배하는 한, 인도에서 혁명이 일어나기란 글자 그대로 낙타가 바늘구멍을 통과하는 것보다 어려울 것이다.

부산외대 인도어과 김광수 교수는 인도의 카스트는 제도가 아니라 '체계'로서 작동한다고 말한다. 제도는 수시로 바꿀 수 있지만 시스템으로 작동하는 체계는 쉽게 바뀌지 않는다. 조선시대 반상(班常)제도는 일찌감치 사라졌지만, 한국인의 의식 속에 남아 있는 남아선호 사상이나 사농공상(士農工商)의 우열 공식이 여전히 작동하고 있는 것처럼 인도인에게 카스트는 제도 이전에 인도인의 삶을 지배하는 공식과 같은 것이다.

2014년, 바라나시에서 만난 한 청년에게 인도 사회가 좀 더 발전하려면 카스트 제도가 사라져야 하지 않겠냐고 조심스럽게 질문했을 때, 청년의 대답은 의외였다.

"우리는 부자를 부러워하지만, 미워하거나 증오하지 않아요. 지금 우리가 처한 상황도 운명으로 받아들입니다."

그때 깨달았다. 인도 사회가 쉽게 변하지 않는 이유가 무엇인지, 그리고 앞으로도 쉽게 변하지 않으리라는 것을.

로힌턴 미스트리의 걸작 소설 『적절한 균형(A fine balance)』은 인디라 간디가 선포한 국가비상사태 체제인 1975년부터 1977년을 주요 역사적 배경으로 하고 있다. 주요 등장인물은 디나, 마넥, 이시바, 옴프라카시 이렇게 네 사람이지만 이들을 중심으로 다양하게 펼쳐지는 군상(群像)들의 이야기가 거의 900여 페이지에 이르는 방대한 분량의 파노라마처럼 펼쳐진다. 특히 카스트라는 인도 특유의 질서를 바탕으로 현대 인도사가 교차하며 국가폭력 앞에서 한없이 작아지는 힘없는 개인의 역사가 너무나도 리얼하게 그려진다.

그렇다면, 이 책의 제목인 '적절한 균형'은 무엇을 의미하는 걸까? 책의 표지에는 기다란 막대에 매달린 채, 아슬아슬한 균형을 잡고 서 있는 여자아이의 모습이 그려져 있다.

해결 방법은 질서를 더 잘 지키는 것이라고 판디트들이 말했다. 세상에는 모든 사람들에게 알맞은 위치가 있으며, 각자가 그 위치를 잘 지키면 칼리유가의 암흑을 견뎌 내고 아무런 피해도 입지 않고 벗어날 수 있다고 했다. 그러나 질서를 어겨서 오염이 된다면 어떠한 재앙이 우주에 닥칠지 알 수 없었다.[10]

'세상에는 각자에 알맞은 위치가 있으며, 그 질서를 어기면 재앙이

온다'는 것이 바로 『적절한 균형』의 의미이다. 조금 더 살펴보자.

> 마넥의 반론에 논쟁할 기회를 잡았다는 듯이 남자의 눈에서 빛이 났다. "이론상으로는 맞소. 나도 그 말에 동의해요. 그런데 실제로는 더 큰 재앙으로 이어지죠. 6억 명의 사람들이 분노하고 울부짖으며 통곡한다고 상상해 보시오… (중략) 그야말로 혼돈이죠. 완전히 대혼란이 일어나는 거죠. (중략)
> 그러니 너무 위험해요. 하던 대로 계속 살아가는 편이 나아요."[11]

'하던 대로 계속 살아가는 편이 낫다'라는 남성의 말은 바라나시에서 만난 청년의 말과 정확히 일치한다. 하지만 이게 전부라면 역동적으로 변하고 있는 오늘의 인도를 설명하는 것이 불가능하다. 한마디로 인도는 지금 거대한 폭풍 속의 고요가 아니라, 고요 속의 폭풍을 경험하고 있다.

지난 2023년 8월 23일, 인도 현지 시각 오후 6시 3분. 전 세계인의 시선이 인도로 향했다. 인도의 무인 달 탐사선 찬드라얀 3호가 세계 최초로 달의 남극 지역 착륙에 성공했기 때문이다. 물론 이전에 소련과 미국, 중국이 이미 달 착륙에 성공했지만, 이들 국가들은 비교적 평평한 달의 북반구에 착륙했고, 잦은 운석 충돌로 울퉁불퉁한 지형이 많은 달의 남극지역은 착륙 난이도가 상대적으로 높은 지역으로, 이번 인도의 남극 착륙 성공은 인류 최초인 셈이다.

착륙 성공 직후, 인도의 모디 총리는 '14억 인도인의 자부심이 담긴 순간'이라며 감격스러운 감정을 숨기지 않았다. 인도가 중국을 넘어 세계 최대 인구 대국으로 성장한 데 이어 인도의 경제도 세계 무대에서 차지하는 존재감이 점점 커지고 있다. 2022년 인도의 경제성장률은 7.2%를 기록해 코로나19 여파가 컸던 중국의 3.0%보다 2배를 훌쩍 넘었다. 국제통화기금(IMF)에 따르면 인도는 이미 지난 2021년 명목 GDP 기준 식민지 종주국이었던 영국을 제치고 세계 5위 경제 대국이 됐고, 2027년에는 세계 3위 일본도 제칠 것으로 전망되고 있다.

지난해 제19회 항저우 아시안 게임 탁구 여자복식 4강전이 화제가 된 적이 있다. '예상치 못했던' 인도의 여자 탁구 복식팀이 세계최강 중국팀을 꺾고 4강에 진출했기 때문이다. 당시 모 방송국의 해설자는 인도의 '변칙 라바' 공격이 세계최강 중국팀을 무너뜨렸다고 분석했다. 아울러, 그는 말미에 정말 '인도답다'라는 말로 중계를 마무리했다.

'변칙스러움'과 '알 수 없음'. 어쩌면 그 해설자의 인식에 각인돼 있는 인도의 이미지가 우리 모두의 생각과 중첩돼 있을지도 모른다. 그런데 무질서에서 질서를 창조하는 변덕스러움과 무에서 유를 창조하는 알 수 없음이라면 너무나도 신비롭고 아름답지 않은가? 없음, 즉 무(無)를 의미하는 0의 개념, 그리고 그 0에 무한수를 곱해도 다시 0 자신이 나오는 신묘한 개념이 고대 인도에서 만들어진 것은 결코 우연이 아니다.

신영복 선생은 인도를 방문한 후 쓴 『더불어 숲』을 통해 "당신이 인도를 방문할 때는 가능한 많은 것을 벗어 두고 올 것을 권합니다"라고 적고 있다. 아울러 인도를 바라볼 때 느끼는 생각의 차이를 단순한 차이가 아니라 '생각의 시차'라고 표현하고 있다.

역시 성찰의 의미를 아는 사람만이 할 수 있는 통찰과 깨달음이라는 생각이 든다.

인도로 가는 길은 여전히 울퉁불퉁하다. 그래서 인도의 매력은 더 치명적이다.

조조를 위한
변명

시대에 따라 새롭게 조명되거나 평가되는 인물들이 있다. 이 가운데 '문제적 인간' 조조를 빼놓을 수 없다. 우리는 조조를 소설 속 허구의 인물로 생각하지만, 실제로 그는 중국 역사에 커다란 영향을 미친 중요한 실존 인물 가운데 한 명이다. 그의 지대한 업적에도 불구하고 조조에 대한 객관적인 역사적 평가가 어려운 것은 실제 그의 다면적인 성격 때문이기도 하지만, 조조의 생존 시기와 사후 시기, 정치적인 맥락과 정통성을 바라보는 입장 등에 따라 그에 대한 평가가 극단적으로 갈리기 때문이다.

대표적으로 조조 하면 떠오르는 '간웅(姦雄)'이라는 표현에서 알 수 있듯이 한국인들이 바라보는 조조의 인물상은 대체로 부정적이다. 한국인의 필독서라고 하는 다양한 버전의 소설 삼국지뿐만 아니라 어린 시절 남자아이들이 즐겨 보던 고우영 화백의 만화 삼국지에서 간사하고 교활한 인물로 그려진 조조의 모습도 적지 않은 영향을 미쳤을 것이다.

최근에 와서야 조조를 새로운 시각으로 보는 움직임들이 늘고 있는데, 객관적 평가를 위한 시도라는 점에서 나름 긍정적인 현상으로 보인다.

『삼국지(三國志)』「위서(魏書)」〈무제기(武帝紀)〉의 기록에는 "조조는 어려서부터 기지가 뛰어나고 권모술수에 능했으며 멋대로 놀기 좋아하고 덕행과 학업을 닦는 일에 소홀했다"라고 적혀 있다.

또 다른 기록인 〈조만전(曹瞞傳)〉에는 "조조는 어린 시절에 매와 개를 풀어 사냥하기를 즐겼고 한도 없이 놀았다"라고 기록돼 있다. 이 밖에도 조조의 인품과 사람됨을 전하는 기록들은 많지만 적어도 위의 두 기록만 놓고 본다면 어린 시절 조조의 모습은 학업에 전념하는 학자의 풍모와는 거리가 멀고 놀기 좋아하는 한량에 가깝다 할 수 있겠다. 하지만 조조 평전을 쓴 중국 역사학계의 원로 장궈야오 선생은 소년 조조가 보여 준 행동이 다분히 부잣집 자제들이 보여 주는 망나니 기질에서 비롯되기는 했지만, 조조가 성인이 되는 과정에서 많은 책을 읽고 제가들이 지은 병법을 모으는 등 적극적으로 천하에 뜻을 펼칠 준비를 소홀히 한 것은 아니라고 평가한다.

실제로 조조는 스무 살의 나이에 낙양 북부위(北部尉)라는 직책을 맡았다. 위(尉)는 병사(兵事)와 형옥(刑獄)을 맡은 관직으로 지역의 치안 담당이 주된 역할이었다. 〈조만전〉에는 이 시기에 조조가 야간통행금지를 어긴 고위직 환관의 숙부를 몽둥이로 때려죽이는 이야기가 나온다.

우리는 이 대목에서 조조의 두 가지 면목을 엿볼 수 있다.

첫째는 황제가 총애하는 환관의 친인척을 가차 없이 처벌한 조조의 기개다. 권력의 뒷배를 가진 사람을 처벌하는 것은 지금이나 당시나 쉽지 않은 용기가 필요한 일이다. 실제로 이 사건 이후 조조가 관할하는 도성에는 야간통행을 어기는 자가 단 한 명도 없었다고 하니, 일벌백계로 단단히 기강을 잡은 셈이다.

조조는 시정의 폐단을 간곡하게 진언하거나 탐관오리를 상소해 면직시키는 일에 주저함이 없었다. 공명심만큼이나 정의감 또한 남달랐다고 평가되는 이유다. 당연히 십상시와 세도가의 미움을 받은 조조는 한직에 머물다 병을 핑계로 고향 초현으로 돌아가 후일을 도모해야만 했다.

하지만 이와 정반대로 사람을 함부로 죽이는 포악한 성품이라는 상반된 평가도 있다. 실제로 조조는 법령을 중시했지만, 때로는 과도하다 싶을 정도로 가혹하게 법을 집행했고 때에 따라서는 사적 감정이 작용해 지나치다 싶을 정도의 관용을 베푼 경우도 『삼국지』 여러 곳에 등장한다. 따라서 조조는 모든 논형(論衡)의 근본을 법률에 두는 법가(法家)가 아니라 본질적으로 인치(人治)를 주장하는 전제주의자에 가깝다는 것이 장쭤야오 선생의 평가다.

때를 기다리며 고향 초현에서 칩거하던 조조에게 기주 자사 왕분(王芬)이 영제를 폐위하려는 음모에 가담하기를 권하지만 조조는 이를 단호히 거절한다. 폐위사건은 무위로 돌아갔고 이후 조조는 관직에 복귀한다. 조조는 천자를 끼고 천하를 호령할지언정 자신이 직접 천자가 되려고 하지는 않았다. 조조는 천자의 자리보다는 천하통일의 과업이 먼저였고 훗날 그의 권력이 천자를 능가했을 때도 이름뿐인 황제가 되는 것을 원치 않았다.

그렇다면 조조가 대의를 숭상하고 권력욕이 없어서였을까? 아니 그와는 정반대이다. 조조는 천하가 통일된 기반 위에 진정한 천자가 되기를 원했을 것이다. 불행하게도 조조에게는 죽을 때까지 그 기회가 오지는 않았다.

영제가 죽고 동탁이 헌제를 옹립하면서 세상은 동탁의 차지가 되었다. 동탁은 조조의 가능성을 알아보고 자기편으로 끌어들이려 했지만 조조는 동탁이 안하무인 난폭함으로 스스로 무너질 것을 예감하고 있었기 때문에 이에 응하지 않았다. 오히려 조조가 동탁 토벌을 결심하고 의병을 모집하니 전국에서 반동탁 세력이 구름처럼 몰려들었다.

동탁 토벌 후 조조는 헌제로부터 책봉을 받자 세 번이나 극구 사양했다. 조조는 자신이 모자라고 무능하여 황제의 은택을 감당할 수 없다고 답했지만, 사실 이는 마음에도 없는 말이다. 실제로 조조는 관직을 하사받을 때마다 번번이 사양하는 번거로움을 마다하지 않았다. 심지어 대권을 차지하고 '스스로' 봉하면서도 세 번 사양하는 절차를 잊지 않았다. 이쯤 되면 사양하는 행위는 일종의 의례처럼 굳어졌고, 이는 조조의 또 다른 트레이드 마크가 됐다.

앞서 지적한 바와 같이 조조는 진짜 사양하려는 뜻이 있었던 것이 아니라, 이런 절차를 거치며 자신의 공로를 문서에 기록으로 남기고자 했고 세상 사람들로부터 찬사를 받기 위한 극적 효과를 연출했던 것이다.

오늘로 치면 대단한 이미지 연출가인 동시에 일종의 '관종'이었던 셈이다.

조조를 간웅으로 여기게 된 이유 중 하나는 조조가 정공법 대신 이간책을 즐겨 사용했기 때문이다. 실제로 조조는 갈라치기의 달인이었다. 피할 수 없는 전략적 선택이었지만 오늘날 시각으로 보면 충분히 야비하다는 평가가 나올 만도 하다.

조조는 여포에게 상과 벼슬을 내려 원술로부터 멀어지게 만들었다. 조조는 여포에게 직접 쓴 편지를 통해 여포의 용맹을 칭찬한 뒤 스스로 황제라 칭한 원술을 제거하라고 부추긴다. 결국 궁지에 몰린 원술은 분을 삭이지 못해 피를 토하며 죽고 말았다.

원술을 제거한 후, 조조는 다시 유비를 끌어들여 이번에는 여포를 제거하고자 했으며, 손권의 손을 빌려 관우를 잡는 데 성공하고, 다시 손권과 유비 사이를 이간시켜 중간에서 어부지리의 효과를 톡톡히 보았다.

그리고 한수와 마초 연합군을 상대할 때 조조는 두 사람 사이의 신뢰를 뒤흔드는 다양한 이간책을 사용해 결국 큰 군사적 손실 없이 승리할 수 있었다. 물론 이런 종류의 합종연횡 전략이 조조만의 전매특허는 아니라 해도, 유독 조조가 탁월하게 이러한 인간의 약점을 교묘하게 이용한 것 또한 부인할 수는 없다.

조조의 군사전략을 요약하면, '약한 적을 먼저 치고' '공격과 회유를 병행하며' '멀리 있는 적과 우호 관계를 맺고, 적의 적을 동지로 이용한다'는 것이다. 전형적인 이이제이(以夷制夷) 전략이다.

조조를 평가할 때 빼놓을 수 없는 또 다른 부분이 바로 인재 등용이다. 조조는 평생 변함없이 인재 기용을 중시했고 건안 15년(207년)에는 역사적인 구현령(求賢領)을 발표한다. 조조는 인재를 기용할 때는 신분에 상관없이 지략과 인간 됨됨이를 중시했고, "면전에서만 따르는 자를 경계하라"라고 주장했다.

순욱, 곽가와 같은 문신과 장합, 고람 같은 무신이 원소를 배신하고 조조의 든든한 가신이 된 것도 이런 조조의 인재 등용 원칙에서 비롯된 것이다. 특히 조조의 제일 책사 순욱이 원소를 떠나 조조에 귀순했을 때, 조조는 맨발로 그를 맞으며 "나의 자방(子房)이로다"라며 크게 기뻐했다. 유재시거(惟才是擧). 오직 재능을 헤아려 발탁한다는 조조의 또 다른 인재 발탁 원칙이다. 208년(건안 13년) 적벽 전투에서 패배한 조조는 불타는 전선을 바라보며 "곽가가 살아 있었다면 이 지경에 이르지는 않았을 텐데"라며 길게 탄식했다.

하지만 인재 발탁에 남다른 공을 들이고 한번 발탁하면 끝까지 믿고 맡기는 조조라고 해도, 한번 마음이 떠나면 그의 냉정함은 소름이 돋을 정도였다. 순욱은 위나라 건국에 가장 돋보이는 공을 세운 인물로 조조의 제일 책사라는 명칭이 어울릴 만큼 조조의 각별한 총애를 받았지만, 결정적 몇 장면에서 조조와 다른 의견을 내놓으면서 최측근의 자리에서 추락해 제거의 대상으로 전락하게 된다.

당시 조조는 군중에 머물던 순욱에게 음식물을 보냈는데, 상자를 열어 보니 그 안은 텅 비어 있었다. 조조의 마음이 떠났다는 강력한 경고장이었던 셈이다. 결국 순욱은 더 이상 자신이 조조에게 아무 쓸모가 없는 존재가 되었음을 깨닫고 음독자살이라는 극단적인 선택을 한다.

공융이란 인물도 조조가 그의 인품과 명성을 흠모해 직접 초빙해 자신의 사람으로 만들었지만, 몇 마디 말실수를 이유로 결국 대역죄인을 만들어 죽음에 이르게 했다.

더욱 안타까운 것은 최염(崔琰)이란 인물의 죽음이다. 글자 그대로 그는 강직한 인물이었는데, 이것이 그의 죽음의 원인이 될 줄은 아무도 몰랐다. 조조는 최염을 존경하고 흠모하는 동시에 두려워한 것이다. 조조는 그에게 죄를 씌우려 했지만, 별다른 구실이 없어 고민하다가 역시 사소한 말꼬투리를 잡아 기어코 그를 죽이고 말았다.

『삼국지』「위서」〈여포전(呂布傳)〉에는 이런 조조의 용인술의 두 가지 얼굴을 상징적으로 보여 주는 내용이 있다.

진등(陳登)이라는 자가 조조에게 "호랑이는 배불리 고기를 먹어야 합니다. 배가 고프면 사람을 물어 버립니다"라고 말하자 조조는 "사람을 쓰는 것은 매를 기르는 것과 같소. 굶주리게 하면 사냥에 써먹지만, 배가 부르면 쓸모가 없소"라고 대답했다.

이 대목에서는 왠지 등골이 오싹해지는 느낌마저 든다.

물론 냉혈한 같은 조조에게도 인간적인 면모가 느껴지는 미담도 많이 전해진다. 패권을 다투던 원소는 원래 조조와 유년 시절을 함께한 가까운 친구였다. 관도대전에서 대패한 후 낙담하던 원소가 병사하자 조조는 친히 원소의 무덤가에 찾아가 제사를 지내고 눈물을 흘리며 통곡했다. 그리고 원소의 아내를 위로하며, 원씨 가문에 식량이 끊이지 않도록 각별하게 신경 쓰라고 부하들에게 지시하기도 했다.

조조는 적벽대전 패배 이후 수군을 강화하고 특히 존휼이사가실령(存恤吏士家室令)을 선포하여 전투에서 전사하거나 부상당한 군사들의 가족을 위로하는 일도 잊지 않았다. 이러한 조조의 구휼 정책은 자신의 과실로 발생한 무고한 희생에 대한 반성인 동시에 이후 전사자의 유족을 돌보는 일종의 전몰장병 유족에 대한 예우 정책의 범례가 되었다.

모든 실권을 장악한 조조는 이제 황제마저 어쩔 수 없는 막강한 권력자가 되었다. 헌제는 조서를 내려 조조가 자신에게 배알할 때 본명을 직접 부르지 않아도 되며, 검을 차고 신발을 신고 대전에 오를 수 있도록 했다. 황제 앞에서 이런 파격적인 특권을 누린 인물은 중국 역사에서 조조를 제외하면 유방의 책사 소하 정도가 유일하다.

그리고 마침내 서기 216년(건안 21년) 조조는 위왕(魏王)에 오른다.

사마광은 『자치통감』에서 "위무왕(조조)는 강하고 사나우며, 게다가 천하에 큰 공을 세웠으니 진작부터 황제를 무시하는 마음을 품었을 것이다. 죽는 날까지 한나라를 폐하지 않고 스스로 황제 자리에 오르지 않은 것은 어찌 원치 않아서였겠는가? 명분이 두려워 참았을 뿐이다"라고 평가한다. 한마디로 조조는 황제에 오르지 못한 것이 아니라 안 했을 뿐이라는 이야기다.

우리가 현재 대중적으로 알고 있는 조조의 이미지 대부분은 명나라 때 나관중이 지은 『삼국지연의(三國志演義)』를 바탕으로 하고 있다.

그런데 조조 사후인 남북조 시기, 특히 당, 송 이후로 조조에 대한 평가가 급속도로 바뀌고 있다는 사실에 주목해야 한다.

『자치통감(資治通鑑)』을 비롯한 중국의 고대 역사서는 모두 조조를 정통으로 간주하고 있다. 하지만 남송 이후 주자(朱子)가 기술한 『통감강목(通鑑綱目)』에는 조조를 찬역(簒逆)한 도적, 즉 반역자로 비난하며 아예 위를 '도적의 나라'로 그리고 이와는 반대로 촉을 '황제의 나라'로 기술하고 있다. 실제로 남조 송나라 무제(武帝) 때 유의경(劉義慶)이 지은 『세설신어(世說新語)』와 손성(孫盛)이 지은 『이동잡어(異同雜語)』에는 조조에 관한 많은 이야기들이 기록돼 있는데, 대부분 조조의 부정적 측면과 단점이 중점적으로 부각돼 있다.

남송 사람들이 조조를 유별나게 미워했던 이유는 분명하다. 남쪽으로 천도한 송나라의 처지가 마치 손권과 유비처럼 한쪽 귀퉁이에 몰려있던 형국과 유사했을 뿐 아니라, 조조의 행적이 주희(朱熹)가 제창하던 충군(忠君)과 애국(愛國)의 가치와도 거리가 멀다고 여겼기 때문이다.

조조에 대한 객관적인 평가가 어려운 이유는 조조 사망 직후인 위진(魏晉)시대와 이어진 남북조 시대의 평가가 엇갈리고, 이후 송나라를 거쳐 이어지는 후대 왕조에 이르러서는 그 평가가 더욱 극단적으로 갈리기 때문이다. 따라서 시대적 상황이나 정치적 입장에 따라 천차만별인 조조에 대한 평가를 어느 한쪽만 택하는 것은 그리 현명한 일이 아니다.

그렇다면 상대적으로 객관적인 위치에 선 근현대 중국 지식인들의 조조에 대한 평가는 어떨까? 1917년 호적(胡適)은 잡지『신청년』에서 전현동(錢玄同)과 함께『삼국지연의』에서 조조를 평가한 방식을 주제로 문인들 사이에 토론회를 열어 화제를 모았다. 호적의 조조에 대한 평가를 요약하면, "공정하게 논하자면 유비를 칭송하고 조조를 폄훼한 것은 주희(朱熹)의 주장이 지나치게 반영된 탓이다. 안타깝게도 중국인들은 주희와 같은 사람에 중독돼 한결같이 조조를 미워하고 매도해 왔다"라며 조조를 옹호한다.

호적은 조조를 특별히 위대한 영웅으로 칭송하지는 않았지만, 그에 대한 평가가 왜곡됐다며 조조의 억울함을 동정했다.

중국 근대 문학의 아버지라고 불리는 노신(盧迅)의 입장은 좀 더 객관적이다. 노신은 "나는 조조를 추종하지는 않지만 어쨌든, 그에게 매우 탄복한다"라고 일단 긍정적으로 평가한 뒤 "그러함에도 불구하고, 조조가 사람을 함부로 죽인 일은 수긍하기 어렵다"라고 아쉬움을 남긴다.

1950년대 곽말약(郭沫若)은 조조에게 가장 호의적인 평가를 남긴 인물 중 하나다. 곽말약은「조조론집(曹操論集)」이라는 글을 통해 "송나라 이래, 정통 관념이 완성된 이후 이 걸출한 역사적 인물은 억울한 누명을 썼다. 특히『삼국지연의』가 유행한 이후로는 세 살 먹은 아이들도 조조를 나쁜 사람으로 여기고 얼굴을 간신으로 분장한다. 이는 엄청난 역사 왜곡이다"라며 개탄한다. 그는 심지어 조조를 '민족 영웅'으로 추앙해야 한다고 주장한다.

호적, 노신 그리고 곽말약 이렇게 중국 근현대의 걸출한 세 문인은 각각 다른 조조론을 내놓았지만, 이들에게 공통되는 지적은 역시 조조가 정당한 역사적 평가를 받지 못했다는 점이다.

조조에 대한 새로운 평가는 흥부와 놀부에 대한 새로운 평가만큼이나 새로운 시대 새로운 가치의 반영일 수도 있다. 우리는 조조를 권력 쟁탈의 측면에서만 알고 있지만 사실 조조는 중국 역사에 중요한 업적을 많이 남긴 인물이다. 둔전제(屯田制)를 시행하고, 형법을 개정하는가 하면, 음악과 문학 분야에도 특출난 재능을 보여 관련한 정책들도 많이 제정했다.

수백 개의 얼굴을 가진 조조. 그래서 더 흥미로운 인물이다.

❖ 에필로그

진정한 분별은
'차이'를 깨닫는 것

"지극한 도는 어렵지 않으니,
가려 선택하지 않으면 될 뿐이다."

(至道無難 唯嫌揀擇)

중국 선종(禪宗)의 3조(三祖) 승찬(僧璨) 스님의 『신심명(信心銘)』의 첫 구절이다. 여기서 간택(揀擇)이란 글자 그대로 '가려 선택한다'는 의미다. 우리는 살면서 하루에도 수십 번, 혹은 수백 번 좋은 것과 나쁜 것, 아름다움과 추함, 깨끗함과 더러움 등 수많은 취사선택을 하게 된다.

인간으로서 결코 피할 수 없는 일이다. 그런데, '가려 선택하지 않음'이 지극한 도(道)의 첫걸음이라니, 아무리 성현의 말씀이라도 현실감이 떨어져도 너무 떨어진다는 느낌이 든다. 당장 똥인지 된장인지,

물인지 불인지, 나를 지켜 줄 사람인지 나를 해할 사람인지 구분하지 못하면 나의 생존이 위협을 받는다.

그래서 '분별력이 없다'라는 말은 무지하다는 의미인 동시에 이 험난한 세상을 헤쳐 나가기에 부적합한 인간이라는 의미도 내포하고 있다. 차별을 피할 수 없다면 차별의 실상을 살피는 불이(不二)의 이치를 깨닫는 것이 무엇보다 중요하다.

『유마경(維摩經)』에는 이런 불이법(不二法)을 일깨우는 일화가 전해진다.

보살 수행자들이 모여 깨끗함과 더러움, 고귀함과 천박함, 아름다움과 추함 등 차이와 분별에 관해 이야기를 나누다 문수보살에게 불이(不二)의 도리에 관해 묻는다.

조용히 듣고 있던 문수보살이 다음과 같이 답한다.

"일체 사물의 실체는 말로 주고받을 수 없습니다. 보일 것도, 알릴 것도, 문답할 것도 없습니다. 모든 문답을 벗어나는 것이 바로 차별을 여의는 길이라 하겠습니다."

이렇게 말하고 난 문수보살은 이번에는 유마거사(維摩居士)에게 불이(不二)의 도에 관해 다시 묻는다. 그러나 유마거사는 묵묵히 아무 말이 없다. 그러자 문수보살이 유마거사의 침묵으로 보인 답을 찬탄하며 말한다.

"훌륭합니다. 문자와 언어까지 여의는 것, 이것이 참으로 상대적 차별을 여의는 불이(不二)의 길입니다."

유마경의 구성은 매우 독특하다. 보살들의 논쟁을 문수보살이 정리하고, 이를 다시 유마거사의 행위를 통해 복습하는 구조이기 때문이다.

『반야심경(般若心經)』이나 『금강경(金剛經)』을 읽다 보면, 색의 세계에서 공의 세계로, 공의 세계에서 다시 색의 세계로 나오는, 일종의 논리적 순환구조를 볼 수 있다. 이는 언어의 세계에서 언어를 떠난 세계로, 언어를 떠난 세계에서 다시 언어의 세계로 나오는 유마경의 형식에도 그대로 적용된다.

우리는 여기서 다시 근본적인 질문에 봉착한다.

모든 차이는 근원적으로 없애야 하는 것인가? 정말로 그렇게 하는 것이 가능한가?

차이를 느끼는 분별심, 즉 차별의 감각은 모두가 악의 근원인가?

『유마경(維摩經)』에서 문수보살은 침묵을 통해 모든 분별의 근원인 문자와 언어를 벗어날 것을 가르치는 것일까? 하지만 정작 부처는 문자와 언어를 금하는 극단적 선택 대신에 문자와 언어를 방편으로 삼아 이를 '초월'할 것을 가르친다.

번뇌라는 파도가 그 파도가 있는 그대로 바다임을 깨달을 때, 번뇌가 있는 그 자리에 지혜가 있다. 그리고 불법은 번뇌를 여의려고 하는 것이 아니라, 그 번뇌의 자리에서 지혜를 발견하려고 있는 것이다.

지금 우리에게 필요한 것은 경계를 무너뜨리는 힘이 아니라 경계를 '건너는' 지혜다. 벽은 망치로 부술 수는 있지만 남겨진 잔해 또한 또 다른 벽이 되기 때문이다. 많은 종교가 차이를 앞세워 차별을 내면화하고 정당화한다. 지독한 아이러니다.

종교가 아닌 철학의 차원에서 받아들인다면, 불교는 차이의 철학이다. 불교철학의 핵심 가르침인 무상(無常)은 매 순간 펼쳐지는 차이의 양상을 말하는 동시에 끊임없는 변화를 의미한다는 점에서 가장 역동적인 개념이다.

   매 순간의 변화는 매 순간의 '차이'를 드러내는 것이고 이런 차이의 일차성에 무상이 내재돼 있는 것이다.

   하늘에 두둥실 떠다니는 구름을 보라. 매 순간 변화하는 저 구름의 양상에 어떤 차별의 근거가 있는가.

   매 순간의 차이를 자각해야 분별이라는 이름의 무지를 극복할 수 있다.

   어둠을 안아야 비로소 빛이 되는 것처럼.

❖ 참고문헌

1. 차별의 언어, 차이의 몸짓

1) 허먼 멜빌, 『모비딕』 p.248, 김석희 옮김, 작가정신
2) 알랭 바디우, 『검은색』 p.25, 박성훈 옮김, 민음사
3) 솔제니친, 『수용소 군도』 p.117, 김학수 옮김, 열린책들
4) 토니 마이어스, 『누가 슬라보예 지젝을 미워하는가』 pp.179~180, 박정수 옮김, 엘피
5) 이옥순, 『인도는 힘이 세다』 p.277, 창비
6) 가브리엘 가르시아 마르케스, 『콜레라 시대의 사랑 1』 p.76, 송병선 옮김, 민음사
7) 2013년 4월 29일, 한겨레21 제958호 p.96, 한귀영 한겨레사회정책연구소 연구위원의 〈중년남성의 냄새〉 글 중
8) 오에 겐자부로, 『개인적인 체험』 p.204, 서은혜 옮김, 을유문화사
9) 김원영, 『실격당한 자들을 위한 변론』 pp.118~119, 사계절
10) 정해은, 『조선의 여성, 역사가 다시 말하다』 pp.17~25, 너머북스
11) 메리 케이 실링, Newsweek 기자
12) 제시카 노델, 『편향의 종말』 p.54, 김병화 옮김, 웅진지식하우스
13) S. Carrere and J.M. Gottman, 『Predicting Divorce Among Newlyweds from the first three minuets of a marital conflict discussion』 pp.293~301
14) 타라 파커 포프, 『연애와 결혼의 과학』 pp.180~183, 홍지수 옮김, 민음사
15) 같은 책, pp.177~182
16) 조지프 캠벨, 『신화의 세계』 pp.286~287, 과학세대 옮김, 까치

2. 편견에, 갇히다

1) 박용숙, 『샤먼문명』 pp.415~418, 소동
2) 박하재홍, 『우리가 알아야 할 동물복지의 모든 것-돼지도 장난감이 필요해』, 슬로비
3) 데이비드 조지 해스컬, 『나무 내음을 맡는 열세 가지 방법』 p.52, 노승영 옮김, 에이도스
4) 같은 책, p.57
5) 어니스트 헤밍웨이, 『노인과 바다』 p.31, 이인규 옮김, 문학동네
6) 허먼 멜빌, 『모비딕』 p.641, 김석희 옮김, 작가정신
7) 아폴로도로스, 『원전으로 읽는 그리스 신화』, 천병희 옮김, 도서출판 숲
8) 김윤아, 『아시아 신화여행』 p.264, 실천문학사
9) 김열규, 『한국인의 에로스』, p.50, 궁리
10) 2024년 6월13일, 한국일보, 〈대기업 출신 김부장은 왜 퇴사 후 택시, 경비 일을 하게 될까〉, 이유지 기자
11) 아서 밀러, 『세일즈맨의 죽음』, pp.64~65, 강유나 옮김, 민음사
12) 2024년 7월14일, YTN 뉴스 보도 〈70대 이상 취업자 최대폭 증가〉, 황보혜경 기자
13) 이얼 프레스, 『더티 워크』 p.282, 오윤성 옮김, 한겨레출판
14) 박경리, 『토지』 9권, pp.207~208, 마로니에북스

3. 경계에 선 사람들

1) 2024년 5월 14일, 서울신문, 〈입주민끼리 만나요. '나는 솔로' 현실판〉 기사 중, 김민지 기자
2) 김원영, 『실격자들을 위한 변론』 pp.221~222, 사계절
3) 벨 훅스, 『경계 넘기를 가르치기』 pp.19~20, 윤은진 옮김, 모티브북
4) 2013년 3월25일, 한겨레21 제953호 p.70, 〈김현정의 천변 진료실〉 'B와 D 사이에

는 C가 있다' 기사 중

5) 강신주,『철학 VS 철학』, 오월의 봄

6) 나카자와 신이치,『신화, 인류 최고의 철학』, 김옥희 옮김, 동아시아

7) 1909년 1월 10일, 대한매일신보, 사설 중

8) 2023년 11월 4일, 한겨레신문, 〈결혼이주여성들이 말하는 존엄〉 기사 중, 조일준 선임기자

9) 노엄 촘스키 & 질베르 아슈카르 대담,『촘스키와 아슈카르, 중동을 이야기하다』 p.226, 강주헌 옮김, 사계절

4. 함께이지만, 혼자

1) 어빙 고프먼,『수용소: 정신병 환자와 그 외 재소자들의 사회적 상황에 대한 에세이』 pp.188~189, 심보선 옮김, 문학과지성사

2) 보건복지부와 건강보험공단,『정신질환자의 의료 이용 현황 및 단계별 특성 연구』 (2021)

3) 2024년 7월 9일, 한겨레신문, 〈끝 없는 정신병원〉 기사 중, 고경태 기자

4) 2024년 6월 21일, 오마이뉴스, 〈자립해서 좋습니다. 제발 탈시설 조례 폐지를 막아주세요〉 기사 중, 이성민 기자

5) 2024년 7월 11일, 한겨레신문, 〈권익위, "탈시설 탓 장애인 인권침해" 앞뒤 바뀐 토론회〉 기사 중, 김채운 기자, 조승우 교육연수생

6) 김지혜 외,『시설사회』 p.192, 강릉원주대학교 다문화학과 김지혜 교수의 〈탈시설 운동은 '없애는 것' 넘어 '만드는 것'〉 중, 와온

7) 고병권,『살아야겠다 – 고병권이 만난 삶, 사건, 사람』 p.80, 삶창

8) 이청준,『당신들의 천국』 p.40, 문학과지성사

9) 김지혜 외,『시설사회』 pp.35~36, 와온

5. 시선, 참을 수 없이 가벼운

1) 다치바나 다카시, 『우주로부터의 귀환』 p.25, 전현희 옮김, 청어람 미디어

2) 프리드리히 니체, 『인간적인 너무나 인간적인 2』 '방랑자와 나의 그림자' 14절, 김미기 옮김, 책세상

3) 다치바나 다카시, 『우주로부터의 귀환』 p.255, 전현희 옮김, 청어람 미디어

4) 이준명, 『멕시코, 인종과 문화의 용광로』 p.67, 푸른역사

5) 2024년 6월 11일, 뉴스1, 〈비니시우스에게 원숭이 울음소리 낸 팬, 징역 8개월〉 기사 중, 안영준 기자

6) 이성규 미디어스피어 대표의 IT 칼럼 〈남성 개발자에 굴절된 AI 여성 이미지〉 기사 중

7) 임지현 외, 『우리 안의 파시즘』 p.29, 삼인

8) 같은 책, p.30

9) 2016년 7월10일, KBS 뉴스 내용 중

10) 로힌턴 미스트리, 『적절한 균형』 p.148, 손석주 옮김, 도서출판 아시아

11) 같은 책, p.334

◇◆◇

나카지마 요시미치, 『차별 감정의 철학』, 김희은 옮김, 바다
제사카 노델, 『편향의 종말』, 김병화 옮김, 웅진지식하우스
라우라 비스뵈크, 『내 안의 차별주의자』, 장혜경 옮김, 심플라이프
김원영, 『실격당한 자들을 위한 변론』, 사계절
장애여성공감 엮음, 『시설사회』, 와온
주경철, 구본형 외, 『다름의 아름다움』, 고즈윈
마빈 해리스, 『문화의 수수께끼』, 박종렬 옮김, 한길사
조지프 캠벨, 『신화의 세계』, 과학세대 옮김, 까치
나카자와 신이치, 『신화, 인류 최고의 철학』, 김옥희 옮김, 동아시아
김정식, 김남일 외, 『아시아 신화여행』, 실천문학사
알랭 바디우, 『검은색』, 박성훈 옮김, 민음사
슬라보예 지젝, 『폭력이란 무엇인가』, 이현우, 김희진 옮김, 난장이
한형조, 『허접한 꽃들의 축제』, 문학동네
오승현, 『말이 세상을 아프게 한다』, 살림
정해은, 『조선의 여성, 역사가 다시 말한다』, 너머북스
타라 파커포프, 『연애와 결혼의 과학』, 홍지수 옮김, 민음사
이준명, 『멕시코, 인종과 문화의 용광로』, 푸른역사
로랑 베그, 『도덕적 인간은 왜 나쁜 사회를 만드는가』, 이세진 옮김, 문학동네
노리나 허츠, 『고립의 시대』, 홍정인 옮김, 웅진지식하우스
김아미, 『온라인의 우리 아이들』, 민음사
이얼 프레스, 『더티 워크』, 오윤성 옮김, 한겨레출판사
장꿔야오, 『조조 평전』, 남종진 옮김, 민음사

틀린 그림 찾기
차별과 편견의 경계에 갇힌 사람들

글 박천기
발행일 2025년 9월 16일 초판 1쇄

발행처 디페랑스
발행인 노승현
책임편집 민이언
출판등록 제2011-08호(2011년 1월 20일)
주소 서울특별시 마포구 양화로81 320호
전화 02-868-4979 팩스 : 02-868-4978

이메일 davanbook@naver.com
인스타그램 @davanbook

ⓒ 2025, 박천기

ISBN 979-11-94267-41-6 03330

＊「디페랑스」는 「다반」의 인문, 예술 출판 브랜드입니다.